アクティブ
刑事訴訟法

愛知正博 編

法律文化社

はしがき

インターネットが急速に普及する時代にふさわしい、学生にも教員にも便利な初学者向けのテキストブックを世に送る。判例・通説の考え方を平易に叙述しながら、刑事訴訟法の全体像を明示する。WEB 上の情報とリンクさせつつ、その分、テキストブック本体の記述は、コンパクトでわかりやすくする。自学の参考書としても役立つ。そんな刑事訴訟法のテキストブックの構想が持ち上がった。幸い、大学で教鞭を執って久しい熟達の方から新進気鋭の方まで、幅広い教員のご協力を得ることもできた。真摯に研究に取り組み、優れた業績を挙げておられるだけでなく、日々学習者の悩みと向き合い、わかりやすい授業展開に心を砕いておられる方ばかりである。本書は、その営みの成果でもある。

もともと、「基本的な事がらは網羅しつつ、わかりやすく平易な記述で、かつコンパクトな教科書」というのは、かなり欲張りすぎの企画とも言える。そこを、インターネットを活用する形で補い、乗り越えようという目論見である。紙面としての教科書には表しきれないが大切な情報を、学生が学習の進行に合わせて自らアクティブにアクセスして取得できるように、WEB 上で準備しておくわけである。どのような形が適切か、分担執筆者が皆でアイデアを出し合いながら、作業は進められた。

こうした事情を表すものとして、刑罰には謙抑的な姿勢でありつつ、本書は『アクティブ刑事訴訟法』と名付けられることになった。「アクティブ」の言葉に万感が込められている。

犯罪発生となると処罰に向けて真相を解明するため、犯人と疑われた市民をはじめ関係者の人権も著しく害される。どこまで人権侵害は許されるか。刑事訴訟法はこの点に関わる法である。対象となるのは市民であり、裁判員裁判を持ち出すまでもなく、多くの市民が刑事訴訟法を学ぶ意義は大きい。また、刑事事件はマスコミに載ることも多く、その上刑事ドラマなどもあって、目に触れやすい。だが、刑事訴訟法というのは、刑事事件の捜査や裁判を扱う専門家(警察官、検察官、弁護士、裁判官など)が主に関わる法分野である。それだけに、初学者には取り付きにくいところがあることは否めない。そのハードルを下げて学びやすくしようと、本書では様々な工夫を凝らしている。例えば事件処理の手続の進行がイメージしやすいように「事例」を掲げ、本文の記述と合わせて立体的に把握できるようにしている。手続の進行を概観できるような図も掲載するとともに、関心を持った読者がさらに理解を深められるように、いっそう詳しい進行の概略図をWEB上に掲載した。また刑事手続は、場面によってたくさんの書面が利用されて進行していくが、その書面がどのようなものかイメージが湧かないと、そこで行われている手続も理解しづらいことが多い。そのため、手続で使用される主要な書式をWEB上に掲載しておき、適宜それらを確認して理解を深められるように配慮している。自ら積極的に学習を進めるのに役立てるため、本書の記述と関連する判例を詳しく調べやすいようにリンク情報等も掲載した。

それらの工夫がうまく噛み合うことで、本書が今の時代の学習のニーズに合い、学生にも教員にも活用しやすく使い勝手の良いテキストブックになっていることを念じている。本書を手に取る方が、題名に冠された言葉どおり「アクティブ」に活用してくださることを願ってやまない。多忙の中、本書の企画に賛同し、同じ思いを共有してご協力くださった執筆者の方々に心より感謝申し上げたい。

なお、このようなテキストブック作成に私が取り組むことになったのは、ひとえに執筆者のおひとりでもある大野正博氏（朝日大学教授）のお誘いがあったからである。執筆の分担に加わるつもりで協力を約した。それがいつの間にか、私が表向きの編者という話になってしまった。執筆者中の最年長ではあるが、不似合いの極みである。そんなわけで、編集の過程でも常に大野氏と共同でことに当たった。実質的に本書は大野氏との共編である。また、法律文化社の方々、特に小西英央氏には企画をはじめ全面的にご支援いただいた。本書は、そうした方々のご尽力に負うところが大きい。厚くお礼申し上げたい。

2022年1月

コロナ禍の中、平穏な社会を念じながら、年頭の寓居にて

分担執筆者を代表して　　愛知正博

目　　次

凡　例

1．法令および法令名の略語

＊刑事訴訟法、刑事訴訟規則を本文中で明示する場合は、「刑訴法」、「刑訴規則」とする。
＊その他、以下のような略語を用いている。

自由権規約：市民的及び政治的権利に関する国際規約
外交関係条約：外交関係に関するウィーン条約
米軍地協定：日本国とアメリカ合衆国との間の相互協力及び安全保障条約第６条に基づく施設及び区域並びに日本国における合衆国軍隊の地位に関する協定
警職法：警察官職務執行法
裁判員法：裁判員の参加する刑事裁判に関する法律
銃刀法：銃砲刀剣類所持等取締法
通信傍受法：犯罪捜査のための通信傍受に関する法律
麻薬特例法：国際的な協力の下に規制薬物に係る不正行為を助長する行為等の防止を図るための麻薬及び向精神薬取締法等の特例等に関する法律

＊（　）内で表す法令名については以下のように略記した。
＊刑事訴訟法（昭和23年法律131号）は条数のみを記した。ただし別法令と連続する場合は「刑訴」とした。

規　　：刑事訴訟規則
刑　　：刑法
警職　：警察官職務執行法
憲　　：日本国憲法
検　　：検察庁法
検審　：検察審査会法
公選　：公職選挙法
国会　：国会法
裁　　：裁判所法
裁員　：裁判員の参加する刑事裁判に関する法律
児福　：児童福祉法
少　　：少年法
通傍　：犯罪捜査のための通信傍受に関する法律
道交　：道路交通法
売春　：売春防止法

犯捜　：犯罪捜査規範
被収　：刑事収容施設及び被収容者等の処遇に関する法律
被収規：刑事施設及び被収容者等の処遇に関する規則
被保　：犯罪被害者等の権利利益の保護を図るための刑事手続に附随する措置に関する法律
弁　　：弁護士法
麻　　：麻薬及び向精神薬取締法
民訴　：民事訴訟法

2．判　　例

最高裁判所平成16年7月12日決定→最決平16・7・12のように略記した。
最大判：最高裁判所大法廷判決
最判：最高裁判所判決
最決：最高裁判所決定
高判：高等裁判所判決
高支判：高等裁判所支部判決
高決：高等裁判所決定
地判：地方裁判所判決
地支判：地方裁判所支部判決
地決：地方裁判所決定

＊判例集は以下のように略記した。
刑集：最高裁判所刑事判例集
民集：最高裁判所民事判例集
集刑：最高裁判所裁判集刑事
高刑裁判特報：高等裁判所刑事裁判特報
高刑集：高等裁判所刑事判例集
高検速報：高等裁判所刑事裁判速報集
下刑集：下級裁判所刑事裁判例集
刑月：刑事裁判月報
裁時：裁判所時報
判時：判例時報
判タ：判例タイムズ

【事　　例】

1．事件の発生と捜査の端緒

令和２年５月１日午後２時ごろ、岐阜県警察本部通信指令課に、女性（冨田順子）から、以下の内容の110番通報があった。

> 岐阜県土岐市岐峰山において登山中、男性同士のもめている声が聞こえたため、そちらの方向に振り返ると、その後、悲鳴と大きな物音が聞こえた。そのため、音のした方に駆けつけてみると男性が頭部から出血して倒れており、息をしていないようであった。崖の上を見ると男性が呆然と立ちすくんでいた。

多治見警察署駄知交番の巡査部長が現場に急行したところ、110番の通報どおり、男性が頭部から出血して倒れていた。崖の上に別の男性（前山哲也、50歳）がおどおどした様子で立っていたため、巡査部長は傍らにおもむいて**職務質問**（第２章）を開始した。被害男性は、あとで到着した救急車により病院に搬送され、死亡が確認された。

巡査部長が、前山に対し被害男性について質問したところ、「坂井征夫」との説明があったが、詳しいことは話さなかった。巡査部長は、併せてリュックサックを開けて中を見せるよう求めたが、前山は、「所持品検査は任意ですよね」と怒ったような口調で言い、その後30分あまりにわたり説得しても、これを拒み続けた。その間、前山はリュックサックを胸に抱きかかえていたため、何かを隠していると感じた巡査部長は、ついに「中を確認するぞ。いいな。」と言って、不満げな前山からリュックサックを奪い取り、チャックを開けて中を一瞥した。凶器になりそうなものがないことを確認した上で、リュックサックおよび中身の所持品を写真撮影した。

そこへ、応援の警察官らがさらに数名到着したことがわかると、前山は突然、立ち去る素振りを見せた。巡査部長が前山の左斜め前に立ち両手で前山の左手首を掴んだところ、その手を振り払い巡査部長を押しのけて、山を駆け下り逃げだした。巡査部長らは、前山が「殺人を行い終わってから間がない」「少なくとも事件について事情を何か知っている」と考え、職務質問を継続するため追走した。しばらくして職務質問していた場所から１キロメートルほど離れた民家の敷地に逃げ込んだ前山を、公務執行妨害罪の嫌疑で現行犯として**逮捕**（第２章）した。巡査部長が、前山を多治見署に連行（引致）する際には、これにおとなしく応じた。

2．捜　査

多治見警察署は捜査本部を設置し、**司法警察職員**（第２章）は前山の身柄が多治見署に到着した直後から、前山に**黙秘権**（第２章、第５章）を告知した上で殺人事件について事情を聴くために**取調べ**（第２章）を開始した。前山は、坂井と登山に行った際に口論となったことは認めたものの、坂井が死亡したのは崖の上から自ら足を滑らせて落下したためであり、自分が坂井を殺したわけではないと供述した。

取調べと並行して、前山と坂井に対する聞き込みや遺体が発見された当日の岐崕山登山道入口の防犯カメラ映像の解析等がなされた。聞き込みの結果、前山と坂井は幼馴染であり、前山は、幼いころからいつも坂井をからかっていたことが判明した。また、防犯カメラから、当日、２人が岐崕山登山道入口より、山道に入っていくところが確認された。

さらに、鑑定の結果、前山の所持していたリュックサックには、坂井の毛髪１本がチャックを開閉するスライダーのところに挟まった状態で付着していたことが確認された。また、リュックサックの中にあった手帳の４月30日のページには、「我慢の限界。予定通り、明日実行。」と書かれていたことも判明した。

なお、坂井の遺体は、旭野大学医学部生命秩序学講座法医学教室において、司法解剖に付され、頭部を崖の途中にある岩に強打したと推測される脳挫傷および頭蓋内出血により死亡したことが確認された。だが、リュックサックが頭部に当たったか否かまでは断定できず不明であった。

司法警察職員は、前山が坂井と登山の途中で口論になり、所持していたリュックサックで坂井を崖から突き落として死亡させたと考え、取調べを続けた。前山は、司法警察職員が自身の主張を聞き入れてくれないため、途中から**黙秘権**（第２章）を行使した。

多治見警察署では、前山と坂井の関係や事件に至った経緯を捜査するため、殺人の被疑事実で前山宅に対する**捜索差押許可状**（第2章）の請求を岐阜地方裁判所多治見支部の**裁判官**（第1章）四谷博光に行ったところ、前山宅を捜索場所とする捜索差押許可状が発付され、司法警察職員は、前山のパソコンやアルバム等を証拠物として押収した。なお、捜索に先立ち、司法警察職員は、前山と同居している前山の父親を立会人として、捜索差押許可状の呈示（第2章）を行った。押収したパソコンを分析したところ、坂井に恋人を取られて恨んでいる内容の書き込みがなされた後に消去された跡が発見された。

これらの証拠等から、警部である司法警察員（林浩史）は、殺人の被疑事実で前山に対する**逮捕状**（第2章）を裁判官荒井博和に請求し、当該令状に基づき、改めて前山を逮捕するとともに公務執行妨害罪については釈放した（5月3日午後2時ころ）。殺人による逮捕から2日目に、事件は警察から検察に送致された（5月5日午前10時ころ：警部補阿部陽平→検察事務官木下伊織）。**検察官**（第1章）が殺人の被疑事実で前山の**勾留**（第2章）を裁判官和田功介に請求したところ（5月5日正午ころ）、裁判官による**勾留質問**（第2章）を経て**勾留状**（第2章）が発せられた（5月5日午後2時ころ）ため、前山は10日間身体を拘束された。その後も、前山は黙秘権を行使し続けたため、勾留延長の請求がなされ、10日の延長が認められた（5月15日から5月25日まで：裁判所書記官森野琴里）。

なお、連日、前山に対する取調べが早朝から深夜まで続いたが、その全過程で**取調べ状況の録画・録音**（第2章）がなされた。また、逮捕直後から、前山は**弁護士**（第1章）に相談したい旨を申し出ていたため、**当番弁護士**（第2章）が来てくれ、相談に応じてくれた。しかし、前山は、引き続き弁護士を依頼するお金がなかったため、**国選弁護人**（第1章、第2章）を請求したところ、弁護人が選任された。当該弁護士は、「被疑者ノート」を差し入れ、取調べの都度ノートに記録するよう前山に指示した。勾留期間中、国選弁護人が**接見**（第2章）のため警察署に訪れたが、殺人事件に対する取調べ中であったため、当該事件捜査担当の司法警察員は担当検察官と相談した結果、接見を2時間後にしてもらいたい旨、国選弁護人に告げたところ、弁護人もこれを了承してあらためて来訪して接見を行ったことがあった。また、前山は、取調べの合間に国選弁護人と接見し、相談に応じてもらっていたが、連日の取調べの苛酷さに加えて、司法警察職員から「リュックサックに坂井の血液が付着しているとの鑑定結果と、リュックサックが頭部に当たったことが死因との解剖結果が出ている。」と虚偽の事実を告げられたことから、再び供述を始めて、話の内容がいくらか変遷した後、最終的に「坂井を殺害した」旨の供述を司法警察職員に対し行った。

3．公　訴

検察官（第1章）大塚千佳は、自らの取調べにおいても、前山から同趣旨の供述を得られたが、自白以外の物証が乏しかったため、起訴するか否か迷ったものの、勾留期間が満了を迎えるにあたり、「被告人前山哲也は、令和2年5月1日午後2時ごろ、岐阜県土岐市曽木町の岐蛭山山中において、被害者である坂井征夫（当時50歳）に対し、殺意をもって、所持するリュックサックで、同人の頭部を強く突き飛ばし、崖から落下させて、同人を脳挫傷および頭蓋内出血により死亡させたものである」との殺人の公訴事実を起訴状に記載して、**公訴を提起**した（第3章）。なお、巡査部長に対する公務執行妨害罪および民家の敷地に侵入した住居侵入罪については、**起訴猶予処分**（第3章）とした。

4．公判手続

第1審の岐阜地方裁判所は、公訴の提起を受け、殺人の審理を開始することになり、前山に**起訴状謄本が送付**（第4章）された。なお、前山は弁護人に対し、保釈請求を願い出たが、弁護人は、罪名が殺人である以上、保釈は不可能であると返答した。

検察官および弁護人は、それぞれ公判の準備を進め、**公判前整理手続**（第4章）が開始されて、証拠の整理や審理計画の策定がなされた。検察官・弁護人の証拠調べ申請がなされ、検察官は、坂井殺害に用いられたと思われるリュックサックや司法解剖の結果、リュックサック内にあった手帳、当日のスマートフォンのGPS情報記録、検察官作成の調書等を挙げ、また目撃者である110番通報をした冨田の証人申請を行った。また弁護人も被害者を死亡させる動機がなかったことを立証するために、前山・坂井双方と親しい幼馴染みの知人の証人申請を行い、いずれも採用された。前山が無罪を主張する否認事件であったこともあって、公判前整理手続は10カ月かけて合計６回開催された。

第１回公判期日の午前中に行われた**裁判員選任手続**（第４章）では、管轄地域在住の裁判員候補者で呼出状が送付された70名の裁判員候補者のうち、50名しか出席しなかった。裁判官３名、検察官、弁護人が出席し、選任手続が行われた。６名の裁判員と３名の補充裁判員が、不適格事由等を確認した上で、最終的にくじを適用して選任された。裁判官から裁判員に対して、裁判員の義務等の説明がなされた上で、同日の午後から**裁判員裁判**（第４章）が開始された。

第１回公判期日において、冒頭手続がなされ、被告人・前山は無罪を主張した。引き続き、**冒頭陳述**（第４章、第５章）では、検察官によって事件の詳細が述べられた。その後、公判前整理手続の結果の顕出を経て、検察側請求証拠について**証拠調べ**（第４章、第５章）がなされ、証人に対しても主尋問、**反対尋問**（第４章、第５章）等がなされた。ただ、110番通報した冨田は、捜査段階では警察官や検察官に対して、「おまえはホントにバカだな！　この年になっても生きてる価値のない奴だ！」という男性の大声を聞いたと述べており、司法警察員や検察官はこれを録取した書面を作成していたが、法廷では、大声で言い争う声を聞いたという趣旨しか供述しなかった。そこで、検察官は、検察官面前調書の証拠調べ（第４章、第５章）を追加申請したが、弁護人は不同意との意見を述べた。弁護側請求証拠についても、公判前整理手続で採用されたものはいずれも取り調べられた。なお、**被告人質問**（第４章、第５章）も実施された。また、坂井の遺族（妻・玲子、45歳）から、被害に係る心情に関する意見陳述や、被害者参加人として法廷で被告人質問等を行うための**被害者参加**（第４章）の申出がなされた。

証拠調べにおいては、前山の自白は、捜査機関が行った連日の苛酷な取調べに加え、虚偽の説明によるものであり、違法に獲得された任意性のないものであるとして、あらためてその自白を証拠とすることができるかという自白の**証拠能力**（第５章）の有無が争点となったが、検察官は、警察による強引な取調べ等を否定した。

第３回公判では、司法警察員による取調べを録音録画したビデオが上映された。ビデオの中では司法警察員が「あんたも人の子だろう。だったら人間らしく行動しろよ」と語りかけた後、前山が「俺のせいだ！」と泣き崩れる場面を裁判員は食い入るように見つめていた。

また、リュックサックおよび手帳は、違法な所持品検査により獲得されたものであると弁護人が主張したため、違法に収集された**証拠の証拠能力**（第５章）についてもあらためて争点となった。

なお、**自白の任意性**（第５章）や**違法収集証拠の証拠能力**（第５章）に関する判断は訴訟手続に関する事項であるため、裁判員裁判においても裁判官のみで行われる。だが、裁判員が希望すれば、この評議を聞くことはできる。裁判員全員がこれを希望した。

坂井の妻である玲子は、夫が亡くなったことによる家計の困窮や家族の精神的衝撃について涙ながらに法廷で心情を訴えたほか、被害者参加人として、殺意の有無に関して被告人に質問した。だが、検察官は、証拠調べの過程で、証人の証言等から、前山の殺意を立証することは困難であると判断した。傷害致死への**訴因変更**（第３章）を請求し、裁判所はこれを認めた。

第８回公判において、証拠調べが終わった後、**最終弁論**（第４章）が行われた。検察官は、前山に対し、懲役８年を求刑した。また、被害者参加人の委託を受けた弁護士も、事実や法律の適用について被害者参加人の意見を述べ、厳罰を求める弁論を行った。これに対し、弁護人はあらためて無罪を主張し、被告人・前山も無実の旨を述べて、結審した。こうして約１週間かけて行われた審理が終了した。

５．裁　　判

審理終了後、裁判員と裁判官は合議による評議を行った。評議には丸２日間の期間が割り当てられ、前山の自白およびリュックサック等の証拠能力を肯定した上で、殺意の存在を除けば全体として自白は信用もできるとした。訴因変更後の傷害致死の訴因について、被告人を有罪と認定し、懲役５年の**刑に処することを決定**して、**宣告**した（第６章）。裁判書でも、証拠の標目に検察官作成の被告人の供述録取書などが含まれていた。

６．上　　訴

前山は、第１審の判決を不服として、訴訟手続の法令違反、事実誤認を理由に、名古屋高等裁判所に**控訴**（第7章）した。しかし、名古屋高等裁判所は、第1審判決を支持して、控訴を棄却した。そのため、前山は、これを不服とし、さらに最高裁に**上告**（第7章）した。これに対して、最高裁も上告を棄却したため、前山の**有罪は確定**した（第6章）。

7．刑の執行

前山は、検察官による指揮の下、受刑者として三重刑務所に収監され、**刑の執行**（第8章）がなされている。

8．非常救済手続

その後も、前山は無罪を主張し、無罪を言い渡すべき明らかな証拠を新たに発見したとして**再審請求**（第7章）を行っているが、再審開始の壁は非常に高い。

◇刑事手続の流れ【本書の構成】

刑事訴訟法の原理・原則

《第１章Ⅰ・Ⅱ節》

捜査

捜査の端緒《第２章Ⅱ節》

↓　被疑者の身柄確保《第２章Ⅲ節》

捜査の実行　⇒ 被疑者等の取調べ《第２章Ⅴ節》　被疑者の防禦活動《第２章Ⅵ節》

↓　証拠の発見・収集《第２章Ⅳ節》

捜査の終結《第２章Ⅶ節》

公訴の提起

《第３章》

公判

公判のための準備活動《第４章Ⅰ節》

↓

公判手続(基本型)《第４章Ⅱ・Ⅲ節》

※被害者《第４章Ⅳ節》

公判手続(変型)

裁判員裁判《第４章Ⅴ節》

略式手続・簡易公判手続・即決裁判手続《第４章Ⅵ節》

証拠法《第５章Ⅰ節》

証拠調べ手続《第５章Ⅱ節》

非供述証拠《第５章Ⅲ節》

供述証拠《第５章Ⅴ・Ⅵ・Ⅶ節》

違法収集証拠の排除法則《第５章Ⅳ節》

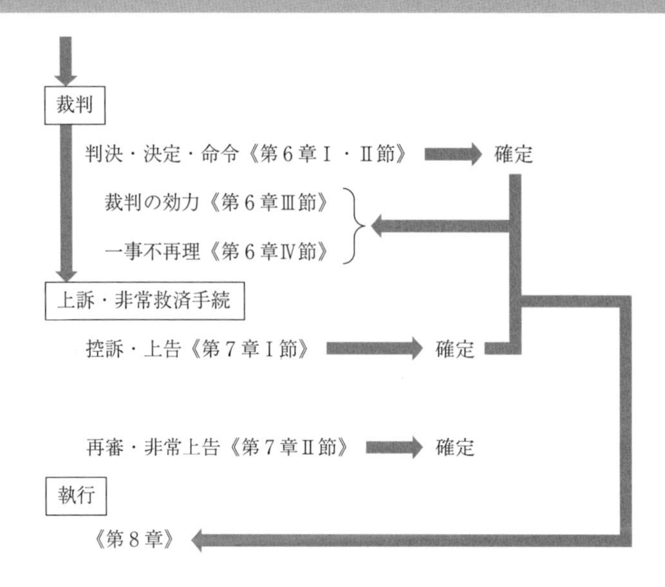

＊より詳細な「刑事手続の流れ」については法律文化社ホームページに掲載していますので参照ください。

【学習を深める工夫と利用方法】

本書は、企画段階より読者の皆さまがより学習を深めることができるようにクラウドおよびWEBを利用することを想定しました。

以下のデータを法律文化社の「教科書関連情報」（https://www.hou-bun.com/01main/01_04.html）に挙げています。

・刑事訴訟手続に関わる「逮捕状」等の各種の〈書面〉
・各章で学習した内容の理解度をはかるための〈設問〉と〈解答の要点〉
・巻末に掲載した「文献案内」以外のハイレベルな〈発展的文献〉
・判例にリンクを張った〈判例 URL〉
・学習に役立つ関連ウェブサイト〈参考 URL〉

なお、下記のQRコードからもアクセスできますのでご利用ください。

第1章　序　　説

I　刑事訴訟法とは何か

(1) 刑事手続の概要

(i) 刑事手続と刑事訴訟法

犯罪の発生が疑われるとき、事実を確認し処罰する手続が**刑事手続**である。犯罪となる行為やこれに科す刑罰は、刑法（実体法）が定める。その刑罰、つまり刑法を実現するのが刑事手続である。

刑事手続をどのように行うかを定める法（手続法）が、実質的意義の**刑事訴訟法**である。その中心となるのが刑事訴訟法典（形式的意義の刑訴法）である。なお、上位規範である憲法にも重要な刑事手続の規定がある。

民事事件の場合は私的自治の原則があり、当事者の話し合いによる事件解決もありうる。だが、犯罪を処罰するには常に公式手続が必要である（**「手続なくして刑罰なし」**）。憲法31条は、法定手続によることを規定している。

(ii) 手続の流れ

手続は、大まかに次のような流れになる（**【事例】**、刑事手続の流れ図参照）。

(a) 捜査

刑事手続は捜査から始まる。犯罪の証拠を探し集め、犯人を捜す（被疑者を特定する）手続である。被疑者の側も、防禦のために場合により弁護人の援助などを受けて対応が始まる。

(b) 公訴提起（起訴）

捜査で被疑者が特定され、犯人処罰の必要が認められるとき、裁判所に公訴（刑事の訴え）が提起される。被疑者は、以後「被告人」と呼ばれる。

(c) 公判

裁判所の公開審判において、事実を確認・認定し刑罰法令を適用して、有罪であれば刑が言い渡される。不服があれば上訴により上級の裁判所においてさらに審判がなされるが、やがて確定する。

（d）執行

確定した裁判が執行される。

むろん、犯罪の嫌疑が晴れれば、いったん犯人と疑われた人も処罰される危険から解放される。刑事手続は、見方を変えれば、いわば一方的に疑われた市民が嫌疑や処罰の危険から解放される手続でもある。捜査で嫌疑が不十分なら起訴されないし、**「無罪の推定」**（→第５章Ⅰ節（８））の下、公判で有罪が厳格に証明されなければ無罪の裁判がなされる（「疑わしきは被告人の利益に」）。様々な吟味を経て最終的にも有罪とされたとき、初めて市民が処罰を受けるのである。また、有罪の新証拠が発見されるのに備えていつまでも手続を停止して待つのではなく、いったん疑われたらいつでも蒸し返しが可能な不安定な状態に置かれるわけではない。そうした市民的人権尊重の法理は、公訴時効の制度や被告人に対する**迅速な裁判**（→第４章Ⅱ節）を受ける権利（憲37条１項）の保障にも表れている。なお、手続中も被疑者・被告人は、裁判で有罪とされるまでは無罪と推定され、嫌疑だけでは法的に不当な犯人扱いや権利制約を受けないことが、世界的に広く承認されている（自由権規約14条２項）。近代刑事手続の基本原則の１つである。

（ⅲ）市民社会と刑事手続

古くは秘密裁判により専断的・恣意的な処罰が行われた時代もあった。だが啓蒙思想の時代を経て近代市民社会以降は、人権保障のため「法の支配」や法治主義が重視され、法に基づかない恣意的処罰は排斥すべきものとされている。政治的な思惑から為政者が処罰を濫用するようなことは許されない。裁判は公開が原則であり（憲37条１項・82条参照）、陪審制など市民の司法参加による「司法の民主化」も図られてきた。今日では、人権保護の観点から、刑事法の謙抑性の考え方が広く受け入れられ、過剰な刑罰権行使は手続面でも禁止される。市民は、不当な処罰を受けないように、法の定める適正な手続が保障されている（後述（２）（ⅱ）参照）。

むろん市民社会では、犯罪の処罰は究極的には市民の犯罪被害を防ぐためである。刑事司法の面における犯罪被害者の人権への配慮も等閑視されてはならない。被害者の手続参加や手続被害からの保護、被害回復の支援策などは大切である（→本章Ⅱ節（5）、第4章Ⅳ節）。ただ、それにより基本的な刑事手続のあり方が変わるものではない。処罰は、法に基づいて公正になされる。被害者を慰撫する付随的効果などはありうるものの、各被害者の個別の感情などに左右されるべきではない。刑事手続では、市民に対する不当な犯人扱いや過剰な処罰の排斥が主眼である。犯人と疑われた市民の人権保護を後退させない留意が必要である。

なお、刑罰という手段は、性質上、被害者支援にはさほど有用でない。社会法や福祉法などの分野で被害補償などを整備する方向を追求すべきである。

（2）刑事手続の基本原理と構造

（i）実体的真実主義

犯罪に的確に対処すべく、事案の真相・真実の解明を目指す立場を**実体的真実主義**と言う。犯罪処罰が課題である刑事手続の大前提と言える。ただ、これには犯人を逃さない（**犯人必罰**）という積極的側面と、無実の人を罰しない（**無辜の不処罰**）という消極的側面とがある。

実際の運用では、前者の**積極的実体的真実主義**（必罰主義）の側面が表に出やすい。通例、私たち一般市民も自分が犯罪を行うとは思わず、被害に遭う方を恐れる。犯罪抑止に向けて、犯人追及の心情に立ちやすい。しかし、人間はもともと絶対的真実を知ることはできない。現実には手続の中で収集された証拠などに基づき真相らしく見えるもの（**訴訟的真実**）を「真相」として対応するほかない。そこには誤判の虞が潜む。再審無罪となる事例があることを忘れてはならない。冤罪等に備えた刑事補償制度の整備（憲40条参照）によっても、誤って刑事手続に巻き込まれた人の被害がすべて償えるわけではない。むやみな責任追及は、無理な手続による弊害も伴う。そのため無辜の不処罰を目指す**消極的実体的真実主義**こそが大切だとされる。私たち市民が必罰感覚にのめり込まず、意識的に追及される側に思いを馳せる必要がある。

（ii）適正手続主義

刑事手続は、人権保護の観点から適正さが要求される。**適正手続**（デュープロセス）の要請である。刑事手続は、証拠の捜索などから処罰まで、必然的に関係者の人権を侵害する。強大な公権力を行使して、市民生活を脅かす犯罪に対処するものであるが、それだけに、それ自体が逆に市民生活を脅かす危険も持つ。他方で、その手続は推測（仮説）に基づいて進めるほかなく、究極的にも前述のように訴訟的真実を処断の基礎として受け入れるしかない。それらが正当なものとされるためには、手続はそれにふさわしい適正なものでなければならないのである（**適正手続による真相解明**）。

適正であるための条件については多様な考え方がありうるが、次の3点が重要であろう。①真相解明に適する手続であること。古くは占いで判定するような手続（水判、盟神探湯など）もあったが、今日では、そうした不合理な方法は排斥される。②人権を尊重した手続であること。手続による不要・過剰な人権制約は許されないし、拷問等の過度な人権侵害は絶対に禁じられている（憲36条）。③民主的に決定された法定手続であること（法定主義）。日本のような成文法主義の下では、市民自治的に国会で制定される法律の定める手続によることが要請される（憲31条）。

真相解明を目指して手段を選ばないとすると、不当な人権侵害を伴う危険がある。上記①と②の間には一定の緊張関係があるが、今日では人権保護が刑事司法の根底にあり、真相解明も基本的人権の保障を全うすることが前提となる（1条。例えば違法収集証拠排除法則→第5章Ⅳ節）。適正手続の主眼は、人権尊重の点にある。現代の市民社会の刑事手続は、犯罪に的確に対処するとともに、不当に市民生活に干渉し市民の権利を侵すことのないよう、調和的に適正にコントロールされたものでなければならない。そのための①②の調整を市民自治的に行う原理が③の視点である。

犯罪現象や捜査技術など社会は常に変化するため、人権に照らして具体的にどのような手続であれば適正なのかも不断に問われ続けることになる。

図表1-1　糺問主義と弾劾主義の比較

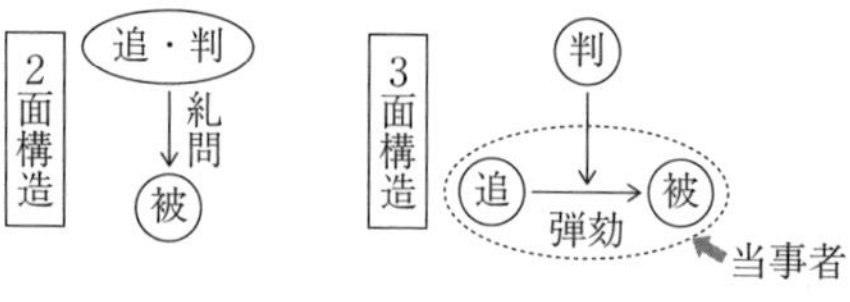

〔糺問主義〕
2面構造
追・判
↓糺問
被

〔弾劾主義〕
3面構造
判
追 → 被
弾劾
当事者

出典：筆者作成

(iii) 弾劾主義、当事者主義

適正手続を担う構造として、弾劾主義や当事者主義がある。標準的な理解では、手続の担い手の点で、追及（糺問）する者とされる者の２面構造で手続が進む制度を**糺問主義**と言い、追及（弾劾）する者と受けて立つ者（当事者）のほか判断者が関与する３面構造による制度を**弾劾主義**と言う（図表１－１参照）。糺問主義では、手続は糺問者が職権開始することになる。弾劾主義では、公判は当事者の訴え（訴追）をまって開始される（訴追主義）。

糺問主義では、追及者と判断（審判）者が一体化（いわばプレーヤーの一方が審判を兼務）しており、弾劾主義では分離されることになる。構造的に、弾劾主義の方が審判が中立・公平になりやすいと言える。近代的な刑事手続では、弾劾主義が基本となっている。日本の現行法では、検察官が公益的な立場から訴追し（247条：国家訴追主義→第３章Ｉ節（２））、公判における審判は裁判所が行う。

弾劾主義の構造をとる場合に、さらに主に手続の進行を誰が担うかによる区別がある。裁判所が担うものを**職権主義**と言い、裁判所が自ら事案の真相について職権で探知を行う。運用面で糺問主義に近づく。他方、当事者による追行（攻防）を基本とするものを**当事者主義**と言い、裁判所はその攻防から検察官の主張する犯罪事実の有無を中立・公平な立場で吟味・審判する（図表１－２、WEB資料２－１❶参照）。

図表１－２　職権主義と当事者主義の比較

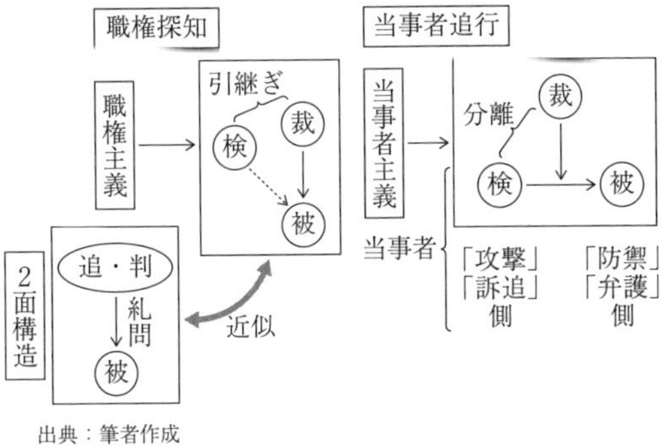

出典：筆者作成

戦前の旧法では、大陸法的な職権主義が採用され、公判は捜査の引継ぎという色彩（連続性）が濃かった。だが、戦後、現行法は英米法的な当事者主義を基本とした。**「公平な裁判所」**（→第４章Ⅱ節）の裁判が保障され（憲37条）、捜査と公判を分離して、裁判所が予断を抱いて公判に臨むのを排除するため起訴状一本主義（256条６項→第３章Ⅱ節（３））などが採用された。また、被告人の当事者性（防禦主体性）を支えるため、黙秘権（311条）などの防禦権（→本章Ⅱ節（３）、第５章Ｖ節）が保障された。なお、戦後初期には、技術的に当事者主義的な構成となっているが本質は職権主義だとする理解もあった。だが、民主

図表１－３　当事者主義の実質化

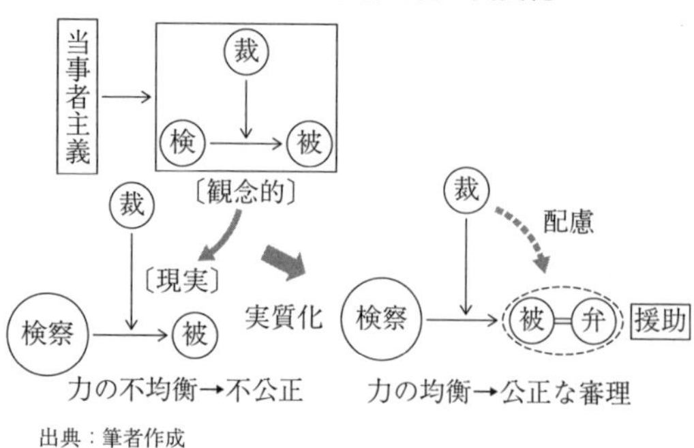

出典：筆者作成

主義との親和性も与り、次第に基本原理が当事者主義だとする理解が通説となった。

ところで、当事者主義は、当事者が対等に訴訟追行することで公正に機能するが、現実の当事者は被告人より検察官が圧倒的な力量を持つ。形式的に当事者追行主義によるだけでは適正な手続にならない。そこで、法律家である弁護人が被告人側に立って弁護し（形式的弁護）、援助を提供してその正当な利益を擁護することにより力の均衡（「武器の対等」とも言う）を図る必要があるとされる。**弁護人依頼権**（憲34条・37条３項→本章Ⅱ節（４））が保障され、自ら依頼できないときは国で付する（国選弁護）制度になっている。さらに、例えば証拠の収集・利用の面でも両当事者には大きな差違があり、適正な攻防・審理のため訴追側の手持ち証拠を被告弁護側に開示することが重要だとされている。これは、形式的には相手方当事者の便宜を図るものである。こうして、単純に対立的な当事者主義の理解だけでは十分ではなく、被告人の人権に配慮し実質的公平・公正を期する適正手続を目指す視点が必要だとされる。消極的実体的真実主義を重視して、誤って有罪としないよう、裁判所には訴追側主張を吟味（「交差的吟味」）する姿勢が要請される。後見的訴訟指揮により、特に防禦活動に配慮すべき場合もありうる（図表１－３参照）。

（３）刑訴法の法源

刑事手続に関する法がどのような形で存在しているかが、刑訴法の**法源**の問題である。主要な法源として、次のようなものがある。

（ⅰ）憲　法

日本国憲法には、人権保障に関連して31条以下に刑事手続に関する多くの規定がある。逮捕に関する令状主義（33条）をはじめ、重要な点について具体的に定めるものが多い。市民の権利・利益を害する犯罪の処罰手続がまた市民の権利を害するという人権間の葛藤につき、対処の仕方を憲法的に解決していると言える。法律で定める刑事手続は、それをさらに細かく具体化したものと言え、刑訴法は「応用憲法」とも言われる。

（ii）国際法

国際人権法も、刑事手続に関する人権保障の規定を有する（自由権規約14条など）。元来、国際法は国家間の関係に適用される法であるが、憲法98条はその最高法規性と並べて、国が締結した条約および確立された国際法規の誠実な遵守を求めている。刑事手続に関する具体的権利を保障した規定などは国内の刑事手続に適用されるものと解されている。

（iii）刑訴法その他の法律

刑事手続の基本事項は、法律の定めによらなければならず（憲31条）、中でも刑事訴訟法典が重要である。その他、関係の法律は、裁判所法、裁判員法、検察庁法、検察審査会法、警職法、通信傍受法、刑事補償法、少年法など多数に上る。

（iv）刑事訴訟規則など

憲法77条は、最高裁判所に訴訟に関する手続等について規則制定権を認める。これに基づき**刑事訴訟規則**などが制定されており、手続の細かな点に関する重要な法源となっている。なお、規則と法律の定める内容が矛盾する場合は、憲法31条や41条の趣旨から法律が優先すると解するのが通説である。

（4）刑訴法の適用範囲

（i）場所的適用範囲

刑事手続は刑法実現を目的とするから、刑法の適用があれば刑訴法の適用もありうる。日本の刑事司法機関が活動する限り、刑訴法は全世界で適用されうる。ただ、そうした捜査機関等の外国における活動はその外国の主権侵害となるため、現実には外国の承諾がなければ刑訴法の適用を伴う活動はあり得ない。このように刑事裁判権が制約されているため、日本国内で刑事手続を行う場合も人や証拠が外国のときは、犯罪人引渡し・刑事共助等の制度により外国の協力を得る必要がある。

他方、刑訴法は、日本国内に所在するすべての者に適用されるのが原則である。ただ、条約などにより、外国の元首や外交官等（外交関係条約31条）、在日米軍人等（米軍地協定17条）については、裁判権が制約されている。また、国会議員（憲50条）、国務大臣（憲75条）のほか、天皇および摂政（皇室典範21条）についても制約があるとされている。

（ⅱ）時間的適用範囲

刑事手続は、その手続の時に施行されている法によるのが基本である。刑訴法が改正・施行された場合、旧法下で発生した事件についても新法に則り刑事手続がなされる（**新法主義**）。遡及処罰禁止が原則の実体刑法とは異なるのである。ただ、手続が旧法により途中まで進んだところで続きは新法によることになると、木に竹を接ぐような不具合が起きかねない。そこで、手続がどのような段階にあるかにより新旧法の適用関係や新法適用に伴う経過措置を新法の施行法や改正附則等で規定することが多い。

Ⅱ　刑事訴訟の担い手

刑事訴訟には、被疑者・被告人、弁護人、司法警察職員、検察官、裁判官、裁判員、犯罪被害者等、多くの者が関与するが、狭義の刑事訴訟が成立するためには、訴追者である検察官、被訴追者である被告人、審判者である裁判所が不可欠であり、これを**訴訟主体**と言う。このうち、（訴訟）当事者とは、裁判所を除く訴訟主体である検察官および被告人を指し、検察事務官、弁護人、裁判所書記官は、訴訟主体における補助者と位置付けられる。なお、原則として、訴訟関係人（277条・295条１項・316条の２第３項、規203条等）とは、当事者および弁護人・保佐人・法定代理人等を意味する。以下では、訴訟主体および補助者の役割・権限等につき、概観する。

（1）裁判所・裁判官・裁判員・裁判所職員

（ｉ）裁判所の意義

（ａ）裁判所の種類

憲法７条１項に基づき、司法権は裁判所に属し、裁判所は、「一切の法律上の訴訟」につき、裁判権を行使する権限を有する（裁３条１項）。裁判所の語は、一般的に物理的存在としての「官署としての裁判所」として用いられる場合と、一定の権限行使主体としての「官庁としての裁判所」として用いられる場合に分けられる。この両者を指し、**国法上の裁判所**と言う。国法上の裁判所には、最高裁判所、高等裁判所、地方裁判所、家庭裁判所、簡易裁判所があり、裁判所調査官、裁判所書記官、家庭裁判所調査官等の職員が配置されている。

これに対し、訴訟に対し、裁判を行う機関として用いられる場合を**訴訟法上の裁判所**と言う。刑訴法において、「裁判所」という語は、主にこちらの意味で用いられる。国宝上の裁判所に対し、公訴の提起がなされると当該裁判所の裁判官によって構成される訴訟上の裁判所が事件の配点を受け、その審理を担当する訴訟法上の意義の裁判所を指して、**受訴裁判所**と言う。

訴訟法上の裁判所は、１名の裁判官によって構成される**単独体の裁判所**と、複数の裁判官によって構成される**合議体の裁判所**がある。地方裁判所は、原則として、単独体で審判を行うが、①死刑または無期、もしくは短期１年以上の懲役・禁錮に当たる事件（強盗、加重傷害　常習傷害、常習特殊強窃盗・常習累犯窃盗等を除く）、合議体で審判すべきものと定められた事件（23条１－２項・265条１項・429条３項）のような**法定合議事件**と②合議体で審理する旨の合議体による決定のなされた**裁定合議事件**については、３名の合議体で裁判がなされる。なお、**裁判員裁判**については、６名の裁判員と３名の裁判官（または４名の裁判員と１名の裁判官）の合議体で裁判が行われる（→第４章Ⅴ節）。これに対し、上訴審である高等裁判所は、裁判官３名の合議体（裁18条１項）で、最高裁判所は、３名～５名の小法廷、あるいは15名全員の大法廷の合議体によって審判がなされ（裁９条１－２項）、また、簡易裁判所は、常に単独体で審判がなされる（裁35条）。

（b）管轄

刑事裁判権は、一定の基準に基づき、国宝上の裁判所に分配されるが、これを**管轄**と言う。管轄は、(a) 事物管轄、(b) 土地管轄、(c) 審級管轄に分類される。

まず、(a) **事物管轄**であるが、第１審の裁判権は、事件の性質・軽重等による分配の基準を言う。簡易裁判所は、①罰金以下の刑に当たる罪、②選択刑として罰金が定められている罪、③常習賭博・賭博場開帳等図利、横領、盗品等に関する罪の事件を管轄する（裁33条１項２号）。ただし、住居侵入、常習賭博・

賭博場開帳等図利、窃盗、横領、遺失物横領、盗品等に関する罪については、3年以下の懲役を科すことができるが、それ以外は、禁固以上の刑を科すことはできない。これを、科刑権の制限と言う（裁33条2項）。簡易裁判所は、当該制限を超えて刑を科すことが相当であると認めるとき、地方裁判所で審判をなすことが相当と認めるときは、事件を管轄地方裁判所へ移送しなければならない（裁33条3項、刑訴332条）。地方裁判所は、内乱に関する罪の事件および罰金以下の刑に当たる事件を除く、すべての刑事事件について、管轄権を有する（裁24条2号）。なお、簡易裁判所と地方裁判所間において管轄が競合する場合には、いずれの裁判所に公訴提起をするかは、検察官の裁量による。高等裁判所は、第1審として、内乱に関する罪の事件を管轄する（裁16条4号）。

次に（b）**土地管轄**であるが、（a）事物管轄が定まっても、訴訟法上の裁判所は、なお特定されないことから、同種裁判所中、裁判権を行使すべき裁判所を特定するため、「犯罪地又は被告人の住所、居所若しくは現在地」を基準とし、分配を行う（2条1項。国外にある日本船舶・航空機内での犯罪につき、同条2-3項。管轄区域外の職務執行につき、12条参照）。ここに言う「現在地」につき、判例は、「公訴提起の当時被告人が任意もしくは適法な強制により現実に在る地域を指す」ものと解する（最判昭33・5・24刑集12巻8号1535頁）。なお、生活拠点と異なる現在地の裁判所に起訴され、被告人の出頭や防禦に支障をきたす場合、裁判所は、証拠調べ開始前に限り、請求または職権により、事物管轄を同じくする他の管轄裁判所に事件を移送することが可能である（19条1-2項）。

最後に、（c）**審級管轄**であるが、これは上訴についての管轄の分配を意味する。上訴には、控訴・上告・抗告の3種類があり（→第7章Ⅰ節）、高等裁判所の審級管轄は、当該管轄区域内の第1審裁判所の判決に対する控訴、地方裁判所・家庭裁判所・簡易裁判所の決定に対する抗告であり（裁16条、刑訴419条）、最高裁判所の審級管轄は、上告・特別抗告である（裁7条、刑訴433条）。なお、刑事訴訟との違いとして、民事訴訟においては、簡易裁判所の判決に対する控訴につき、地方裁判所に管轄が置かれている点に注意が必要である（裁24条3号）。

さらに、裁判所は、上記原則による各管轄の配分に属さない事件に対し、修正をし、審判をすることがある。これを**管轄の修正**という。①1人が数罪を犯したとき、②数人がともに同一または別個の罪を犯したとき、③数人が通謀して別々に罪を犯したときは、「関連事件」とされ（9条1－2項）、1つの裁判所に管轄をとりまとめることができる。例えば、事物管轄を異にする複数の事件が関連する場合には、上級の裁判所があわせて管轄することができ（3条）、また、事物管轄を同じくするものの、土地管轄を異にする複数の事件が関連する場合も、1つの事件につき、管轄権を有する裁判所が、あわせて事件を管轄することが可能である（6条）。これを、**併合管轄**という。よって、関連事件が異なった裁判所に起訴された場合には、審判を併合することができ（5条・8条：**審判の併合**）、逆に同一の裁判所に起訴されたものの、併合審判の必要がない場合には、分離して他の管轄裁判所に移送することができる（4条・7条：**審判の分離**）。

その他、管轄裁判所が明らかでない、あるいは存在しない場合には、検察官・検事総長は、直近上級の裁判所、最高裁判所に管轄指定の請求を行う制度が存在し（15-16条）、また、本来の管轄裁判所は存在するものの、特別の事情により、裁判の公平を維持できないおそれ、もしくは、公安を害するおそれがある場合には、検察官・検事総長は、他の裁判所へ管轄移転の請求を行う制度も設けられている（17-18条）。

（ii）裁判官

裁判官には、最高裁判所長官、最高裁判所判事、高等裁判所長官、判事、判事補、簡易裁判所判事の6種類がある（裁5条）。これらは、官名であり、その総称が裁判官である。それぞれの官名ごとに任命資格は異なっており、それぞれ厳格に法定されている（裁41-45条）。裁判官には、憲法が定める司法権の独立（憲76条3項）を担保するため、①罷免事由がある旨の弾劾裁判（裁判官弾劾法、国会125-129条）、②心身の故障により執務不能である旨の分限裁判（裁判官分現法）、③最高裁判所裁判官の国民審査（最高裁判所裁判官国民審査法）による場合を除いては、その意に反して、免官、転官、転所、職務の停止または報酬が減額されることはない（憲78条・79条6項・80条2項、裁48条）。なお、下級審裁判所裁判官の任期は10年であり、再任が可能である（憲80条1項、裁40条3項）。

裁判官の職務は、国法上の裁判所を構成するほか、訴訟法上、単独または合議体の一員として、裁判機関としての裁判所を構成し、被告事件、準抗告申立て事件、不審判請求事件、再審請求事件等につき裁判を行い、また受命裁判官あるいは受託裁判官として受訴裁判所の命令または委託により、一定の訴訟行為を行う、さらには、受任裁判官または1人の裁判官として、受訴裁判所から独立して、令状発付や証拠保全等を行うことが挙げられる。

なお、憲法37条1項に基づき、被告人には公平な裁判所による裁判を受ける権利が保障されている。この「公平な裁判所」とは、「偏頗や不公平のおそれのない組織と構成をもった裁判所」(最大判昭23・5・26刑集2巻5号511頁)を意味する。よって、これを担保するために、訴訟法上の裁判所を構成する裁判官が、事件との関係において、予断や偏見を有する可能性がある場合には、除斥・忌避・回避制度により、当該事件に関する職務から外れることとなる。

(iii) 裁判員

裁判員制度とは、「司法に対する国民の理解の増進とその信頼の向上に資する」ことを目的として(裁員1条)、2004年に「裁判員の参加する刑事裁判に関する法律」が成立し、2009年から施行された制度である。**裁判員**とは、同制度下において、裁判官とともに刑事裁判に関与する国民、つまり一定の重大事件に対し、衆議院議員選挙権を有する国民から、抽選によって選ばれた候補者より、一定の手続を経た上で選任された裁判員が刑事裁判に参加し、裁判官とともに合議体を構成して、有罪・無罪の判決、少年事件の家庭裁判所への移送の決定に係る裁判所の判断のうち、事実の認定、法令の適用、刑の量定に関与する者を言う(→第4章V節)。

(iv) 裁判所職員

その他、裁判所には、裁判所調査官、裁判所事務官、裁判所書記官、裁判所技官、家庭裁判所調査官、執行官、廷吏等の職員が存在する(裁57-63条)。なお、裁判所速記官(裁60条の2)については、1998年以降、新規採用・養成が停止されている。

(2) 検察庁・検察官・検察事務官

(i) 検察庁

検察庁とは、「検察官の行う事務を統括するところ」(検1条)であり、検察庁は、裁判所に対応して、最高検察庁、高等検察庁、地方検察庁および区検察庁が置かれている(検1条2項・2条)。検察官は、「いずれかの検察庁に属し、他の法令に特別の定のある場合を除いて、その属する検察庁の対応する裁判所の管轄区域内において、その裁判所の管轄に属する事項について」職務を行う（検5条）。ただし、捜査に関しては、対象とすべき犯罪に制限はなく（検6条）、捜査のため必要がある場合には、管轄区域外で職務を行うことも可能である（195条）。

（ⅱ）検察官

（a）検察官の種類

検察官には、検事総長、次長検事、検事長、検事および副検事の5種類があり（検3条）、これらは官名であり、その総称が検察官である。なお、検事正（検9条）、上席検事（検10条）は、官名ではなく、職名を指す。検察官の任命資格は、検察庁法15条、18-20条において厳格な要件が定められている。また、検察官には、裁判官に準じた身分保障もなされている（検22-25条）。

（b）検察官の権限と抑制

検察庁法において、検察官は、「刑事について、公訴を行い、裁判所に法の正当な適用を請求し、且つ、裁判の執行を監督し、又、裁判所の権限に属するその他の事項についても職務上必要と認めるときは、裁判所に、通知を求め、又は意見を述べ、又、公益の代表者として他の法令がその権限に属させた事務を行う」（検4条）とともに、「いかなる犯罪についても捜査をすることができる」（検6条1項）と規定されている。つまり、検察官は、①警察官的機能（191条1項）、②裁判官的機能（247-248条）、③当事者的機能（296条・298条1項・312条1項等。最決昭34・12・26刑集13巻13号3372頁）、④行政官的機能（472条1項）等、当事者としてだけでなく、公益の代表者として、刑事手続のすべての場面において関与する権限と義務が付与されている。なお、強力な検察権限抑制のため、公訴権濫用論をはじめとする多くの解釈論や立法論が提起されている。

（c）検察官の特色

検察官は、他の行政官庁の職員とは異なり、対外的には、**独任制の官庁**として、各検察官が独立して検察権を行使する。ただし、検察官は、検事総長を頂点とする階層化・組織化された検察庁に属し、また、検察権行使の統一性を欠くことに伴い、刑事手続に混乱が生じる、あるいは担当検察官が交代しても、同様の法効果が与えられるよう、検事総長、検事長、検事正等には、下級職員に対する指揮監督権限（検7-10条）や事務取引・事務移転等の権限が付与されている（検12-13条）ことから、検察庁内部においては、常に一体として検察事務を行う。よって、検察官は、独任制の官庁であることを前提としつつも、**検察官同一体の原則**が認められている。

また、検察庁は、行政官庁として法務大臣を長とする法務省に属することから、法務大臣には、「検察官の事務に関し、検察官を一般に指揮監督」する権限が付与されている。ただし、法務大臣が個々の具体的事案処理に対し介入することになれば、検察権行使が政治的圧力により影響を受けることになりかねないため、「個々の事件の取調又は処分については、検事総長のみを指揮することができる」としている（検14条：**法務大臣の指揮権**）。法務大臣の指揮権が発動された例としては、1954年4月、当時の法務大臣が与党幹事長に対する逮捕状請求の延期を命じたいわゆる「**造船疑獄事件**」があるが、その後、法務大臣の指揮権が発動された例はない。

（iii）検察庁職員

その他、検察庁には、**検察事務官**（検27条）、検察技官（検28条）等の職員が存在する。なお、検察事務官には、検察官の指揮を受けて、捜査を行う権限が付与されている（191条2項）。

（3）被疑者・被告人

（i）被疑者・被告人の意義

刑事手続において、捜査機関と対置される当事者が、被疑者・被告人である。まず、**被疑者**とは、捜査段階において、罪を犯した疑いがあるとして、捜査の対象となっている者を言う。そのため、強制処分等、捜査の対象として、様々な権利制約を受ける可能性があり、また公訴の提起がなされれば、被告人となるため、弁護人依頼権（憲34条・37条3項）・黙秘権（憲38条）等の様々な防禦権が保障されなければならない。これに対し、**被告人**とは、罪を犯したとして、検察官により、公訴の提起がなされた者を言う。被告人については、訴訟当事者としての地位・権利が保障されることは言うまでもない。なお、メディア報道等で用いられている「容疑者」の語は、刑訴法上の用語ではない。

被疑者・被告人に対しては、刑事手続上、憲法13条以下に定める個人の基本的人権が保障されなければならない。自由権規約14条２項は、「刑事上の罪に問われているすべての者は、法律に基づいて有罪とされるまでは、無罪と推定される権利を有する」と規定しており、刑事手続のすべての段階において、被疑者・被告人に対し、この「**無罪の推定**（presumption of innocence)」が妥当することは当然のことであり、人権保障の実現は、刑訴法における重要な目的であると言わなければならない（１条)。

（ⅱ）被告人の特定

被告人が誰であるかの判断は、起訴状に記載されている氏名（256条２項１号）を基準になされる。ただし、被告人が他人の氏名を冒用することにより、起訴状に記載された者と検察官が起訴しようとした者とが一致しない、あるいは被告人の身代わりで別人が公判に出頭する場合もあり得ないわけではない。有効な公訴提起を受けた者を**実質的被告人**といい、また、有効な公訴提起を受けていないものの、あたかも被告人の外観を呈するような者を**形式的被告人**と言う。

実質的被告人の特定については、(a) 起訴状の表示を基準として、実質的被告人を特定すべきであるとする**形式的表示説**と (b) 起訴状の表示を実質的・合理的に解釈して実質的被告人を特定すべきであるとする**実質的表示説**に大別されるが、公判手続の事案につき、判例は、(b) 実質的表示説を採用する（最決昭60・11・29刑集39巻７号532頁)。これに対し、略式手続の事案については、その種類により、実質的被告人を定める基準を異にすると解する。まず、①通常略式方式の場合には、起訴状以外に被告人を特定する資料が存在しないことから、(a) 形式的表示説によるとするのが通説であり、また、②在宅在庁略式方式による場合も、判例は (a) 形式的表示説による（最決昭50・５・30刑集29巻５号360頁)。これに対し、③逮捕中・勾留中在庁略式による場合には、現に逮捕されている者が存在することから、検察官の訴追意思が明白であるとの理由で、冒用者が被告人であると解する（大阪高決昭52・３・17判時850号13頁)。

形式的被告人に対しては、実質的被告人となることはないことから、例えば冒頭手続の段階で人違いが判明した場合には、手続から事実排除すれば足り、証拠調べの段階において人違いが判明した場合には、公訴棄却の手続によることになろう。なお、実体裁判がなされた場合には、上訴裁判所は、378条３号または411条１号に基づき、これを破棄し、338条４号を準用して、公訴が棄却されることになり、また判決が確定した場合には、非常上告（454条）により、処理がなされることになる。

（iii）当事者能力・訴訟能力

まず、**当事者能力**とは、刑事訴訟において当事者となりうる資格を言う。刑罰を受ける可能性のある者は、自然人だけでなく、法人あるいは法人格のない社団・財団等であっても、当事者能力を有することになる（規56条）。仮に、被告人となった後、自然人が死亡、あるいは法人等が消滅した場合には、公訴棄却決定により、手続が打ち切られることになる（339条１項４号）。

次に**訴訟能力**とは、「被告人としての重要な利害を弁別し、それに従って相当な防御をすることのできる能力」（最決平７・２・28刑集49巻２号481頁）を言う。訴訟能力が肯定されるためには、単に意思能力が認められるだけでは足りず、刑事手続上の権利内容を理解し、意思伝達能力が必要であるとされる。よって、精神障害等の理由により、意思能力が欠ける場合だけでなく、聴覚・言語障害によって、意思疎通を図るのに重大な支障がある場合も、訴訟能力が否定されることになる。ただし、被告人単独の能力を基準として当該判断をなす必要はなく、弁護人や通訳人の援助および裁判所の後見的役割により補完されることを考慮に入れ、なされることも可能である（最決平10・３・12刑集５巻２号17頁）。

訴訟能力を欠く場合の措置につき、刑訴法314条１項は、「無罪、免訴、刑の免除又は公訴棄却の裁判をすべきことが明らかな場合」を除き、「被告人が心神喪失の状態に在るときは、検察官及び弁護人の意見を聴き、決定で、その状態の続いている間公判手続を停止しなければならない」と規定する。なお、当該訴訟能力は、心神喪失であっても、刑法上の責任能力（刑39条）とは、判断基準・内容等も異なる（最決昭29・７・30刑集８巻７号1231頁）。よって、聴覚・言語障害等により、意思伝達に重大な支障があり、訴訟能力に疑いがある場合には、医師等の意見を聴いた上で、訴訟能力がないと認められる場合には、公判手続を停止すべきものとし（前掲・最決平成７・２・28）、また心神喪失を理由として公判手続が停止された後に、被告人の訴訟能力の回復に見込みがないと判断される場合には、338条４項に準じ、訴訟手続を打ち切ることが可能である（最判平28・12・19刑集70巻８号865頁）。

その他、一般的な訴訟能力とは別に、個々の訴訟行為につき、個別的訴訟能力の有無が問題とされる場合もある。判例は、「死刑判決の言渡しを受けた被告人が、その判決に不服があるのに、死刑判決宣告の衝撃及び公判審理の重圧に伴う精神的苦痛によって拘禁反応等の精神障害を生じ、その影響下において、その苦痛から逃れることを目的として上訴を取り下げた場合には、その上訴取下げは無効と解するのが相当である」としている（最決平７・６・28刑集49巻６号785頁）。

（4）弁　護　人

（i）弁護人制度

（a）弁護人依頼権

弁護人とは、法律的な専門知識に基づき、被疑者・被告人のために、弁護をなす者を言う。当該弁護とは、訴訟行為において、被疑者・被告人の正当な利益を擁護することを意味する。現行刑訴法下における当事者対等の見地、および被疑者・被告人の**防御権**を保障するためには、実質的な弁護人の援助を受けることが不可欠であると言えよう。

そのため、憲法34条は、「何人も、理由を直ちに告げられ、且つ、直ちに弁護人に依頼する権利を与へられなければ、抑留又は拘禁されない」とし、また憲法37条３項は、「刑事被告人は、いかなる場合にも、資格を有する弁護人を依頼することができる。被告人が自らこれを依頼することができないときは、国でこれを附する」として、被抑留・拘禁者および被告人に対し、**弁護人依頼権**が保障されている。さらに、これを受け、刑訴法30条１項は、「被告人又は被疑者は、何時でも弁護人を選任することができる」と規定し、弁護人選任権の保障を被疑者にも及ぼしている。

憲法37条３項は、「資格を有する弁護人を依頼することができる」と規定していることから、弁護人は、弁護士の中から選任されなければならない（31条１項）。弁護士とは、法律事務を行うことを職務とする専門職であり（弁３条）、原則として、司法修習終了が資格要件とされている（弁４条）。なお、弁護士となるためには、「日本弁護士連合会に備えた弁護士名簿に登録されなければならない」(弁8条)。

ただし、第1審に限っては、「裁判所の許可を得たときは、弁護士でない者を弁護人に選任することができる」(31条2項)とし、**特別弁護人**としての選任も可能としている(地方裁判所においては、他に弁護士の中から選任された弁護人がある場合に限られている)。なお、起訴前段階においては、特別弁護人制度は認められていない(最決平5・10・19刑集47巻8号67頁)。また、上訴審では、弁護人は弁護士に限定されている(387条)。

（b）弁護人の選任

弁護人の選任には、①私選弁護人と②国選弁護人の2種類が存在する。まず、①**私選弁護人**とは、被疑者・被告人、またはその法定代理人、保佐人、配偶者、直系の親族、兄弟姉妹によって選任される弁護士を言う(30条)。被疑者の弁護人の数は、3人を超えることができないが、裁判所により、特別な事情があるとして許可された場合には、この限りではない(35条、規27条)。これに対し、被告人の弁護人の数は、原則として人数の制限がなく選任が可能であるものの、特別の事情があるときは、弁護人の数を各被告人について3人までに制限することができる(規26条1項)。これに対し、②**国選弁護人**は、裁判所または裁判長が選任する弁護人を言う。国選弁護制度は、当初、被告人に限定されていたが(憲37条3項後段・36条)、起訴前から公判段階において一貫した公的弁護を保障することが必要であることから、2004年の刑訴法改正により、憲法が保障する国選弁護制度の保障範囲を超えて、一定の重大犯罪につき、勾留状が発付されている被疑者に対しても保障が拡大され、さらに2016年の刑訴法改正により、事件の重大性の有無にかかわらず、勾留状が発付されたすべての被疑者に対しても、拡大されるに至った(37条の2)。国選弁護人の選任については、請求による場合と職権による場合がある。まず、請求による場合であるが、貧困その他の事由により弁護人を選任することができないときは、請求によって、裁判官・裁判所が弁護人を付することになる(36条・37条の2)。請求に際しては、資力申告書の提出が義務付けられており(36条の2)、資力が基準額(36条の3第1項)以上の者が請求する場合には、あらかじめ弁護士会に私選弁護人選任の申出をしていなければならない(36条の3第1項・37条の3第2項)。これを**私選弁護前置主義**と言う。それでもなお、引き受け手がいない場合にのみ、「その他の事由」によるものとして、国選弁護人が付されることになる。次に職権による場合であるが、被告人が未成年者、年齢が70歳以上である者、聴覚障害・言語障害がある者、心神喪失・心神耗弱の疑いのある者、またはその他必要と認めるとき（37条)、37条各号に該当する場合であって、弁護人が出頭しない場合（290条)、必要的弁護事件において、弁護人が出頭しないおそれがあるとき（289条3項）に裁量的に裁判所が弁護人を付することになる。

なお、必要的国選弁護として、①公訴提起のなされた必要的弁護事件（289条1項）につき、弁護人選任に関する照会に回答がなく、または弁護人が選任されないとき（規178条3項)、②必要的弁護事件（289条1項・316条の29・350条の23）の審理において、弁護人が欠けるとき（289条2項)、③公判前整理手続・期日間整理手続において弁護人がないとき（316条の4第2項・316条の8第1項・316条の28第2項)、④即決裁判手続の申立てがあった場合において弁護人がないとき（350条の18）に際し、裁判所が義務的に選任し、または付す場合がある。

（c）弁護人の権限・義務

弁護人の権限については、私選・国選のいずれであっても、特に差異はない。弁護人は、被疑者・被告人の正当な利益を保護するものとして、個別的な授権がなされていなくとも被疑者・被告人のなしうる訴訟行為のうち、その性質上、代理に親しむものについては、被疑者・被告人の意思に反しない限りにおいて、行うことができる（**包括的代理権**)。ただし、特別の定めのある場合には、独立して弁護人は訴訟行為をなすことが許容される（41条：**独立行為権**)。また、弁護人の権限は、代理権と固有権に分類され、前者は、さらに法律に特別の定めがある場合において、独立して訴訟行為をすることができる**独立代理権**（41条）と明文の規定は存在しないものの、包括的代理権に基づき、授権と追認により行使することができる**従属代理権**に区別することができる。

弁護人の義務としては、**調査義務**と**弁護義務**が挙げられるが、当該義務を履行するにあたっては、「弁護士は、基本的人権を擁護し、社会正義を実現することを使命」とし、誠実にその職務を行わなければならない（弁1条：**誠実義務**)。よって、弁護人に対しては、司法による真実の発見を妨害してはならないとする消極的な意味での真実の発見義務が求められるにすぎない。判例も、被告人が公判審理の途中から公訴事実につき、全面否認に転じた場合に弁護人が有罪を基調とした弁論を行った事案に対し、「証拠関係、審理経過を踏まえた上で、その中で被告人に最大限有利な認定がなされることを企図した主張をした」等の事情が存在すれば、「被告人の防御権ないし実質的な意味での弁護人選任権を侵害するものとして」違法であるとは言えないとしている（最決平17・11・29刑集59巻9号1847頁）。これに対し、被告人が有罪を認めていたとしても、真実が無実であるとわかっている場合には、被告人の意思にかかわらず、弁護人は無罪に向けた弁護活動を行うべきである。

（ii）補佐人

刑訴法42条は、「被告人の法定代理人、保佐人、配偶者、直系の親族及び兄弟姉妹は、何時でも補佐人となることができる」と規定していることから、**補佐人**は、原則として、被告人の意思に反しない限り、被告人のなすことが可能である訴訟行為を行うことができる。

（5）犯罪被害者

犯罪被害者とは、犯罪によって被害を受けた者を言う。よって、犯罪被害者は、犯罪の当事者ではあるものの、刑事訴訟の主体ではなく、証人や参考人として刑事手続に関与するのみであった。これは、民事・刑事を分離した裁判制度の下においては、従来、当然の帰結であった。もちろん、わが国においても、公的に犯罪被害者支援がなされていなかったわけではなく、そのさきがけは、周知のとおり、1980年の「犯罪被害者等給付金の支給等による犯罪被害者等の支援に関する法律」の制定であった。しかし、その後は、実務および学界において、必ずしも犯罪被害者に対する関心は高かったとは言えなかった。しかし、犯罪被害者は、犯罪の当事者であることから、刑事事件の審判に対しても、深い関心を持つことは当然のことである。しかし、同時に刑事手続に関与することにより、第二次被害を受ける可能性も否定できないことから、犯罪被害者に対し、刑事手続への一定の参加とあわせて保護の必要が指摘されるようになった。つまり、いわゆる地下鉄サリン事件以降、被害者自身が声を上げるようになり、犯罪被害者に対し、社会的関心も高まり、学界においても本格的な被害者に対する調査研究が開始された)。

そこで、2000年に、いわゆる犯罪被害者保護2法（「刑事訴訟法及び検察審査会法の一部を改正する法律」および「犯罪被害者等の保護を図るための刑事手続に付随する措置に関する法律」）が制定され、①被害者が証人として証言する際の負担軽減措置、②性犯罪等の告訴期間の撤廃、③被害者等による心情意見陳述制度、④被害者の遺族への検察審査会の審査申立権の付与、⑤被害者等の傍聴に対する配慮、⑥被害者等による公判記録の閲覧・謄写、⑦民事上の和解を記載した公判調書に対する執行力に関する規定が設けられた。また、同年の少年法改正により、①被害者への審判結果等の通知、②被害者による審判記録の閲覧・謄写、③被害者からの意見の聴取に関する規定も設けられている。その後も、2004年には、犯罪被害者等基本法が成立し、2005年には犯罪被害者基本計画が閣議決定され、これを受け、2007年には、犯罪被害者等の権利利益の保護を図るための刑事訴訟法等の一部を改正する法律に基づき、刑事訴訟法等の関連規定が改正されるに至った。これにより、①被害者参加制度、②損害賠償命令制度、③被害者等の氏名等の情報を保護するための制度等が創設され、④公判記録の閲覧・謄写の範囲も拡大された。また、2008年には少年法も改正され、被害者等による少年審判の傍聴、審判状況を説明する制度等が導入された。さらに2016年には、ビデオリンク方式による証人尋問も拡充、証人の氏名・住居の開示に係る措置、公開法廷における証人の氏名等の秘匿措置等が整備され、犯罪被害者やその遺族が証人として刑事手続に参加する場合の保護が強化された。なお、刑法においても、2017年に性犯罪が非親告罪化されるなどの改正がなされている。本書においても、上記各制度が各所で出てくる際に、犯罪被害者およびその遺族についても、刑事手続の関与者であることを意識しながら、読み進めてほしい。なお、犯罪被害者の詳細については、第4章Ⅳ節を参照のこと。

第2章　捜　　査

I　捜査概説

（1）捜査とは？

（i）意義・定義・要件

刑訴法によれば、**「捜査」とは**、次の要件①～④を満たす活動である。すなわち、要件①捜査機関が、要件②犯罪が発生したと判断した場合に、要件③公訴の提起・追行を目的として、要件④その犯罪の証拠を収集・確保し、被疑者を発見し、その身体を確保する活動である。なお現行法上、「捜査機関」とは、**司法警察職員**と**検察官・検察事務官**を指す（189条2項・191条参照）。

このように行為主体が、捜査機関に限定されているのは、捜査機関による活動に規制を加えて、その権限の濫用を防ぐためであると考えられている。また上記要件②については、以下（ii）で触れるような議論も、これまで展開されてきた。

（ii）未発生の犯罪に対する捜査の余地について

捜査のあり方を考える重要な論点の1つとして、犯罪が**未発生の段階**で捜査を行うことが可能であるのか否かの問題がある。捜査の着手について189条2項は、「犯罪があると思料するとき」と規定しており、上記（i）で触れたように、捜査と言えるには、罪が発生した場合（上記要件②）に行われる活動であると一般的に位置付けられてきた。そのため、犯罪「発生前」の捜査は、許容されるのか否かが問題となる。もちろん警察官には、犯罪を予防するため、「人の生命若しくは身体に危害が及び、又は財産に重大な損害を受ける」おそれのある行為を「制止」することが認められている（警職5条）が、それはあくまで**行政警察活動**（防犯活動）であり、刑訴法上の**司法警察活動**である捜査とは性質が異なる活動である。

この問題が一層大きく取り上げられ激しく批判されたきっかけは、当時、盗聴立法として揶揄・批判されながら1999年に制定された**通信傍受法**（犯罪捜査のための通信傍受に関する法律：平成11年法律第137号）であった。

通信傍受法は「組織的な犯罪」に対して事案の真相解明のために「犯人間の相互連絡等に用いられる電話その他の電気通信の傍受」を目的として、手続の要件等を定めて制定された法律である（通傍１条）。具体的には、傍受令状について規定している同法３条１項２号・３号では、同法が規定する罪が「引き続き」「犯されると疑うに足りる十分な理由がある場合」に、検察官および司法警察員に対して「犯罪関連通信の傍受」を可能とした。このように、同法では未発生の犯罪について捜査として傍受を認めることとなった。

では、これまで判例はどのような立場をとってきたのであろうか。まず高裁段階のものとしては、犯罪発生を予想して警察が路上に設置したテレビカメラにより犯罪状況の撮影・録画した映像を証拠として用いることを許容した事例がある。本件では、こうした撮影・録画が憲法13条の趣旨に反するとして、こうした証拠の適法性が争われたが、裁判所は「当該現場において犯罪が発生する相当高度の蓋然性が認められる場合」であり、「証拠保全の手段、方法をとっておく必要性及び緊急性」があり、かつ、その撮影・録画が「社会通念に照らして相当と認められる方法」で行われたときには、「現に犯罪が行われる時点以前から犯罪の発生が予測される場所を継続的、自動的に撮影、録画することも許される」と判断した（東京高判昭63・４・１判時1278号152頁）。

このように、裁判例は上記要件②の解釈を拡大した。しかし、このように裁判所が捜査概念の解釈を拡大したことには、次のように戦前の警察権限の歴史的経過を踏まえ、その「相当性」の有無については厳しい疑問も提起されている。すなわち、このような捜査概念の拡大の背景には「組織犯罪に対抗し、確実に真相を解明する必要性」が重視され、捜査概念の拡大に伴う弊害の有無といった相当性の視点が軽視されているとの指摘である。それによれば、その理由として、これまで日本が辿った歴史的経緯から、こうした解釈が行政警察活動と司法警察活動の混同を生じさせ、犯罪発生を未然に防ぐことよりも、捜査権限の拡大に重点が置かれると懸念されるからである。元々、戦前から犯罪発生前の行政警察活動と、犯罪発生後の司法警察活動は区分されていた（戦前の行政警察規則4条参照)。ところが、戦前は警察の強制捜査権限が狭く、一方で行政警察活動には強制処分が認められていたことから(戦前の行政執行法1条では「公安ヲ害スルノ虞アル者」等への行政検束が認められていた)、結局当時の警察が捜査のために行政警察活動上認められていた強制処分を濫用したことで、人権侵害事件が多発することとなった。そして、こうした経緯で戦後、裁判官による事前審査と組み合わせる形で警察の強制捜査権限を増やすこととなった。また同時に、行政警察の権限を縮小することとなった(例えば、警職1条2項・2条3項参照)。

他方で、これまで検察出身者の学説の中には、捜査活動についても将来の犯罪に対する令状発付も可能であると解する学説も見られた。しかし、犯罪発生前の時点での活動を捜査の概念に含めることは、刑訴法が強制処分(詳細は本節(3)で後述)に対して加えてきた重要な法的規制の意義を低下させ、捜査機関よる権限濫用の事態を生む危険性を孕んでいる。具体的には、未発生の犯罪に対する令状発付は、犯罪の発生が未確定の段階で不確実な資料に基づいて令状要件の審査を行わせることとなり、令状主義の実効性を弱めるとの懸念が、通信傍受法制定後も今日まで根強く示されてきた。

以上のことから考えれば、未発生犯罪に対する捜査には、令状主義といった刑訴法の基本的な原則の意義を無意味にしかねない側面が伴うと言える。つまり、私たちの自由な社会を保障するために、刑訴法の基本原則があるのであり、未発生事件への捜査容認・許容には、自由主義に基づく社会が崩壊する事態になりかねないリスクが伴うのである。したがって、行政警察活動として行う犯罪予防の枠組みを超えて、未発生段階で司法警察活動としての捜査を行うことには、極めて慎重でなければならない。

(2)捜査の構造(捜査の捉え方・あり方をめぐる議論)

捜査とは、どうあるべきか。理想的な捜査の姿を考えながら、捜査の構造を眺めて見ると、対照的な考え方があることが見えてくる。捜査の捉え方・あり方についての議論が捜査の構造論(モデル論)である。かつて、現行刑事訴訟法典が施行されて間もない時期に、平野龍一により**「糺問的捜査観」**と**「弾劾的捜査観」**という考え方が提唱された。それによると、次のように捉えられる。前者は、捜査は被疑者を取調べる手続であるとして捉え、そのため強制の処分も可能と解される。裁判所・裁判官による抑制は、その濫用を防ぐことのみと捉える。後者は、捜査は捜査機関による単独の準備活動にすぎず、被疑者も独立して準備活動を行うと解される。そのため、強制の処分は、その後の裁判に備えて裁判所のみが行い、当事者はその処分の結果を活用するにすぎないと説明される。そして平野は、憲法の趣旨に沿う形で弾劾的捜査観の重要性を唱えた。この考えは学界に大きな影響を与え、通説として認められることとなった。それにより、被疑者は取調べの客体ではなく、当事者として活動する権利があるという考え方が通説になるに至ったのである。

さらに、その後、こうした影響を受けた学説として**「訴訟的捜査観」**という考え方も提唱された。それによると、捜査を検察官が起訴・不起訴を決定するために事実関係（訴訟条件）を明らかにする一連の手続として捉え、公判から全く独立した手続として捉えるものであった。すなわち、それは検察官を頂点として、警察（司法警察職員）と被疑者・弁護人が対立する形で3面構造をとるものと捉えるものであった。この考え方は捜査実務の実態を的確に描写しているとして高く評価された一方で、現行法が検察官にも捜査権を与えているのに、検察官に中心的役割を担わせ、裁判官の立場を傍らに追いやってしまうことになる点では批判もされた。このように捜査の捉え方・あり方をめぐっては、これまで様々な議論が展開されてきたのである。

（3）捜査に関する諸原則

（i）捜査比例の原則

捜査を受ける側にとっては、**強制捜査**（強制処分により行われる捜査）のみならず**任意捜査**（任意処分により行われる捜査）であっても、被疑者側の自由（人身の自由等）や私生活の平穏に対して不利益を受けることになる。例えば、任意で事情聴取を受けるにせよ、時間の制約や心理的ストレスを受ける。そうであれば、捜査には正当性が必要である。したがって、任意であれ強制であれ、捜査を行う場合には、その捜査の内容が必要な範囲内であり、相当であると言えなければならない。これを**「捜査比例の原則」**（警察比例の原則）と呼ぶ。

（ⅱ）任意捜査の原則

前述したように、捜査自体が、多かれ少なかれ被疑者にとって負担を強いるため、なるべく捜査は任意処分で行うべきであるとされている（**「任意捜査の原則」**）。このことは、刑訴法が直接明記しているわけではないが、197条１項の内容から当然に導かれる内容であるとされる。なぜなら同条同項は、まず原則として任意捜査について規定した上で、その但書として、強制捜査について例外的に規定する形式になっているからである。さらに、犯罪捜査規範99条が、「捜査は、なるべく任意捜査の方法によつて行われなければならない」と規定していることも、任意捜査の原則を裏付けている。

では、任意捜査には、どのような活動が含まれるのであろうか。任意捜査の手法としては、刑訴法に定められている内容として、被疑者の任意取調べ（198条１項）、被害者を含む第三者への任意取調べ（223条１項）、鑑定等の嘱託（223条１項）等がある。また、刑訴法に明文規定がないが、内偵や尾行、聞き込みのみならず、インターネットを利用した情報収集等も行われる。ただ、強制捜査とは異なり、任意捜査は非定型的であるため、被対象者の法益侵害の程度も様々であることを念頭に置いておく必要があると言える。

（ⅲ）強制処分法定主義

前記（ⅱ）で説明したように非定型的な内容に及ぶ任意捜査とは異なり、強制捜査は法律に特別の定めがなければ行うことができない。これを**「強制処分法定主義」**と呼び、それは197条１項但書に規定されている。刑訴法に法定されている強制処分として、逮捕・勾留、捜索・差押え、および検証などがある。

なぜ、この強制処分法定主義が必要なのであろうか。それは、次の意義があるからである。１つは、**自由主義的な意義**である。私たちは、どのような強制処分があるのかを明示されていることにより、それに対する予測が可能となり、自由に行動できる。それは刑法の罪刑法定主義と同じ意義である。また、形式的に強制処分が規定されていれば良いわけではなく、当然にその強制処分の内容にも、憲法31条が掲げる適正手続の保障が求められる。もう１つは、**民主主義的な意義**である。私たちの人権を制約する各強制処分については、国民の代表者で構成されている国会で制定される法律にあらかじめ規定され、どのような強制処分が、どのような要件の下で行われるのかを民主的に定めることが必要となる。そこには、民主的なコントロールを強制処分の内容に及ぼし、捜査側の発想により独善的に強制処分の内容が形成されることを防ぐ狙いがある。

なお、詳しくは本章Ⅴ節（9）で取り上げられる判例であるが、**GPS 捜査**（被疑者等の承諾なく、かつ令状を取得することなく、被疑者等の車両にGPS 端末を取り付けて、その位置情報を継続的に取得して追尾等を行った）に対する判例（最大判平29・3・15刑集71巻3号13頁）では、GPS 捜査を（197条1項但書に該当する）強制処分であると判断した上で、同条が規定する令状を発付することに疑義があるとした。一方で、本判例において最高裁は「GPS 捜査が今後も広く用いられ得る有力な捜査手法であるとすれば、その特質に着目して憲法、刑訴法の諸原則に適合する立法的な措置が講じられることが望ましい」と述べている。このことは、今後の実務への警鐘として立法による手続・要件の明確化を整備する必要があることから、強制処分法定主義の重要性を示し強調していると考えられる。

（iv）令状主義

「令状主義」とは、裁判官があらかじめ発付した令状がなければ強制処分を執行することができない原則である。このことは、逮捕については憲法33条に明記され、捜索・押収については憲法35条に明記されている。これにより、捜査機関は事前に裁判官に令状発付を請求し司法審査を受けた上で発付された令状に基づいて、強制処分に基づく捜査を執行できるのである。このような令状主義には、司法による個別具体的な審査により、市民の自由を保障する仕組みとして意義がある。元々、こうした規定は、不合理な捜索・押収・拘束を防ぐために設けられたアメリカ合衆国憲法修正4条の人権規定に倣って日本で取り入れられるに至ったものである。

（4）強制処分と任意処分

（i）両処分の区別

前記の（3）で触れた諸原則を遵守するためにも、特定の捜査手法が任意処分か、強制処分か区別することは重要である。それが強制処分に該当する場合は、強制処分法定主義と令状主義による規制が加えられる。また、任意処分に該当する場合であっても、それが無制限に可能なのか否かが問題となる。

では、強制処分とはどのようなものと定義されるのか。かつて、直接的に物理的な有形力を加える場合や、召喚・提出命令のように特定の法的義務を負わせる場合を強制処分と解釈していた（**有形力説**）。しかし、科学技術の進歩により写真撮影や電話の傍受等の新しい捜査手法が登場し、有形力説の解釈では、その活動を規制する必要があっても強制処分の対象に含めることが難しくなった。そこで、権利や法益侵害の有無により判断する基準（**法益侵害説**）が登場し、注目されるに至った。

強制処分の定義をめぐり、判例は次のようになっている。重要なリーディング・ケースとして、**最高裁の昭和51年決定**（最決昭51・3・16刑集30巻2号187頁）がある。この昭和51年決定では、酒酔い運転で物損事故を起こした被疑者に対しアルコール保有量検査の風船への呼気吹き込みを拒否する被疑者の取調べ時に、マッチの借用を断られた被疑者がマッチを取りに急に椅子から立ち上がり出入口の方へ向かったため、巡査が被疑者の左斜め前に近寄り、「風船をやってからでいいではないか」と言い両手で被害者の左手首を掴んだ行為の適法性が問われた。昭和51年決定は、強制処分の定義について**「有形力の行使を伴う手段を意味するのではなく」**、**「個人の意思を制圧し、身体、住居、財産等に制約を加えて強制的に捜査目的を実現する行為など、特別の根拠規定がなければ許容することが相当でない手段を意味するもの」**と位置付けた。その上で本件では、「呼気検査に応じるように説得をつづけるうちに」、「急に退室しようとしたため」、「さらに説得のためにとられた措置であって、その程度もさほど強いものではない」として、「捜査活動として許容される範囲を超えた不相当な行為ではない」と述べて公務の適法性を認めている。昭和51年決定は、身体等への制約を要素に挙げている点では法益侵害説に近いように評価できるが、次に述べるように有形力の行使があっても強制処分に該当しない余地を容認している点に批判がある。この点、任意捜査における有形力行使の許容性について、次の（ⅱ）で触れる。

こうした解釈の変化により、例えば、プライバシー等に対する侵害にも対応することが可能となった。この点、**通信傍受法制定以前**ではあるが、判例では通話内容を当事者双方の同意を得ずに傍受する電話傍受について、「通信の秘密を侵害し、ひいては、個人のプライバシーを侵害する強制処分」として判示したものも登場した（最決平11･12･16刑集53巻９号1327頁）。また、詳細は後述（→本章Ｖ節）されるため、ここでは割愛するが、運送過程下にある宅配荷物に対し、荷送人や荷受人の承諾を得ず、外部からエックス線を照射して内容物の射影を観察した行為を「荷送人や荷受人の内容物に対するプライバシー等を大きく侵害するもの」であると判示した判例も登場した（最決平21・９・28刑集63巻７号868頁）。さらに、前記（３）（iii）でも触れたが、本章Ｖ節（９）で詳しく取り上げられるGPS捜査に対する最高裁平成29年判決でも、「個人のプライバシーの侵害を可能とする機器をその所持品に秘かに装着することによって、合理的に推認される個人の意思に反してその私的領域に侵入する捜査手法」であり、「個人の意思を制圧して憲法の保障する重要な法的利益を侵害するものとして、刑訴法上、特別の根拠規定がなければ許容されない強制の処分に当たる」強制処分として判示したものも登場した。その一方で、捜査機関による撮影行為を強制処分とは判断しなかった事案（最決平20・４・15刑集62巻５号1398頁）もある。それによれば、捜査機関が公道上およびパチンコ店内にいる被告人の容ぼう、体型等をビデオ撮影した行為については、「犯人の特定のための重要な判断に必要な証拠資料を入手するため」に行われ、「人が他人から容ぼう等を観察されること自体は受忍せざるを得ない場所におけるもの」であるとして、捜査目的を達成するために必要かつ相当なものと判示して適法な行為としている。このように前記の昭和51年決定以降の判例では、時代に応じて変化する捜査手法について、重要な権利の侵害であるかで強制処分に含まれるようになった。

（ii）任意捜査の限界をめぐる問題

（a）任意捜査での有形力行使は許されるのか？

任意捜査で有形力行使をすることは許容されるのかという問題について、（４）（ｉ）で前述したように昭和51年決定は、それを許容する立場を示した。すなわち同決定によれば、「（強制の）程度に至らない有形力の行使は、**任意捜査において許容される場合がある**」としつつも、「強制手段に当たらない有形力の行使であっても、何らかの法益を侵害し又は侵害するおそれがあるのであるから、状況のいかんを問わずに常に許容されるものと解するのは相当でなく、**必要性、緊急性なども考慮した上で、具体的状況のもとで相当と認められ**

る限度において許容されるものと解すべき」として、本件の警察官による有形力行使を適法と判断した。要するに、この昭和51年決定は、有形力の行使が任意処分においても許容される場合があるとしており、そのことは強制処分の範囲を狭めることを意味している。また、任意処分としての有形力の許容性については、必要性と緊急性などの要素を考慮した上で相当性の判断を基準としている。

具体的には、警察官が両手で被疑者の手首を掴んで引き止めている点を（急に退室しようとした被疑者に対し）「説得のために取られた抑制の措置であって、その程度もさほど強いものではない」として、許容される範囲内であると判断している。しかし、そもそも**198条1項但書が「何時でも退去することができる」と規定**していることに加え、説得であれば、果たして身体への直接的な接触を伴う必要があったのかも含めて、昭和51年決定で裁判所の事例への当てはめには疑問が残る。そこで、以下では任意捜査の許容性について言及する。

（b）任意捜査の許容性と捜査実務の問題点

当然のことながら、任意捜査であればすべてが許容されるわけではない。任意捜査においても憲法31条の適正手続の保障は大前提であるが、捜査比例の原則に適合しなければならない。例えば、（被疑者等の）尾行や（関係者等への）聞き込みなども任意捜査ではあるが、これらは人権や法益侵害を伴わない態様で行われるのであれば許容されている。したがって具体的には、執拗な態様、私生活の平穏を害するものは違法である。この点、犯罪捜査規範では、被疑者・被害者・その他の関係者の名誉と秘密の保持（犯捜9条）、関係者への配慮（犯捜10条）が規定されている。なお近年、犯罪被害者等については、その保護の観点から、配慮規定（犯捜10条の2）、通知規定（犯捜10条の3）に加え、保護措置の規定（犯捜11条）が個別に設けられるに至っている。

また次の（iii）で触れるように、いわゆる**「承諾留置」**（承諾を得て留置すること）については、同意・承諾があるとしても人間の尊厳を害するとして強制処分に該当する性質があるという批判もあり、実務のあり方が問われている。

一方で近年の科学技術の進展により今後も、行政警察活動を含め、捜査の手法が大きく変わり続けることも予測される。例えば、逸早くアメリカなどの国外で行われ始めたように、警察官が**ボディ・カメラ（警察官装着カメラ）**を装着するようになったことをどのように見るべきか。こうした動向については、警察官がカメラを装着する点で職務活動の透明性確保や市民へのアカウンタビリティ（説明・懲罰を受ける規律）として警察への民主的統制機能があるという見方もある。他方で、こうした手法には市民のプライバシーの観点から懸念もある。また、日本でも数年前から警察庁は全国の警察への導入を視野に入れた実証実験・運用を行っている。例えば、組織的犯罪で被疑者のSNS解析を通して人物相関を把握するために**捜査システムとして人工知能**（AI）を活用する運用も行われ始めた。他にもAIの活用として現場の防犯カメラに映った画像データから車種を特定する目的や資金洗浄（マネーロンダリング）が疑われる取引の分析等でも実証実験が行われるに至っている（例えば、WEB資料2-2❶参照）。ただ、こうした新しい技術を活用する捜査に対しては適正な運用のためには法整備を含めルール・規制のあり方や事後的なチェック体制が必要であると指摘する声もあり、注視する必要がある。

（c）おとり捜査

おとり捜査とは、捜査機関またはその協力者が、その身分や意図を秘して捜査対象者に働きかけ、犯罪の実行を働きかけ、これに応じて対象者が犯罪の実行に出たところを確認して現行犯逮捕する捜査方法である。ただし、一部の例外を除き（麻58条など）、明文の規定はないため、強制的措置がとられない限り、おとり捜査は任意処分として許されると一般的に理解されている。しかし、他の任意捜査とは性質が異なり、おとり捜査は、国家が犯罪の実行を促す側面がある。元々、おとり捜査はアメリカで活用されてきた手法であり、薬物犯罪や贈収賄事件など、被害者の存在が想定されず、密行性が高く外部から発見しづらい事件へ用いられてきた背景がある。こうしたアメリカ法の影響を受けて日本では、おとり捜査のタイプを**機会提供型**と**犯意誘発型**とに区分して議論され、前者のみ適法であると考えられてきた。なお、機会提供型の場合であっても、具体的態様や、必要性・相当性などの枠組みで違法性を厳しく判断するべきという主張も見られる。

判例は、大麻の有償譲渡を企図して買手を求めていた者を対象にしたおとり捜査において、「直接の被害者がいない薬物犯罪等」において、「通常の捜査方法のみでは当該犯罪の摘発が困難である場合」、機会があれば犯罪を行う意思があると疑われる者」を対象に行うのであれば「任意捜査として許容される」

と判示した。その上で裁判所は、証拠収集と犯人検挙が「困難な状況」であり、対象者も大麻の有償譲渡を「企図して買手を求めていた」ことを理由に挙げて、麻薬取締官が「取引の場所を準備」し、対象者に大麻を「買い受ける意向を示し」、取引の場に「大麻を持参するように仕向けたとしても」、任意捜査として適法であると判示した（最決平16・7・12刑集58巻5号333頁）。この判例は、機会提供型のおとり捜査を許容したと理解されている。なお、おとり捜査が違法とされた場合は、（第5章Ⅳ節で後述される）違法収集証拠として排除される可能性がある。また学説には、形式裁判（→第6章Ⅰ節）で手続を打ち切るべきとして（第3章Ⅳ節で後述される）免訴を主張する見解や、（第3章Ⅳ節で後述される）公訴棄却を主張する見解もある。

（d）コントロールド・デリバリー（監視付き移転）

コントロールド・デリバリーは、国内への入国審査手続や税関手続で発見された禁制品をその場では押収せず、厳重な監視下で運搬を継続させ追跡した後に、不正取引に関与した者を発見・検挙する捜査方法で、いわゆる「泳がせ」捜査である。この手法は、麻薬特例法3条・4条において認められている。また、コントロールド・デリバリー自体は、そもそも任意捜査として捉えられ、発信機を荷物に設置する追跡態様についても、必要性・緊急性があり、方法が相当であれば適法であると考えられている。しかし、個人の行動までも継続的・網羅的に監視することになるならばプライバシーの侵害のおそれもあり、その態様によっては強制処分に該当すると考えられる。

（ⅲ）任意の取調べ・任意同行

（a）任意同行・出頭

捜査機関は、「必要があるとき」に被疑者への出頭を求めて、取調べをすることができる（198条1項）。なお、警職法2条は職務質問の際に附近の警察署等への同行を求めることができるとしているが、これは行政警察活動として「質問をすることが本人に対して不利であり、又は交通の妨害になると認められる場合」に限られるため（警職2条2項）、司法警察活動としての捜査として行うことは認められない。したがって本来、「**任意同行**」とは、あくまで被疑者が任意で捜査に協力することであり、出頭後の取調べを強いることは許されない。しかし実務では、任意での取調べの名目で、警察署まで同行・出頭させた上で、被疑者の同意を名目として警察署に留め置く**「承諾留置」**という手法が用いられることがあり、これに対しては人権派から実質的な逮捕であるとして問題視されている。

（b）宿泊を伴う取調べ

宿泊を伴う取調べは任意捜査として許容されるのであろうか。この点を考える上で、**高輪グリーンマンション・ホステス殺人事件**（最決昭59・2・29刑集38巻3号479頁）がある。この事件では、殺人事件に関連して警察署への任意同行に応じた被疑者に対し、隣室に捜査官も宿泊させるなどして挙動と動静を監視しつつ被疑者を近くの宿泊施設に宿泊させ、4夜にわたり午前から深夜に及ぶ長時間の取調べを続行した。本件で最高裁は、前記の昭和51年決定の示した強制処分に関する基準に触れた上で、この他にも任意捜査の一環としての取調べでは、「事案の性質、被疑者に対する容疑の程度、被疑者の態度等諸般の事情を勘案して、社会通念上相当と認められる方法ないし様態及び限度において、許容されるものと解すべき」という一般論を判示した。

ただ本件への当てはめとして本件裁判所は、「右のような取調べは、宿泊の点など任意捜査の方法として必ずしも妥当とはいい難いところがあるものの、被告人が任意に応じていたものと認められるばかりでなく、事案の性質上、速やかに被告人から詳細な事情及び弁解を聴取する必要性があつたものと認められることなどの本件における具体的状況を総合すると、結局、社会通念上やむを得なかつたものというべく、任意捜査として許容される限界を越えた違法なものであつたとまでは断じ難い」と判断し、強制捜査でもなく、違法な任意捜査でもないという結論を示した。

Ⅱ　捜査の端緒

（1）はじめに

警察官が**「犯罪があると思料するとき」**に捜査を開始することができる（189条）。また、検察官は**「必要と認めるとき」**に、自ら捜査することができる（191条）。捜査の開始となるきっかけを**「捜査の端緒」**と呼ぶ。この端緒自体は、刑訴法の対象となる司法警察活動となる捜査ではないため、行政警察活動に分類できる。例えば、以下（3）で触れる職務質問も捜査の端緒であり、犯罪が発覚し行政警察活動から司法警察活動に切り替わる場合もある。犯罪捜査規範によれば、警察官は「社会の事象に注意」し、「進んで捜査の端緒を得る」努力が求められている（犯捜59条）。そのため、端緒の範囲は多岐にわたり、インターネット情報、報道、投書・密告、風評等も含まれる。

（2）告訴・告発・請求・自首

（i）告　訴

「告訴」とは、被害者およびその法定代理人等が、捜査機関に対し犯罪事実を申告して犯人の訴追を求める意思表示である（230条以下）。処罰を求める明確な意思を示す点で、単に犯罪事実の申告をする「被害届け」とは法的性格が異なる。したがって告訴の場合には、訴訟条件（→第3章Ⅳ節）として扱われる類型もあり、次の法的効果が生じることになる。例えば、親告罪として刑法に規定されている過失傷害罪（刑209条）や、器物損壊罪（刑261条）などは、告訴がなければ公訴を提起（起訴）することができない。もし告訴を欠いて、親告罪を起訴した場合は、公訴棄却（338条4項）として門前払いとなる。

告訴を行える告訴権者は、主に被害者等である（231条・223条）。告訴は検察官または司法警察員に書面または口頭で行う（241条1項）。告訴することが可能な時期は、基本的には犯人を知った日から6カ月以内である（235条1項）。検察官は、告訴された事件について起訴または不起訴の処分をしたときは、速やかにその旨を告訴人に通知しなければならず（260条1項）、不起訴処分の場合に告訴人から請求があれば、その理由を告げなければならない（261条）。告訴人が検察官の不起訴処分に不服があるときは、検察審査会にその処分の当否の審査を申し立てることができる（検審2条2項・30条）。告訴は起訴の効果に関連するため、告訴が行われた罪の範囲が確定されていなければならない。共犯者の一部または複数に対する告訴も、その取消しも同様に及ぶ（238条）。これを**「告訴不可分の原則」**と呼ぶ。ただ、このように刑訴法は共犯者間での不可分性（**主観的不可分**）について直接触れているが、告訴不可分の原則には犯罪事実の不可分性（**客観的不可分**）も含まれると解されており、一罪の一部への告訴であっても、その効力はその犯罪事実の全部に及ぶ。

（ⅱ）告発・請求・自首・検視

①「**告発**」とは、（告訴権者および犯人以外の）第三者が、捜査機関（241条：検察官・司法警察員）に対し、犯罪事実を申告して訴追を求める意思表示である（239条1項）。基本的には告訴と同じ手続である。告訴は一般私人にとっては権利であるが、公務員には職務上犯罪を発見した場合に告発義務が生じる（239条2項）。

②「**請求**」とは、特定の機関が捜査機関に対し特定の犯罪について訴追を求める意思表示である。例えば、刑法92条では「外国政府の請求」を訴訟条件としている。請求には、親告罪の告訴に関する規定が準用される（237条3項・238条2項）。

③「**自首**」とは、犯罪事実または犯人が発覚する前に、犯人自らが捜査機関等に犯罪事実を申告し、その処分に服する意思表示である。自首は、捜査の端緒として告訴・告発の方式を定めた法241条・242条の規定が準用され慎重に扱われる（245条）。また刑法上は、刑の減軽事由（刑42条）・免除事由（刑80条・93条但書）でもある。

④「**検視**」とは、犯罪の嫌疑があるかどうかを確認する目的で、死体の状況を調べることであり、犯罪の嫌疑が確認されれば捜査の端緒となる。変死者（犯罪による疑いのある死体）または変死の疑いのある死体を発見した場合、検察官は検視をしなければならない（229条1項）が、検察事務官または司法警察員に行わせることもできる（229条2項）。実務上は、司法警察員が検視を行うことが一般的であり、死体の医学的調査等が必要な場合は医師が「**検案**」として行う。当初から犯罪死体であることが確実な場合、あるいは司法検視により犯罪死であると判断された場合、強制捜査として**司法解剖**（鑑定処分許可状による法医専門家の解剖など）が行われる。しかし日本では、検案を行う医師（検案医）は法医学の専門家とは限らず、解剖を経ず後に死因が問題になることもある。

（3）職務質問

（ⅰ）職務質問とは？（その要件と性質）

警察官が何らかの犯罪に関連しうる挙動不審者等を「停止させて質問」する「**職務質問**」がある（警職2条参照）。これについて、実は戦前の反省から、警職法では詳細な規定を置き、任意が前提となった（警職2条3項）。職務質問を行う場合に警察官は、異常な挙動その他周囲の事情から合理的に判断して、同法の不審事由に該当する挙動不審者等に対して、停止させて質問することができる（警職2条1項参照）。また、その場で質問することが本人の不利・交通の妨害となる場合には任意同行を求めることもできる（警職2条2項）。そして職務質問の結果、特定の犯罪の嫌疑が生じると任意捜査となる。

（ii）職務質問における適法性（「有形力」行使・現場への「留め置き」）

まずは職務質問での主な論点として、次の点を挙げる。第1に、このような職務質問において、例えば被質問者が質問に応答せず逃亡した場合などに、警察官が有形力を行使することは可能であるのか。仮に可能な場合、どの程度の有形力であれば許容されるのか。警職法2条1項の「停止させて」の文言の意義が問われる。第2に、実務では警察官が職務質問において被疑者を現場に「留め置き」した状態で、令状（捜索差押令状、強制採尿令状など）を請求して発付後に執行する手法がとられることがあり、問題視されてきた。また以下の〔事案④〕では、有形力行使の問題のみならず、**「留め置き」**の問題も争われた。

まず第1の点について、**任意説**の1つは、被質問者が拒否した場合には一切の有形力の行使は許されないと解している（**純粋任意処分説**）。もう1つの任意説には、被質問者の拒否する自由を害しない限度で、一定の有形力の行使までを許容する見解（**規範的任意説**）がある。他にも、「身体拘束」に至らない程度の自由の制限を憲法31条を満たす限りで許容する見解（**強制説**）や、任意と強制との中間にカテゴリーを設けて、その範囲で許容する見解（**実力説**）もある。純粋任意処分説が最も理想的ではあるが、判例では以下のように、個別具体的判断にとどまっている。

〔事案①〕職務質問を受け駐在所に任意同行後の質問中に逃げ出した者を追跡して背後から腕に手を掛け停止させた行為を正当な職務執行の範囲内であると判断した（最決昭29・7・15刑集8巻7号1137頁）。

〔事案②〕職務質問と所持品内容の呈示を求めたところ、歩き始めさらに逃げ出した被質問者を警察官が追跡した行動について、必要・自然な行動として、強制または強制的手段とは認められないと判断している（最決昭29・12・27刑集8巻13号2435頁）。

〔事案③〕酒気検知を告げたところ、急激に反抗的態度を示しエンジンのかかっている車両に乗り込んで発進させようとした者に対し、運転席窓から手を差し入れエンジンキーのスイッチを切った行為を「職務質問を行うため停止させる方法として必要かつ相当な行為」とした（最決昭53・9・22刑集32巻6号1774頁）。

〔事案④〕覚醒剤自己使用の疑いのある者への職務質問継続中に任意同行に応じなかった者が、再び車に乗り込もうとしたので、両脇から抱えて運転車両のエンジンキーを取り上げた上で、その後も任意同行を求めて6時間以上も現場に留め置いた一連の措置が問われた。本決定では「エンジンキーを取り上げた行為」が、覚醒剤使用の嫌疑、異常な言動、道路が積雪で滑りやすい状況、自動車を発進させるおそれがあったことから、「職務質問を行うため停止させる方法として必要かつ相当な行為」とされた。また、職務質問の過程でエンジンキーを取り上げて運転を阻止したことから、「警察官に当初から違法な留め置きをする意図があったものとは認められない」としている。一方で、「警察官が、早期に令状を請求することなく長時間にわたり被告人を本件現場に留め置いた措置」を違法としたが、その違法は「令状主義の精神を没却するような重大なものとはいえない」としていると判断した（最決平6・9・16刑集48巻6号420頁）。

以上の〔事案①〜④〕を見る限り、少なくとも判例の立場は純粋任意説の立場ではない。ただ職務質問行為という手段について判例も指摘するように、そもそも行政警察活動の目的から「必要な最小限度において用いられる」べきであることからすれば（警職1条2項）、有形力の行使は限りなく回避されるべきである。また、〔事案④〕のように職務質問の現場での留め置きについても、強制処分を執行するまでの間に行動を長時間制限する措置は、前記昭和51年決定の基準に照らしても、強制処分に該当しうる。純粋任意説が理想的であるが、立法論として警職法が有形力の行使を禁止する文言を規定しない限り、実態的には上記諸判例のように事案ごとの個別判断にならざるを得ないであろう。

（ⅲ）所持品検査

警察官が職務質問の際に対象者の衣服や所持品の中身を検査することは、一般的に警察実務で見られる。しかし、こうした所持品検査は、実は刑訴法にも警職法にも法律上明文の規定がなく行われている。この点をめぐり学説では、次のような解釈が見られる。すなわち、学説①警職法2条1項を根拠に認める説、学説②警職法2条の職務質問に付随する処分として認める説、学説③事態の緊急性と手段の必要性・相当性がある場合に許されるとする説、および学説④銃刀法24条の２の場合のみに認める説などが展開されてきた。

一方で判例では、**米子銀行強盗事件**（最判昭53・６・20刑集32巻４号670頁）がリーディング・ケースとして注目された。銀行強盗に関連する職務質問で、開披に応じない被質問者の所持するボウリングバッグを警察官が承諾なく開披した行為が問われ、最高裁は「質問と密接に関連し、かつ、職務質問の効果をあげるうえで必要性、有効性の認められる行為」であるから、「職務質問に附随してこれを行うことができる場合がある」とした。また許容される有形力の程度についても、承諾を得て行うのが原則としつつも、「行政警察の責務」に照らし、「捜索に至らない程度の行為は、強制にわたらない限り、所持品検査においても許容される場合がある」と判示した。その要件としては、「限定的な場合において、所持品検査の必要性、緊急性、これによつて害される個人の法益と保護されるべき公共の利益との権衡などを考慮し、具体的状況のもとで相当と認められる限度においてのみ、許容されるもの」という利益衡量基準を示した。その上で本件事例では、重大犯罪が発生した緊急の状況下で、濃厚な容疑と凶器所持の疑いがあり、開披要求を拒否する不審な挙動を続けたことから、所持品検査の緊急性と必要性が強かったとした。また検査態様について「施錠されていないチヤツク（マ マ）を開披し内部を一べつしたにすぎない」ため、「法益の侵害はさほど大きいものではなく、上述の経過に照らせば相当」と判断した。

その直後の判例（最判昭53・９・７刑集32巻６号1672頁）では、所持品検査を違法と判断したものとして、米子銀行強盗事件判決と同様に「所持品検査の必要性、緊急性、これによつて害される個人の法益と保護されるべき公共の利益との権衡などを考慮し、具体的状況のもとで相当と認められる限度においてのみ、許容されるもの」という利益衡量基準が適用されたものがある。またその後、覚醒剤所持に関する平成15年決定（最決平15・５・26刑集57巻５号620頁）でも、この利益衡量基準がとられた。考慮された諸事情としては、嫌疑が飛躍的に高まっていたこと、直ちに保全策を講じる必要があったこと、被告人が拒否を明確に示さず、所持品検査の態様（開いた財布ファスナーからビニール袋入りの白色結晶を発見し抜き出した）から相当であったと結論付けられている。

これら判例の立場によると所持品検査では承諾を前提としつつも、承諾がない場合でも、「捜索に至らない程度」であれば許容される余地がある。判例の相当性という枠組みを用いた利益衡量による判断では、許容範囲が広がりかねない。そもそも所持品検査はその性質上、自由や人権を侵害する危険を孕んでいる点では強制処分と共通する面がある。したがって濫用防止のため、所持品検査の要件と範囲を法律に明記するべきである。

ここで、本書の冒頭に掲載されている【事例】（「1．事件の発生と捜査の端緒」）を素材に「職務質問」の事例問題を検討してみる。まず注目ポイント①として、所持品検査を拒否している前山に対し巡査部長（以下、警察官）が前山からリュックサックを奪い取り、チャックを開けて中を一瞥し、中身を確認し写真撮影していることである。これについては、承諾のない状態で前山の所持品を警察官が奪って確認している点では前山の所有権とプライバシーへの侵害の可能性がある。ただ、事件の疑いがあり、職務質問の必要性と緊急性があった余地はある。この態様の検討では、前記（iii）の米子銀行強盗事件の判決が参考になる。未施錠チャックを開披し内部を一瞥した昭和53年判決と異なり、本件事例ではリュックサックを奪い取っており、法益侵害の程度が大きい。なお凶器の有無を確認し所持品を承諾なく写真撮影した点は、刑訴法220条（令状によらない差押・捜索等）に該当するか、第2章Ⅲ節で後述される。

次に、注目ポイント②として、応援の警察官らが到着し、立ち去る素振りを見せた前山の左斜め前に立ち両手で前山の左手首を掴んだことである。この点は、本章（4）（ⅰ）で触れた昭和51年決定が参考になる。51年決定では、退室しようとした被疑者に対して、呼気検査の説得目的で、その程度も強いものではないとして、許容される範囲と認定されており、本件でも有形力行使の目的と程度により判断されることになる。

最後に注目ポイント③として、その後、職務質問を継続するために追走した点については、どうであろうか。前記（3）（ⅱ）で言及した〔事案④〕の平成6年決定では、任意同行を求め6時間以上の長時間にわたる説得行為について、被告人の移動の自由を奪った点で任意捜査の範囲を逸脱していると判示している。【事例】では、職務質問・任意同行に応じる見込みがまったくない状況で、それ以降の留め置きや執拗な追走をしていると認められれば、違法の可能性が生じるであろう。

（4）自動車検問

（i）定義と態様

「自動車検問」とは警察官が走行中の車両を停止させ、自動車の見分・調査を行い、運転者・同乗者に質問することである。職務質問は自動車・自転車に乗っている特定の者も対象となるが、自動車検問では走行中の自動車自体が停止の対象となる。自動車検問の形態･態様は、目的別で次のように分類できる。

第1に、交通違反の予防・検挙を目的とする**「交通検問」**である。第2に、不特定の犯罪の予防・検挙を目的とする**「警戒検問」**である。第3に、特定の重大犯罪発生後に、犯人の検挙と情報収集を目的として行う**「緊急配備検問」**であるが、これは既に発生した犯罪について行われる点で任意捜査の一環と言え、任意捜査として許容される範囲を超えることには問題がある。なお下級審の裁判例には、発見した盗難車を捜査車両に向けて被告人が運転進行してきた事案で、「盗難車の前後に或程度の間隔を置いて捜査用自動車を一時的に接近停止せしめることは、職務質問を行うための通常の手段として、当然許容される」（名古屋高金沢支判昭52・6・30判時878号118頁）と判断したものがある。

（ii）その法的根拠

自動車検問については、法律上は明文の規定がなく、その法的根拠も要件も明確ではないため、以下の議論がある。もちろん、外部から客観的に異常が明白に見られる場合など、**警職法2条1項の「不審」事由**があれば職務質問のための停止を求めることは可能である。または交通安全・危険防止の観点から道路交通法に基づく措置（道交61条・63条1項・67条1項）を講じることは可能である。

学説では、学説①法的根拠がないため立法しない限り違法であるとする見解もある。一方で、学説②憲法31条または33条・35条に根拠を求める見解もある。法律に根拠を求める見解としては、学説③「警職法」2条に根拠を求める見解、学説④「警察法」2条に根拠を求める見解がある。この他に、学説⑤検問態様により、警戒検問については法的根拠がなく違法であるが、緊急配備検問は要件を法律で規定して権限を明確化すれば可能とする見解がある。

判例を見ると昭和55年の事例（最決昭55・9・22刑集34巻5号272頁）では、警察官が飲酒運転の多発場所の道路端に立ち、通過車両すべてに対して赤色灯を回して停止を求める形で行われた交通検問で、被処分者の酒気帯び運転が発覚したことについて、本件検問が法的根拠を欠き違法であるか否かが争われた。被告人の上告を棄却した本件決定では、「警察法」２条１項が「交通の取締」を警察の責務として定めていることを根拠に挙げて、「交通の安全及び交通秩序の維持などに必要な警察の諸活動」については「強制力を伴わない任意手段による限り、一般的に許容される」としつつも、「任意手段によるからといつて無制限に許されるべきものでない」としている。その上で、取締への協力が公道での自動車利用に伴う「当然の負担」であり、それが任意で、自由を不当に制約しない方法・態様で行われる限り、適法なものであると判示した。本件の態様は、「交通取締」として通過する自動車に対し走行の外観上の不審な点の有無にかかわりなく短時間の停止を求めて、運転者などに対し必要な事項の質問などが行われていた。

この判例は、警察法２条１項説の立場であると理解される。しかし、そもそも警察法は警察組織に向けられた法律であり、本決定のように、警察法から自動車検問の根拠を導くことに疑問もある。現行法に根拠がなく立法の必要性がある点では学説①に説得力がある。したがって緊急配備型を正当化するには、警察官の権限を明確化して濫用を防止するために、少なくとも今後改正等の立法化で具体的な要件を定めることが望ましいであろう。

Ⅲ　被疑者の身体拘束

（1）逮捕と勾留

捜査は、実体的真実を解明する手掛かりとなる証拠を収集・保全することと並んで、被疑者等の身柄を確保することも目的としている。実際に刑事手続では、**逮捕**という形で被疑者の身体を短期間拘束することが一定要件の下で許されており、さらに必要があれば、**勾留**という手続によって被疑者の身体を比較的長期間拘束することも認められている。

一般的に、社会の耳目を集める犯罪事件では、犯人と思われる者が逮捕されたことによって一件落着したかのように受け取られる傾向があり、特に凶悪事件では、被害者等や一般市民の側から、犯人の逮捕を望む声が強く上がることも少なくない。また、捜査・訴追機関の側では、事案の真相と真犯人である被疑者・被告人の反省・悔悟を得るために被疑者から**自白**（→第5章Ⅵ節）をとることを重要視していることもあり、取調べのために被疑者を逮捕・勾留することは許されると考える風潮も根強く残っている。しかし、本来的に捜査は公判審理を通じて刑事事件の真相を解明するための準備段階にすぎないという点に注意すべきである。具体的には、被疑者が逃亡して公判審理に出頭しないおそれがあるか、または罪証隠滅のおそれがある場合に限って逮捕・勾留が許容されているのである。

事実、被疑者の逮捕は、社会で発生した事件すべて行われているわけではない。例えば、検察官既済事件（過失運転致死傷等および道路交通法違反を除く）について、全被疑者（法人を除く）に占める身柄事件（警察等で被疑者が逮捕されて身柄付きで検察官に送致された事件および検察庁で被疑者が逮捕された事件）の被疑者人員の比率（身柄率）は3割から4割程度（WEB資料2－2❹：各年の検察統計年報「既済となった事件の被疑者の逮捕及び逮捕後の措置別人員」）にとどまっている。

（2）被疑者の逮捕

（i）逮捕の種類

被疑者の身体を拘束する処分のうち、「逮捕」は捜査機関が被疑者の身体を短期間拘束するものである。以下で取り上げるように、被疑者の逮捕として、①通常逮捕、②現行犯逮捕、③緊急逮捕の3種類が挙げられる。

（a）通常逮捕（令状逮捕）

逮捕は強制処分の一種として、原則的に、裁判官から**逮捕状**（WEB書式参照）を取得したのちに執行することになっている（憲33条、刑訴199条1項：**通常逮捕**〔令状逮捕〕）。捜査機関が裁判官に逮捕状を請求した事件について、裁判官が逮捕の許否を客観的に審査した上で許容できると判断した場合に逮捕状が発付されることになるのである。逮捕状を請求できる者は検察官または司法警察員（司法巡査を除く）に限られるが、逮捕状の執行（つまり、被疑者を逮捕すること）は司法巡査であっても可能である。

また、逮捕状により被疑者を逮捕する場合は、被疑者に逮捕状を示さなければならない（201条1項）。もっとも、逮捕状を所持していないためにこれを示すことができない場合で急速を要するときは、被疑者に対して被疑事実の要旨と令状が発せられていることを告げて逮捕することができる（201条2項・73条3項：**緊急執行**）が、その場合はできる限り速やかに逮捕状を示さなければならない。

逮捕は、被疑者が罪を犯したことを疑うに足りる相当な理由があるときに可能となる（199条1項）。ただし、30万円（刑法、暴力行為等処罰に関する法律および経済関係罰則の整備に関する法律の罪以外の犯罪については、2万円）以下の罰金、拘留または科料に当たる罪については、被疑者が定まった住居を有しない場合または正当な理由がなく出頭の求めに応じない場合に限られている（199条1項但書）。

基本的に、上で掲げる「相当な理由」があれば逮捕が許容されるものと推定されるが、被疑者の年齢および境遇、犯罪の軽重および態様その他諸般の事情に照らし、被疑者が逃亡するおそれがなく、かつ、罪証を隠滅するおそれがないなど明らかに逮捕の必要がないと認めるときに、裁判官は逮捕状の請求を却下しなければならない（規143条3項）。

（b）現行犯逮捕

しかし例外的に、現に犯罪行為を実行している者や現に犯罪行為を実行し終わった者は現行犯人として（212条1項）、逮捕状がなくても逮捕することができることになっている（憲33条、刑訴213条：**現行犯逮捕**）。現行犯逮捕は何人でも可能であるが、検察官・検察事務官および司法警察職員以外の者が現行犯人を逮捕した場合は、直ちに身柄を検察官または司法警察職員に引き渡さなければならない（214条）。

無令状での逮捕を認める趣旨として、被疑者が犯罪行為を実行している場面を逮捕者が現認しており、誤認逮捕のおそれが少ないことと、その場で逮捕しなければ被疑者の身体を確保することができない緊急の必要性が認められることが挙げられる。まず、現行犯逮捕が許容されるためには、犯罪・犯人の明白性、つまり犯行現場の現認と同視できるほど時間的・場所的に近接している状況にあることが必要である（京都地決昭44・11・5判時629号103頁）。ただし、現行犯逮捕であっても人の身体の自由を拘束する強制処分であることから、その要件は厳格に解するべきであり、それゆえ、通常逮捕と同様に、逮捕の必要性も存在しなければならない。実際、判例の中には、免許証の不携帯を被疑事実とする現行犯逮捕に対し、被疑事実の明白性に問題があり、逃亡や罪証隠滅のおそれがあることに疑問が残ることを理由として違法と判断したものがある（大阪高判昭60・12・18判時1201号93頁）。

なお、刑訴法は、①犯人として追呼されているとき、②贓物（ぞうぶつ）（盗品）または明らかに犯罪の用に供したと思われる凶器その他の物を所持しているとき、③身体または被服に犯罪の顕著な証跡があるとき、あるいは④誰何されて逃走しようとしているときで「罪を行い終つてから間がないと明らかに認められるとき」も被疑者を現行犯人とみなして無令状で逮捕できることとしている（212条2項：**準現行犯逮捕**）。このことについて、「罪を行い終つてから間がないと明らかに認められるとき」とはいかなる場合かが問題となるが、判例は、発生から1時間ないし1時間40分経過した後、犯行場所から約4キロメートル離れた場所で被疑者を準現行犯逮捕した事案について、明らかに犯罪の用に供したと思われる凶器を所持していること、誰何されて逃走しようとしていたこと、警察官が無線連絡を受けながら犯人を捜索・追跡していたことを理由として、これを適法としている（和光大学内ゲバ事件：最決平8・1・29刑集50巻1号1頁）。

（c）緊急逮捕

その他、刑訴法は、死刑または無期もしくは長期3年以上の懲役・禁錮に当たる罪を犯したことを疑うに足りる十分な理由がある場合で、急速を要し、裁判官の逮捕状を求めることができないときに、無令状で被疑者を逮捕することも許容している（210条：**緊急逮捕**）。そこでは、一定の重大事件が被疑事実となっていること、罪を犯したと疑うに足りる「充分な理由」があること、および無令状で被疑者を逮捕する緊急の必要性があること（緊急性）が要件となり、現行犯とみなされない場合でも無令状で逮捕することができるようになっている。ただし、緊急逮捕の場合は、直ちに逮捕状を請求する手続をとらなければならず、もしも逮捕状が発せられなかったときは、直ちに被疑者を釈放しなければならない（201条）。

もっとも、憲法は逮捕状による逮捕の例外として「現行犯として逮捕される場合」しか規定していない（憲33条）ことから、緊急逮捕に対しては、現行犯に当たらない場合に無令状での逮捕を認めたことが憲法に違反していないかが問題となる。しかし、判例は「罪状の重い一定の犯罪のみについて、緊急已むを得ない場合に限り、逮捕後直ちに裁判官の審査を受けて逮捕状の発行を求めることを条件とし、被疑者の逮捕を認めることは、憲法33条の趣旨に反するものではない」と述べて、緊急逮捕を認めた刑訴法210条は憲法に違反するものではないと判断している（最大判昭30・12・14刑集9巻13号2760頁）。

（ii）逮捕後の手続と時間的制約

適正手続の原則の下では、本人に不利益な処分を下すにあたって、その根拠となる事実を本人に伝えた上でそれに対する弁解の機会を本人に保障するという、**告知と聴聞**の手続が重要である。被疑者を逮捕するにあたっても、直ちに犯罪事実の要旨および弁護人を選任することができることを告げた上で、被疑者に弁解の機会を与えなければならないとされている（203条）。なお、実務では、逮捕にあたって被疑者の弁解の内容をまとめた「弁解録取書」を作成している。

また、被疑者の身柄を確保する必要がないと思料するときは直ちに被疑者を釈放しなければならない。だが逆に、被疑者の身柄を確保する必要がある場合であっても、厳格な時間的制約を遵守しなければならない。例えば、検察事務官または司法巡査が被疑者を逮捕した場合、検察事務官は検察官、司法巡査は司法警察員に、被疑者を直ちに引き渡さなければならず（202条）、司法警察員は被疑者が身体を拘束された時から48時間以内に書類および証拠物とともに被疑者を検察官に送致する手続をとらなければならない（203条1項）。検察官も、自身が逮捕した場合は被疑者が身体を拘束された時から48時間以内、司法警察員から送致された場合は被疑者を受け取った時から24時間以内に被疑者の勾留を請求しなければならないことになっている（204条1項・205条1項）。特に司法警察職員が逮捕した場合は、被疑者が身柄を拘束された時から勾留請求がなされるまでの時間が72時間以内に限定されている（205条2項）。

（3）被疑者の勾留

（i）勾留請求と勾留質問

検察官・検察事務官が逮捕するか、あるいは司法警察職員から被疑者を受け取った後、さらに被疑者の身体を拘束する必要がある場合、検察官は裁判所に対して**勾留**を請求することになる。勾留は被疑者・被告人の身体を拘束する処分であり、裁判所または裁判長・裁判官が主体となることから「裁判」の性質を持っている。

勾留は、犯罪の相当な嫌疑がある場合で、住居不定ないし逃亡のおそれまたは罪証隠滅のおそれがある場合に許される（60条）。逮捕の場合に、逃亡または罪証隠滅のおそれは「必要」の有無の判断で考慮されるのに対し、勾留の場合に、逃亡または罪証隠滅のおそれは勾留の「理由」の中で考慮されるものと一般的に理解されている。ただし、勾留の理由がある場合でも、被疑者を勾留することによる公益と、勾留されることによって被疑者が受ける不利益とを比較衡量した上で勾留の「必要性」がないと判断されるのであれば、勾留の要件が欠けることになる。最高裁も、勾留の理由としての「罪証隠滅のおそれ」があるとしながら、その現実的可能性がないので「勾留の必要性」の要件が欠けるとして勾留請求を却下した下級審の判断を是認している（最決平26・11・17集刑315号183頁）。

検察官が勾留を請求した後に裁判所は**勾留質問**を行って勾留の許否を判断する（61条）。これは、被疑者に被疑事実を告知してその陳述を聴く手続であり、「何人も、理由を直ちに告げられ、且つ、直ちに弁護人に依頼する権利を与へられなければ、抑留又は拘禁されない」とする憲法34条前段の要請に基づくものである。そこで、勾留の理由と必要があると判断した場合に**勾留状**（WEB書式参照）を発して勾留が許されることになるが、逆に、勾留の理由や必要がない場合は被疑者を釈放しなければならないことになっている。

（ii）勾留理由開示手続

さらに、被疑者の側で勾留に不服がある場合は**勾留理由開示手続**を用いて、公開の法廷で勾留理由を明らかにしてもらうことができる（82条1項）。これは、「何人も、正当な理由がなければ、拘禁されず、要求があれば、その理由は、直ちに本人及びその弁護人が出席する公開の法廷で示されなければならない」とする憲法34条後段の要請に基づくものである。そこでは、被疑者・弁護人の出廷が要求されるが、検察官の出席は必要ではない（84条3項）。また、検察官、被疑者・被告人、弁護人およびその他の請求者は意見を述べることができるが、裁判長は相当と認めるときに、意見の陳述に代えて意見を記載した書面の提出を命じることができる（82条2項）。裁判長は請求に対して勾留の理由を告げなければならないことになっているが、一般的に、この手続は勾留の理由を開示するためのものにとどまり、勾留理由開示に対して不服申立て(準抗告)をすることは認められないと理解されている(最決平5・7・19刑集47巻7号3頁)。

(iii) 勾留の期間と場所

勾留の期間は請求をした日から10日となっており、それ以内に公訴を提起しないときは被疑者を釈放しなければならない(208条1項)。ただし、やむを得ない事由があると認めるときは検察官の請求によって勾留を延長することができる(208条2項)。延長期間は通算して10日以内とされているが、内乱罪など一定の罪についてはさらに5日以内の延長が可能である(208条2項・208条の2)。

勾留されている被疑者・被告人は原則として「刑事施設」に収容すべきことになっており(207条・64条1項参照)、建前上は**拘置所**に収容されることが期待されている。国際準則も「刑事上の罪に問われて逮捕され又は抑留された者は、裁判官又は司法権を行使することが法律によって認められている他の官憲の面前に速やかに連れて行かれるもの」(自由権規約9条3項)として、捜査・取調べの機能と拘禁の機能をそれぞれ別の機関が担当することを要請しているのである(捜査と拘禁の分離)。だが、刑事収容施設法では、刑事施設への収容に代えて被疑者・被告人を「留置」することができるとしており(被収15条)、実際には、被疑者・被告人の大多数が警察の留置場(代用監獄/代用刑事施設)に収容されている。このような現状については、拘置所よりも留置場の方が多く設置されていることや、被疑者の取調べやその他の捜査を進める上で被疑者の身柄を警察の手許に置いておく方が効率的であることが正当化理由として挙げられている。だが他方では、取調べをしていない時間も含めて被疑者の身体を警察の支配下に置くことになり、そこから虚偽自白が引き出されるおそれがあるという意味で「誤判・冤罪の温床」となっているという強い批判がある(WEB資料2-2❺)。

なお、被疑者・被告人の勾留場所について、検察官は裁判長の同意を得て、他の刑事施設に移送することができるようになっており(規80条)、判例も「勾留に関する処分を行う裁判官は職権により被疑者または被告人の勾留場所を変更する旨の移監命令を発することができるものと解すべきである」としている(最決平7・4・12刑集49巻4号609頁)。

(iv) 不当な勾留に対する救済手段

(a) 準抗告

不当な身体拘束に対しては**準抗告**という手段によって不当性を主張することができる。準抗告は、裁判所の裁判(命令)または捜査機関の一定の処分の取消し・変更を求める不服申立てであり、勾留に関する裁判も準抗告の対象に含まれる(429条1項2号)。勾留の請求を却下する裁判に対しては検察官から、勾留状を発する裁判に対しては被疑者・弁護人から、それぞれ簡易裁判所の裁判所が行った場合は管轄地裁に、他の裁判官が行った場合は当該裁判官が所属する裁判所に対して、その取消しを請求することができる。請求を受けた裁判所は合議体で不服申立てを審査してその理由の有無を判断する(429条3項)。

なお、捜査機関による逮捕に対して、準抗告の手続を用いて不服を申し立てることはできないと一般的に理解されている。逮捕やそれに関する裁判に対して準抗告を許容した明文規定がないこと、あるいは逮捕が比較的短時間のみの身体拘束にとどまるものであることがその理由として挙げられている。ただし、次節で取り上げるように、逮捕が違法である場合に検察官は勾留を請求することができないため、勾留がなされたケースで逮捕の違法性を争いたい場合は、違法な逮捕に基づく勾留であることを理由に準抗告をすることが考えられる。

(b) 勾留の取消しと執行停止

そもそも、勾留は犯罪の嫌疑と逃亡または罪証隠滅のおそれという「理由」と「必要」があることによって被疑者の身体を拘束する処分であるため、裁判官は勾留の理由・必要がなくなったときに、請求または職権により勾留を取り消さなければならない(207条1項・87条1項)。その点、被疑者の側では、勾留の理由または必要がなくなったことを主張して、裁判所に対して**勾留の取消し**を請求することができる。裁判官は、(急速を要する場合を除いて)検察官の意見を聴いた上で(92条2項)、勾留の理由または必要が消滅したと認めれば、決定をもって勾留が取り消されることになる。

また、勾留から被疑者の身体を一時的に解放する制度として、**勾留の執行停止**がある。裁判所は適当と認めるときに、職権で、勾留されている被疑者を親族、保護団体その他の者に委託し、または被疑者の住居を制限して、勾留の執行を停止することができる（207条１項・95条）。これについて、被疑者の側が勾留の執行停止を申請することができるが、被疑者の側には請求権がないとされており、勾留の執行停止の申請は裁判所に対して職権発動を促すものにすぎないと理解されている。実務上、勾留の執行停止は、本人の疾病治療のための入院や、親族の葬儀等の場合に認められ、ケースによっては、執行停止の期間や旅行制限等の条件が付加されることもある。逆に、勾留の執行を停止する中で取消事由が生じた場合に、裁判官は、検察官の請求または職権で、勾留の執行停止を取り消すことができる（96条１項）。勾留の執行停止が取り消された場合に、被疑者の身体は再び拘束されることになる。

勾留の取消しや執行停止の制度は不当な拘束から被疑者の身体を解放してもらう手段として、極めて重要な意味を持っている。ただし、被告人段階とは異なり、被疑者の段階では、保証金を支払って自身の身体拘束を解いてもらう「保釈」の制度が適用されない（207条１項但書）。このような現状に対しては、被疑者段階でも保釈が適用されるようにすべきだという意見も有力に主張されている。

（４）逮捕・勾留をめぐる諸問題

（ｉ）逮捕前置主義

被疑者の身体を拘束する処分である逮捕と勾留については、最初に短期間の拘束である「逮捕」を経たのち、必要に応じて「勾留」の手続に入るという**逮捕前置主義**が重要である。逮捕前置主義の趣旨として、①人身の自由という極めて重大な法益の侵害を伴う処分であることに鑑み、「逮捕」と「勾留」にあたって公正かつ中立な裁判官の審査を二重に経ることによって、身体拘束の運用を慎重ならしめること、②事案の真相が明らかになっていない段階であることに鑑み、犯罪の嫌疑や身体拘束の必要性を段階的に審査することによって、不要な身体拘束をできる限り回避させること、③逮捕に対して準抗告による不服申立ができないことに鑑み、勾留の手続に対する準抗告にあたって逮捕手続の許否を事後的に審査できるようにすることが挙げられる。

逮捕前置主義の下では、まず、逮捕の根拠となっている被疑事実と勾留の根拠となっている被疑事実が同一でなければならない。もしも逮捕の根拠と勾留の根拠が異なっているとするならば、逮捕を経ずに勾留請求をすることになってしまい、1つの事件で二重に司法審査をするという逮捕前置主義の趣旨に反することになってしまうからである。

また、勾留の前提条件となる逮捕は適法なものでなければならないということも逮捕前置主義から導かれる原則として重要である。違法な逮捕手続は無効として扱われることから、違法な逮捕手続に続く勾留は逮捕を経ないでなされたものとみなされうるからである。もっとも、逮捕手続に軽微な違法がある事件でも勾留できないとしたとするならば、真に勾留が必要な事件で被疑者の身体拘束ができなくなってしまうことになり、事件の実体的真実の解明という刑事手続の目的が実現されないおそれが懸念されることになる。しかし、判例でも、逮捕の違法性が重大である場合にそれに引き続く勾留が無効となる場合があることが暗に認識されている（東京高判昭54・8・14判時973号130頁）。

(ⅱ) 事件単位の原則

また、一般的に、逮捕と勾留の効力は当該逮捕・勾留の根拠となっている被疑事実ごとに及ぶものと考えられている（**事件単位の原則**）。逮捕・勾留が特定の「被疑事実」を基礎とするものであり、それに対する防禦も当該「被疑事実」を対象とするからである。

この原則の下では、逮捕と勾留の効力を当該被疑者の余罪に及ぼすことは許されないことになり、もしも余罪について身体拘束の必要性が認められた場合は新たに逮捕の手続をとらなければならないことになる。この点については、逮捕・勾留が「人の身体」を拘束する処分である以上、逮捕と勾留の効力は当該被疑者という「人の身体」を基準として考慮すべきであるという見解（人単位説）がある。この見解に従うと、当該被疑者に対する逮捕と勾留はそれぞれ1回に限定されることになり、それだけ身体拘束の期間が短くなる反面、ひとたび逮捕または勾留をした場合に身体を拘束した状態を利用して身体拘束の根拠に含まれていない余罪についても捜査をすることが許されることになる。だが、令状主義の下で強制処分について司法審査を経ることを原則とする現行法の建前から言えば、たとえ当該被疑者に対する身体拘束が何度も繰り返され、それだけ身体拘束の期間が長くなってしまったとしても、身体拘束の理由と必要の審査を厳格にして違法または不必要な身体拘束を回避するということを重要視しているのである。そして、事件単位の原則に従うことで、後に取り上げる別件逮捕・勾留は禁止されることになる。

もっとも、逮捕の根拠となっている被疑事実と勾留の根拠となっている被疑事実は同一でなければならないとしても、逮捕や勾留が「人の身体」という重大な法益の侵害を伴うものであるという特質も決して無視することができない。そこで実務では、例えば窃盗の嫌疑で逮捕した被疑者について強盗（窃盗＋暴行または脅迫）の嫌疑で勾留するというように、逮捕の根拠となっている被疑事実に別の事実を付け加えて勾留請求をすることも許されると認識されている。既に逮捕されている以上、被疑者の身体は１つであるから、逮捕の根拠となった被疑事実について勾留を請求する限りで別の事実についても勾留を認めても被疑者にとって不利益にはならず、むしろ身体拘束期間の点で被疑者にとって利益となると考えられるからである。

（iii）別件逮捕・勾留の禁止

ところで、誤判・冤罪事件の中には、重大であるにもかかわらず嫌疑が固まっていない被疑事実（本件）の捜査を進めるために、比較的軽微だが逮捕・勾留の要件が形式上備わっている事件（別件）を見かけ上の根拠として被疑者を逮捕・勾留するという**別件逮捕・勾留**が行われたケースも少なからずあり、それについては「見込み捜査の典型」として問題視されてきた。

しかし、事件単位の原則の下では、別件逮捕・勾留は禁止されることになる。①形式的に逮捕・勾留の要件が備わっているとしても、実質的には逮捕・勾留の根拠となっている事件とは別の事件を捜査するために逮捕・勾留が使われているという意味で令状主義をかいくぐっていること、②嫌疑が固まっている被疑事実の逮捕または勾留ののち、余罪の嫌疑が固まった段階で余罪についての逮捕または勾留が認められるとすると、実質的には余罪についての逮捕または勾留を重ねて行っていることになるという意味で、厳格に身体拘束の期間を制限した現行法の趣旨に反していること、③そもそも逮捕や勾留は逃亡や罪証隠滅のおそれがある場合に限って許容されるということが建前であり、取調べを目的とした逮捕または勾留を現行法は正面から認めていないことがその理由である。

もっとも、事案の真相が明らかになっていない捜査段階では、手続を進める過程で余罪などの存在が発覚することも少なからずあり、その場合であっても余罪の捜査は許されないということになると、事件の全容を解明することに支障をきたしてしまうことになる。そこで、別件逮捕・勾留については、別件と本件との関連性や取調べ等捜査の具体的状況を勘案して、実質的に令状主義を潜脱していると考えられる事件については当該逮捕・勾留を違法とすべきであるという理解が一般的である。判例の中には、具体的に、①別件と本件との罪質・態様の相違、法定刑の重さ、捜査上の重点の置き方の違い、②本件に関して客観的証拠がそれだけ収集されているか、③別件に関する身体拘束の必要性、④別件と本件の関連性の有無、⑤本件捜査の重点が自白の採取にあったか、それとも物証等の収集にあったか、⑥取調べ担当官の意図は別件の捜査に向けられていたか、それとも本件の捜査に向けられていたかなどを総合的に判断し、例えば身体拘束中の取調べの大半が本件の取調べに費やされていたなど、実質的に令状主義を潜脱しているとして違法判断を下したものもある（大阪高判昭59・4・19高刑集37巻1号98頁）。

（iv）逮捕・勾留一回性の原則

原則的に、1つの事件に対する逮捕・勾留はそれぞれ1回に限られ、同じ事件で何度も繰り返し逮捕・勾留を繰り返すことは許されない（**逮捕・勾留一回性の原則**）。逮捕・勾留が「人の身体」という極めて重大な法益の侵害を伴うものであることから、できる限り短期間にとどめるべきであるということがその理由の1つとして挙げられる。もしも繰り返し逮捕・勾留をすることが許されてしまうと、法律で厳格に身体拘束の期間を規律した意味がなくなってしまうからである。また、刑事事件の迅速な解決という刑事手続の目的に照らしても、1つの事件を処理する手続はできる限り1回にとどめるほうが望ましいということも、この原則の趣旨として重要である。

なお、事件単位の原則の下では、逮捕・勾留の効力は被疑事実に限って及ぶと考えられているため、被疑者に対して余罪の嫌疑で再び逮捕・勾留することが許される。ニュースなどで「再逮捕」と報道されているものは、逮捕の根拠となっている被疑事実とは別の嫌疑（余罪）が明らかになったことを理由として被疑者の身体を再び拘束するケースを意味している。

（a）一罪・一逮捕・一勾留の原則

まず、逮捕・勾留一回性の原則の内容として、実体法上一罪を構成する複数の事実を細切れにして逮捕・勾留を繰り返すことが禁止される（**一罪・一逮捕・一勾留の原則**）。例えば、強盗罪について、先に財物の窃取（窃盗）を理由とする逮捕をしたのち、その手段となる暴行・脅迫を理由とする逮捕は許されない。この原則は、罪数論の問題として一罪を構成するか否かを基準として許されるか否かを判断するものであり、いわば「ヨコの関係」に対する規律であると言える。

（b）再逮捕・再勾留の禁止

また、「タテの関係」に対する規律として、同一の被疑事実について逮捕・勾留の蒸し返しが禁止される（**再逮捕・再勾留の禁止**）。

もっとも、刑訴法には「検察官又は司法警察員は、第一項の逮捕状を請求する場合において、同一の犯罪事実についてその被疑者に対し前に逮捕の請求又はその発付があったときは、その旨を裁判所に通知しなければならない」（199条3項）という規定があり、刑事訴訟規則でも、逮捕状の請求書には「同一の犯罪事実又は捜査中である他の犯罪事実についてその被疑者に対し前に逮捕状の請求又は発付があつたときは、その旨及びその犯罪事実」を記載しなければならない（規142条1項8号）としていることから、現行法上、同じ被疑事実に対して逮捕が繰り返されるケースが適法に存在しうると考えているように見受けられる。しかし他方で、身体拘束の期間を厳格に法律で規律していることを考えるならば、新証拠が発見されたり、逃亡・罪証隠滅のおそれが出てきたりするなどの新事情の出現によって再捜査の必要性があり、犯罪の重大性その他諸般の事情から、被疑者の利益と対比してもやむを得ない場合で、なおかつ逮捕の不当な蒸し返しと言えない場合に限って、再逮捕が許されると考えられるべきである。

なお、再逮捕が問題となる場合として、逮捕した後で当該被疑者が逃亡してしまった場合が挙げられる。逮捕後に留置されている被疑者が逃亡してしまった場合は、再逮捕が認められないとそもそも逮捕した意味がないということになり、なおかつ被疑者の責めに帰すべき事由があることから、当然に再逮捕が認められることになる。また、逮捕した被疑者を連行する過程で当該被疑者が逃亡してしまった場合は、当該逮捕が完了したと言えないため、元の逮捕状の効力として、新たに逮捕状を請求しなくても当該被疑者の身体を拘束することができる。

それに対し、再勾留については、現行法上これを想定してつくられた規定は見受けられず、再逮捕の場合と同様に、再勾留も、新たな事情が出てくるなどして再捜査が必要となってくる場合であってもまったく許されないとしてしまうと、事案の真相解明に支障をきたしかねない。そこで、論者によっては、重大な犯罪事件で緊急やむを得ない高度の必要性がある場合にのみ再勾留が許されるとする見解がある。ただし、一般的に、勾留は逮捕と比べて身体拘束の期間が長く、それだけ被疑者に与える不利益も大きなものになるということをも併せて考えるならば、再勾留が許されるか否かについては、再逮捕の場合よりも慎重に判断する必要がある。

Ⅳ　被疑者等の取調べ

（1）任意の取調べとその限界

刑訴法198条1項本文は「検察官、検察事務官又は司法警察職員は、犯罪の捜査をするについて必要があるときは、被疑者の出頭を求め、これを取り調べることができる」として、捜査・訴追機関が被疑者に対して**取調べ**をすることを認めている。実際、捜査・訴追機関の間では、①組織犯罪など物証がほとんど存在しない事件では供述証拠がなければ事案の真相解明が不可能であること、②物的証拠の証明力を裏づけ、実体的真実を解明するためには供述証拠の存在が必要かつ有益となること、③取調べを通じて**自白**（→第5章Ⅵ節）を採取することによって、無辜の被疑者・被告人の嫌疑を晴らし、有責の犯罪者には反省・悔悟を促すことができるという考慮より、取調べを通じて被疑者等から自白を採取することがことのほか重要視され、そこで得られた自白は真犯人が自ら述べた供述であることから、事実認定の中でも高い信用性を与えられてきた。しかし他方では、自白への依存があまりにも強過ぎることによって、ときには自白の強要に至ることもあるという点が問題視されている。事実、誤判・冤罪事件の中には、基本的人権の侵害とも評価できる取調べを通じて虚偽の自白が採取されてしまったことが要因の１つとなっているケースが少なからず見受けられる。

その点、刑訴法で「被疑者は、逮捕又は勾留されている場合を除いては、出頭を拒み、又は出頭後、何時でも退去することができる」（198条１項但書）とあるとおり、取調べは任意処分に位置づけられるものであるため、まず、宿泊を伴う、あるいは長時間にわたるなど、実質的に逮捕と評価できるような取調べは許されないことになる。判例も「任意捜査の一環としての被疑者に対する取調べは…事案の性質、被疑者に対する容疑の程度、被疑者の態度等諸般の事情を勘案して、社会通念上相当と認められる方法ないし態様及び限度において、許容されるものと解すべきである」（高輪グリーンマンション事件：前掲・最決昭59・２・29）として、例えば殺人事件の被疑者を４夜にわたって捜査機関が指定したホテル等に宿泊させて連日長時間にわたる取調べをしたケースについて「[被疑者] は捜査官の意向にそうように、…宿泊を伴う連日にわたる長時間の取調べに応じざるを得ない状況に置かれていたものとみられる一面もあり、その期間も長く、任意取調べの方法として必ずしも妥当なものであったとはいい難い」（前掲・高輪グリーンマンション事件）とし、深夜から翌日の夜遅くまで一睡もさせずに徹夜で長時間続けられた取調べについても「たとえ任意捜査としてなされるものであっても、被疑者の心身に多大な苦痛、疲労を与えるものであるから、特段の事情がない限り、容易にこれを是認できるものではな[い]」（最決平元・７・４刑集43巻７号581頁）としている。

（２）身体拘束中の取調べ

（ｉ）身体拘束中の被疑者の取調べ受忍義務

刑訴法198条１項但書では「被疑者は…出頭を拒み、又は出頭後、何時でも退去することができる」としている反面で、「逮捕又は勾留されている場合を除いては」という文言が挿入されている。この点について、論者によっては、当該条文の反対解釈として、身体を拘束されている被疑者は取調室への出頭を拒んだり、出頭後に取調室を退去したりすることができないという意味で**取調べ受忍義務**があると理解されている。とりわけ、取調べ受忍義務を肯定する見解では、現実問題として刑事事件の真相を解明するためには取調べを通じて被疑者から自白を採取することが必要かつ有益であるという考慮が根底にある。

しかしながら、取調べ受忍義務を肯定する見解に対しては、①取調べを強要することは実質的に自白を強要することにつながり、被疑者に黙秘権を保障した現行憲法・刑訴法の理念（憲38条1項、刑訴198条2項）に反すること、②本来であれば「個人の意思を制圧して、身体・住居・財産等に制約を加えて強制的に捜査目的を実現する行為」（前掲・最決昭51・3・16）であれば特段の根拠規定がなければ許容されないはず（197条1項但書：強制処分法定主義）（→本章Ⅰ節）であり、もしも取調べ受忍義務を認めるのであれば正面からこれを容認する明文規定を置くべきであるといった強い批判がある。取調べ受忍義務を否定する見解では、刑訴法198条1項但書における「逮捕又は勾留されている場合を除いては」という文言は、被疑者・被告人の出頭拒否・退去を認めたからといって逮捕・勾留の効力を否定したことにはならないということを注意的に明文化したものであるとか、もともと198条1項本文で在宅被疑者に出頭要求ができる旨を規定したこととの関連で但書に出頭拒否・退去ができることを明らかにしたものであるので、逮捕・勾留されている場合にこれらの考慮は問題にならないと理解されている。

（ii）身体拘束中の被疑者の余罪取調べ

別件逮捕･勾留との関係では、取調べの過程で余罪について追及すること（余罪取調べ）がどこまで許されるかが問題となる。もともと取調べをまったく任意処分として捉えるのであれば、その前提として行われた逮捕・勾留とは無関係のものと理解すべきであり、取調べの内容によって逮捕・勾留の効力が失われるということはあり得ないように思われるかもしれない。

しかしながら、実際問題として身体拘束されている状態を利用して被疑者を取り調べている結果として、取調べの前提として行われている逮捕・勾留の根拠となっている被疑事実とは関連性を持たない事件の捜査をするために逮捕・勾留を請求しているかのような様相を示し、すなわち逮捕・勾留のための令状審査が形骸化してしまうケースがあることも否定できない。そこで、ひとまず被疑者の取調べは任意処分であり、逮捕・勾留とは直接連動しないものであると理解した上で、実質的に被疑者を逮捕・勾留している状態を利用して逮捕・勾留の根拠となっている被疑事実とは別の事件の取調べをしたと見られるような場合には逮捕・勾留の効力が否定されるべきであるという理解も論者によっては示されている。

（3）取調べの適正化

（ⅰ）被疑者の黙秘権とその告知

憲法や刑訴法は「何人も、自己に不利益な供述を強要されない」（憲38条1項）として**自己負罪拒否特権・黙秘権**（→第5章Ⅴ節）を保障した上で、「強制、拷問又は脅迫による自白、不当に長く抑留又は拘禁された後の自白その他任意にされたものでない疑のある自白は、これを証拠とすることができない」（319条1項）としている（なお、憲38条2項参照）。まず、自己負罪拒否特権・黙秘権を保障するために、刑訴法は「取調に際しては、被疑者に対し、あらかじめ、自己の意思に反して供述をする必要がない旨を告げなければならない」（198条2項）としている。これは、法律の素人である被疑者であっても自己負罪拒否特権・黙秘権が保障されることを認識した上でこれを行使できるようにするための制度的な保障であるが、取調官の側に対して、取調べの過程で被疑者の自己負罪拒否特権・黙秘権を侵害しないという心構えを形成するという趣旨も含まれている。なお、黙秘権について、起訴後の段階では「被告人は、終始沈黙し、又は個々の質問に対し、供述を拒むことができる」という明文規定（311条1項）が存在するが、被疑者段階であっても、取調べにあたって取調官から自己の意思に反して供述する必要がないという告知がなされることになっていることから、必然的に黙秘権が保障されていると一般的に理解されている。

また、取調べの過程でなされた自白の内容をまとめた自白調書については、被疑者に閲覧させまたは読み聞かせをして、誤りがないかどうかを問い（198条3項）、誤りがないときに署名・押印を求めることにしている（198条4項）。このような読み聞かせも、自白の内容に誤りがないか慎重に確認することで虚偽自白が公判審理で事実認定に使われないようにすることを狙いとしている。

（ⅱ）取調べの可視化と弁護人立会い

ただし、虚偽自白の強要を防ぐ手立てが講じられたとしても、本質的に密室で行われる取調べの場で不当・違法な手段が使われたか否かを事後的に立証することはたやすいものではない。そのため、捜査弁護では、被疑者ノートに取調べ状況を被疑者に記録させるなどといった手法がとられてきたが、最近では、自白の任意性をめぐる水掛け論を避けるために、一部の事件でDVDに**取調べ状況の録画・録音（可視化）**をしておく制度も確立されつつある。例えば、裁判員裁判対象事件や検察官が独自に捜査をする事件における取調べについては、公判段階で被告人が自白の任意性に異議を申し立てたときには取調べ状況などを記録した記録媒体の取調べを請求しなければならないとして（301条の2第1項）、取調べ状況を録画・録音しておくことを捜査機関に義務付けている（301条の2第4項）（WEB資料2-2❻）。

また、取調べの適正化を図るためには、法律の専門家である弁護士が弁護人として援助することが必要かつ有益となる（39条1項）。ただし、弁護人の援助を受ける権利を実効的に行使して不当・違法な取調べの弊害を最小限にとどめるためには、取調べの場に弁護人が常に立ち会っている状態が望ましいと言える。そのため、弁護実務では近年、取調べの場に弁護人が立ち会うことを法的な制度として確立させることを求める意見が強くなっている（WEB資料2-2❼❽）。

（4）参考人等の取調べと証人尋問

（i）参考人等の取調べ

捜査の過程では、重要参考人や被害者など被疑者以外の者から事情を聴取しなければならない場面もありうる。刑訴法223条は「検察官、検察事務官又は司法警察職員は、犯罪の捜査をするについて必要があるときは、被疑者以外の者の出頭を求め、これを取り調べ…ることができる」として、被疑者以外の者を取り調べる権限を捜査機関に与えている。

被疑者以外の者の取調べでも、出頭を拒否したり取調室から退去したりすることを認めているほか、取調べで作成した調書の読み聞かせと署名押印によって供述内容の真実性を確保する手段も保障されている（232条2項・198条1項および3-5項を準用）。もっとも、被疑者以外の取調べでは、あらかじめ黙秘権を告知することまで捜査機関に義務付けていないが、その場合でも実務上、取調べにあたって黙秘権の告知を行っている。

（ⅱ）起訴前における証人尋問

犯罪の捜査に欠くことのできない知識を有すると明らかに認められる者が取調べに応じなかった場合は、第１回公判期日前に限り、検察官は裁判官に、その者の**証人尋問**を請求することができる（226条）。また、被疑者以外の者で捜査機関の取調べに際して任意の供述をした者が、公判期日において前にした供述と異なる供述をするおそれがあり、かつ、その者の供述が犯罪の証明に欠くことができないと認められる場合も、第１回公判期日前に限り、検察官はその者の証人尋問を裁判官に請求することができる（227条１項）。

Ⅴ　捜索・押収・検証・鑑定等の嘱託

（1）総　　説

憲法35条（１項）は、「何人も、その住居、書類及び所持品について、侵入、捜索及び押収を受けることのない権利は、第33条の場合を除いては、正当な理由に基づいて発せられ、且つ捜索する場所及び押収する物を明示する令状がなければ、侵されない。」と規定し、個人の住居の平穏と財産権の保護を目的として、一般的・探索的な捜索・押収を禁止し、原則として、中立・公平な司法官憲たる裁判官によって事前に審査された正当な理由に基づいて捜索する場所および押収する物を明示する令状によらなければ許容されないとする**令状主義**を定めている。今日では、憲法35条は、「住居、書類及び所持品」といった財産上の権利に限らず、個人のプライバシーをも保護するものであると解されている。刑訴法は、これを受けて、捜査機関は犯罪の捜査を行うに際し必要があるときは、原則として、裁判官の発する令状に基づいて、捜索・差押え・検証等の処分を行うことができるとする（218条１項）。

捜索とは、一定の場所に立ち入り、物または人の発見を目的として行われる強制処分である。なお、憲法35条にいう「捜索」には、刑訴法上の「検証」が含まれる。

押収とは、物の占有を強制的に取得する処分である。押収には、差押え・領置・提出命令が含まれる。憲法35条に言う「押収」は差押えに当たる。**領置**とは、被疑者その他の者が遺留した物、または所有者・所持者・保管者が任意に提出した物の占有を取得する処分である（221条）。占有取得の段階では強制がない点で差押えと異なり、憲法35条に言う「押収」ではなく、令状は不要とされている。とはいえ、領置の結果、所有者等が領置物の占有を回復するためには還付手続を経なければならない点で刑訴法上は差押えとともに「押収」の一種と解されている。

提出命令とは、差し押さえるべき物を指定し、所有者・所持者または保管者にその物の提出を命ずる裁判を言う（99条３項・100条１－２項）。

（２）令状による捜索・差押えの要件

憲法35条は、「正当な理由」に基づいて発せられる、捜索場所および押収対象物を明示した令状による捜索・押収を許容しているが、この「正当な理由」とは、刑事手続上、犯罪捜査のため必要があることを意味し、具体的に言えば、被疑者が罪を犯したことを疑うに足りる相当な理由（犯罪の嫌疑）があることである（218条１項、規156条１項）。押収対象物の明示については、その被疑事実の証拠に限定して差し押さえることが認められ（被疑事実と証拠の関連性）、捜索場所の明示については、その場所に被疑事実の証拠が存在する蓋然性があることが要求されている（証拠存在の蓋然性）。

捜索場所・押収対象物の特定・明示について、憲法35条は、「捜索する場所及び押収する物を明示する令状」を要求し、それを受けて刑訴法219条１項は、捜索差押許可状の記載事項として、「被疑者の氏名」、「罪名」、「捜索すべき場所、身体若しくは物」、「差し押さえるべき物」等を要件としている。

捜索場所と差押え対象物の特定の程度については、緩やかな特定でも許容されうる。というのも、捜索・差押え（令状請求）時は、捜査の初期段階であることも稀ではなく、通常は、捜査機関が一度も立ち入ったことのない場所において捜索を行うため、差押え対象物が厳密な意味で、個別具体的に、すべて捜査機関に明らかになっているわけではないからである。この段階においては、令状請求の根拠となっている犯罪に関連する証拠が、その捜索場所に存在する蓋然性を推測しうる状況にしかないため、余りに厳格な特定を求めることは、令状請求を不可能なものとしてしまう。したがって、一定の**概括的記載**がなされることになる。このようなことから、通常の実務では具体的にいくつかの物件等を列挙した上で「その他本件に関係ありと思料せられる一切の文書及び物件」と記載することが許容される（最大判昭33・7・29刑集12巻12号2776頁参照）。ただし、令状に記載されている罪名が、「地方公務員法違反」や「公職選挙法違反」といった特別法違反の場合は、被疑事実が令状に記載されていないため被処分者にとって差押え対象物の特定が十分であるか疑問である場合もありうる。しかしながら、刑訴法上は、捜索差押許可状には、逮捕状と異なり、被疑事実の要旨の記載が求められていない（219条1項、規155条1項4号参照）。判例（前掲・最大判昭33・7・9）も、捜索差押許可状に被疑事実の罪名を適用法条まで示す必要はないものと解している。実務上は、差押え対象物の特定のため、必要に応じて令状請求書の「犯罪事実の要旨」の写しを添付する取扱いがなされている。

なお、捜索場所については、捜索場所の所在地（番地等）の表示により、他の場所と識別できる程度に記載されなければならない。また、憲法35条の求める「捜索場所の特定」の趣旨は、捜索場所の管理権の保護にあると解されており、捜索場所については、その場所の管理権ごとに特定することが必要とされている。例えば、マンションやホテルの場合には、部屋ごとに管理権が異なるため、捜索場所としては、「○○マンション308号室」や「○○ホテル508号室」などとの記載が求められることになる。

（3）捜索・差押えの範囲

（i）捜索の範囲

捜索差押許可状には、「捜索すべき場所、身体若しくは物」を明示しなければならない。それでは、「場所」に対する捜索令状により、捜索場所に存在する物を捜索することは許されるであろうか。この問いに対しては、捜索すべき場所に存在する物に対する法益は、その場所に対する法益に含まれている、または、住居等の場所に対する法益は、そこに居住し、あるいは定住的にその場所を使用する者のプライバシーや生活その他の活動に係る権利利益の総体であるとの見解があり、その見解に基づけば、「場所」に対する捜索令状によりその捜索場所に存在する物に対しても、原則として、捜索が許容されることになる。

他方で、場所に対する捜索令状により、その場所にいる者の身体を捜索することは可能であろうか。この場合は、場所に対する法益とその場所にいる者の身体に対する法益は異なるものであり、前述のような包摂関係にはない。このことは、その捜索場所に居住する者であれ、偶然捜索場所に居合わせた者であれ同様である。したがって、場所に対する捜索令状に基づいて、その場所にいる者の身体・着衣を捜索することは許されない。ただし、その場所にいる者が、差押え対象物を身体・着衣に所持・隠匿していると認められる場合には、捜索・差押えの目的を達成するため、場所に対する捜索令状により、その者の身体・着衣を捜索することが許容される。

なお、判例（最決平6・9・8刑集48巻6号263頁）は、被告人の内妻であった者に対する覚醒剤取締法違反被疑事件につき、同女および被告人が居住するマンションの居室を捜索場所とする捜索差押許可状の発付を受け、その居室の捜索を実施した際に同居室にいた被告人が携帯するボストンバッグの中を捜索することを適法としている。

また、判例（最決平19・2・8刑集61巻1号1頁）は、捜索中に宅配便として捜索場所に届けられた荷物に対しても、その場所に対する捜索令状により捜索することができるとする。

（ii）差押えの範囲

差押えは、物の強制的占有取得を内容とする強制処分であり、その対象は、「証拠物または没収すべき物」である（222条1項・99条1項）。判例（最判昭51・11・18集刑202号379頁）は、犯行に直接関係する証拠に限らず、犯罪の背景事情や動機を示すものを含めることを許容している。

（4）令状執行手続

（i）令状の呈示

令状は、処分を受ける者に示さなければならない（222条1項・110条）。「処分を受ける者」とは、差押え対象物または捜索場所を現実に支配している者である。

令状呈示の趣旨は、捜索・差押えの処分を受ける者に処分の内容を了知させることにより、手続の明確性と公正を担保し事後の不服申立ての手段などを確保してその利益を保護することにあると解され、このような趣旨から、条文上は令状の呈示時期については明定されていないが、令状執行に先立って呈示されるのが原則であると解されている。しかしながら、令状の（事前）呈示は、憲法35条にいう令状主義の要請ではなく、手続的公正さの担保、処分を受ける者の利益保護のために刑訴法が特に規定したものと解されているため、差押え対象物が容易に破棄隠匿されうる場合やその危険の高い場合は、捜索場所への立入り後、捜索・差押えの実効性を確保した後に速やかに呈示するか、捜索・差押え着手後の速やかな呈示が許容される（最決平14・10・4刑集56巻8号507頁参照）。また、不必要な抵抗・争いを避けるため、原則として、**来意来訪の告知**が捜索場所への立入りに先立って行われるべきであると言えようが、これについても、告知を行うことによって差押え対象物が破棄隠匿されるおそれが生じる場合には、立入り後、必要な現場保全行為を行った上で、来意来訪の告知・令状の呈示を行うことも許容される。

（ⅱ）立会い

処分を受ける者の権利保護と手続の公正さを担保するために、公務所内で捜索・差押えを行う場合には、その長またはこれに代わる者を立ち会わせなければならない（222条1項・114条1項）。その他人の住居または人の看守する邸宅、建造物もしくは船舶内で行う場合には、住居主もしくは看守者またはこれらの者に代わるべき者を立ち会わせなければならない。これらの者を立ち会わせることができない場合には、隣人または地方公共団体の職員を立ち会わせなければならない（222条1項・114条2項）。

捜査機関の行う捜索・差押えについては、被疑者または弁護人の立会権は認められていない。刑訴法222条1項は、裁判所の行う捜索・差押えの規定である刑訴法113条を準用していない。また、刑訴法222条6項は、「必要があるとき」のみ捜査機関の判断で、被疑者を立ち会わせることができるとする。

女子の身体の捜索を行う場合には、原則として、成年の女子を立ち会わせなければならない（222条1項・115条）。

（ⅲ）出入り禁止・看守

捜索・差押え許可状の執行中は、何人に対しても、許可を得ないでその場所に出入りすることを禁止することができ、また、この禁止措置に従わない者を退去させることができる（222条１項・112条）。

捜索・差押えを中止する場合において必要があるときは、執行が終わるまでその場所を閉鎖し、または看守者を置くことができる（222条１項・118条）。

（ⅳ）夜間執行

日出前、日没後には、令状に夜間でも捜索・差押えができる旨の記載がなければ、人の住居または人の看守する邸宅、建造物もしくは船舶に入ることはできない。ただし、日没前に令状の執行に着手したときは、日没後でもその処分を継続することができる（222条３－５項・116条）。なお、賭博、富くじまたは風俗を害する行為に常用されるものと認められる場所および旅館・飲食店その他夜間でも公衆が出入りすることができる場所で、公開された時間内については、これらの制限はない（222条４項・117条）。

（ⅴ）必要な処分

捜索・差押えに際しては、錠を外し、封を開き、その他必要な処分をすることができる。押収物についても同様である（222条１項・111条）。

「必要な処分」の意義については、執行それ自体に限定されず、捜索・差押えに接着し、かつ、捜索・差押えをするのに不可欠な行動を含むと解されている。「必要な処分」は、執行の目的を達するため合理的に必要な範囲での処分をいい、必ずしもその態様を問わないと解されている（東京高判昭45・10・21高刑集23巻４号749頁参照）。とはいえ、必要であればどのような処分も許容される訳ではなく、執行の目的を達するため相当な方法によらなければならないとされ、相手に損害を与えるものは、やむを得ない場合に、必要最小限度の方法によるべき、とされる。「必要な処分」の適否を判断するために、具体的に考慮されるべき事情としては、法益侵害の内容として、必要な処分によって被捜索者が受ける不利益の内容、必要な処分によって生ずる財産的損害の内容があり、処分の必要性として、被疑事実の内容、差押対象物件の重要性、差押対象物件に係る破棄隠匿のおそれ、被捜索者の協力態様などが指摘されている。

「必要な処分」の具体例について、判例上は、①管理者から合鍵を借り受け、鎖錠を切断することの了承を得た上、合鍵で扉を開け、クリッパーで鎖錠を切断して室内に立ち入った行為（大阪高判平５・10・７判時1497号134頁）、②宅配便の配達を装って玄関扉を開けさせて住居内に立ち入った行為（大阪高判平６・４・

20高刑集47巻1号1頁)、③勝手口ドアのガラスを一部破った上、その破れ目から手を差し入れて開錠して室内に立ち入った行為（大阪高判平7・11・1判時1554号54頁)、④来意を告げずに、捜索場所を管理する不動産会社からあらかじめ借り受けていた合鍵を用いて入口ドアを開け、室内に立ち入った行為（東京高判平8・3・6高刑集49巻1号43頁)、⑤ホテルの支配人からマスターキーを借り受けた上、来意を告げることなく施錠された客室のドアをマスターキーで開けて室内に入った行為（前掲・最決平14・10・4）などが、「必要な処分」として認められている。他方で、来意を告げることなく、被疑者宅のベランダ側掃き出し窓のガラスを割り、錠を外して室内に立ち入った行為につき、覚醒剤等の薬物といったトイレに流すなど容易に罪証隠滅がなされうる物が差押対象物に含まれていなかったなどとして、「必要な処分」とは言えないとした裁判例（東京高判平15・8・28判例集未登載。本判決については、最高裁判所判例解説刑事篇平成14年度216頁以下参照）もある。

その他の具体例としては、捜索・差押えの現場での立会人や管理者に対する協力要請、押収したフィルムの現像（前掲・東京高判昭45・10・21)、覚醒剤所持の被疑事実についての捜索中に発見された覚醒剤の予試験、捜索差押許可状執行中の電話の発受信の禁止などがある。

（5）令状によらない捜索・差押え（無令状の捜索・差押え）

（i）令状主義の例外

憲法35条1項は、「何人も、その住居、書類及び所持品について、侵入、捜索及び押収を受けることのない権利は、第33条の場合を除いては」、令状に基づかなければならないとし、逮捕に伴う場合には、無令状での捜索・押収を許容し、令状主義の例外を認めている。

これを受けて、刑訴法220条は、捜査機関が被疑者を逮捕する場合において、①人の住居または人の看守する邸宅、建造物もしくは船舶内に入り被疑者の捜索をすること（220条1項1号)、②逮捕の現場で差押え、捜索をすること（220条1項2号）ができるとし、これらの処分を行う場合には、令状は必要としない（220条3項）と規定する。

ここで言う逮捕には、通常（令状）逮捕、緊急逮捕、現行犯逮捕が含まれる。

ただし、緊急逮捕の場合、緊急逮捕状が発付されなかったときには、差し押さえた物は、直ちに還付しなければならない（220条２項前段）。

（ⅱ）逮捕に伴う捜索・差押えが無令状で許される根拠

逮捕に伴う場合には、なぜ、捜索・差押えが無令状で許されるのであろうか。その根拠としては、大きく分けて以下の２つの見解がある。

①**緊急処分説**（限定説）は、逮捕の際の緊急措置として、逮捕者の身体の安全を図るとともに、被逮捕者の抵抗を抑圧し逃亡を防止すると同時に証拠の破壊・隠滅を防止する緊急の必要があるため認められるとするものであり、学説上の多数説である。

緊急処分説は、令状主義を原則として、被逮捕者による証拠の破壊・隠滅の防止を根拠とするため、逮捕に伴う捜索・差押えは、事前の令状入手の時間的余裕がない場合に限定され、捜索の範囲も、被逮捕者が証拠の破壊・隠滅を図ることが可能な範囲、すなわち、被逮捕者の身体およびその**直接の支配下**にある場所に限定される。

②**相当説**（合理性説）は、逮捕の現場には証拠の存在する蓋然性が高く、令状を請求すれば、当然に発付される状況にあるため、令状に基づく場合と同様に、合理的であり許容されるとするものであり、判例（最大判昭36・６・７刑集15巻６号915頁）・捜査実務はこの見解に基づくものであると解されている。

相当説は、令状の発付を受ければ捜索できる範囲、言い換えれば、逮捕の場所と「同一の管理権」の及ぶ範囲について捜索が許容されることになると言えよう。

（ⅲ）「逮捕する場合」の意義

無令状の捜索・差押えについては、時間的範囲として「逮捕する場合」の意義が問題となる。

「逮捕する場合」の意義については、逮捕との**時間的接着性**が求められるものであるが、現実に逮捕に成功したか否かは問われない。とはいえ、少なくとも逮捕に着手できる状況にあることは必要とされる。

緊急処分説の立場では、厳格な時間的接着性が必要であるとされ、原則として、逮捕行為に着手していることが求められることとなる。また、被疑者の逮捕が完了した後、被疑者が逮捕現場から連行され現場にいなくなって以降、さらには、現場から連行されなくても、逮捕により身柄が拘束された時点以降は、逃亡および証拠破壊防止の必要がなくなるため、捜索・差押えは許されなくなる。

他方、相当説によれば、逮捕現場における証拠存在の蓋然性は、逮捕の前後で変更はないと考えられるため、捜索開始時に逮捕行為に着手していなければならない理由はない。また、逮捕が完了した後も、捜索・差押えが可能である。

判例（前掲・最大判昭36・6・7）は、被疑者が現場に不在であった状況で被疑者が帰宅次第緊急逮捕する態勢の下に捜索・差押えが開始され、その20分後に被疑者が帰宅し逮捕した事案において、捜索・差押えと逮捕には時間的接着が必要とするが、逮捕着手時の前後関係は問わないとして、その適法性を認めた。また、その後の判例（米子銀行強盗事件：前掲・最判昭53・6・20）においても、逮捕に先行した捜索を事後の緊急逮捕に伴うものと同視しうるとしている。

（iv）「逮捕の現場」の意義

場所的範囲としての「逮捕の現場」の意義については、逮捕行為との**場所的接着性**が求められる。緊急処分説の立場では、被逮捕者の直接の支配下にある範囲内の場所および物ということになる。他方で、相当説の見解によれば、逮捕場所と「同一の管理権」の及ぶ範囲内の場所および物と解されている。したがって、逮捕に着手した場所、追跡中の場所および逮捕した場所のすべてを含み、これらの場所と直接接続する範囲の空間がこれに当たると解されている。

判例（前掲・最大判昭36・6・7）は、「逮捕の現場」の意義について、「場所的同一性を意味するにとどまるもの」と解している。

なお、被疑者の身体・所持品の捜索については、判例（前掲・最決平8・1・29）は、逮捕現場の状況に照らして、被疑者の名誉等を害し、被疑者の抵抗や交通の妨げとなるおそれがあるといった場合など、その場で直ちに捜索・差押えを実施することが適当でない場合には、速やかに被疑者を捜索・差押えの実施に適する最寄りの場所まで連行した上で捜索・差押えの処分を行うことも適法であるとしている。通常は、逮捕後に被疑者を移動させても、被疑者の身体・所持品についての「現場」としての性質には実質的な変更が生じることはないと言えよう。したがって、原則的には、現実に被疑者が逮捕された場所での捜索・差押えが行われるべきと解されるが、逮捕場所での捜索・差押えが不可能または不適当である場合には、例外的に、必要最小限の範囲で被疑者を移動させた上で捜索·差押えを行うことも許容されうると解することができよう。

なお、逮捕現場が被疑者以外の第三者の支配・管理する場所である場合は、押収対象物の存在を認めるに足りる状況のある場合に限り、捜索を行うことができる（222条１項・102条２項）。

また、逮捕現場に居合わせた者の身体・所持品の捜索については、「逮捕の現場」にいる人の身体・その場所にある物は、捜索の対象となるため、「逮捕の現場」にいる者は被疑者以外の者であっても一応これに含まれると解される。とはいえ、被疑者以外の者の身体等については、押収すべき物の存在を認めるに足りる状況がなければならない。下級審裁判例（函館地決昭55・１・９刑月12巻１＝２号50頁）においては、被疑者を覚醒剤所持の現行犯で逮捕した際、現場に居合わせた第三者が被疑者の逮捕事実と関連する証拠物を所持していると認めるに足りる状況が存在していた場合、第三者の身体に対する捜索は逮捕の現場で行うものとして許容されるとしている。他方で、被疑者以外の者が逮捕現場に居合わせたとしても、そのことから直ちにその者の身体等に押収すべき物の存在を認めるに足りる状況があるとは言えず、逮捕の現場がいかなる場所か（個人の住居か公共の建物か）、逮捕の現場と当該第三者との関係（その場所の居住者か偶々居合わせた者か）、その者と被疑者との関係、逮捕現場におけるその者の挙動等を考慮して判断すべきことになるとの見解がある。

（v）捜索・差押えの対象

逮捕の現場における捜索・差押えは、逮捕理由となった被疑事実に関するものについてのみ許容される。逮捕の現場において無令状の捜索・差押えについて合理性が認められるのは、逮捕理由となった被疑事実に関連する物に限定されるからであると解される。緊急処分説、相当説のどちらも、差押対象物は逮捕理由となった被疑事実に関連する証拠物に限られるとしている。

下級審裁判例（東京高判昭46・３・８高刑集24巻１号183頁）においては、酒気帯び運転で現行犯逮捕された被疑者に対する銃刀法違反の証拠物の捜索・差押えを行うことは許されないとしている（→本節（11）、（12））。

(6) 検証・身体検査

証拠がそのままの形状・状態で法廷へ提出することができる場合には、差押えを行えばよいが、証拠の中には、そのまま法廷に提出できないものがある。例えば、交通事故現場や火災現場の状況、犯行現場における犯行直後の状況などについては、その状況等を法廷に提出できる状態に変更して、捜査官が接した状況と可能な限り同様の臨場感をもって、事実認定を行う裁判官が証拠として用いることができるように、書面・図画・写真等を使用して、現場等の状況を正確に保存する必要がある。このような活動を「検証」と言う。

このように、物や人の状態・性質・形状等を**五官の作用**によって観察・認識して記録する行為を**検証**と言い、検証は、証拠を採取する活動の1つであるので、憲法上の「押収」に含まれ、憲法35条の規律を受ける。したがって、原則として令状を必要とする（218条）が、逮捕に伴う検証の場合（220条1項2号）には無令状で行うことができる（220条3項）。また、検証許可状の請求、令状の記載事項、検証許可状執行手続等は、捜索・差押えの場合とほぼ同様である（218条・219条・222条1項・110条・114条・222条4－6項）。

なお、公道上の交通事故現場において道路状況等を見分するなど、第三者の権利・利益を侵害しない場合や所有者・管理者等に承諾を得て行う場合など、検証の性質を有する処分を任意処分として行うことを「**実況見分**」と言う。検証の結果を記録したものを検証調書、実況見分の結果を記録したものを実況見分調書と言い、これらは刑訴法321条3項により証拠能力が認められる。

身体検査とは、人の身体に対して、人相・容貌・体格・痕跡等、身体外表部分の形状・特徴や体腔を認識・検査する検証を言う。身体検査は、人の尊厳に関係するものであるため、身体検査令状（218条1項後段・218条5－6項）という特別の制度を採用して、通常の検証より慎重な手続を行うものとしている。

着衣の中にある証拠物等の検査は、身体捜索（218条1項）であり、検証としての身体検査とは異なる。身柄を拘束されている被疑者の指紋、足型採取、身長・体重の測定、写真撮影は、被疑者を裸にしない限り、無令状で行うことができる（218条3項）。なお、「裸にしない」とは、全裸にする場合のみを意味せず、通常容易に露出しない部分を露出させることを言うと解されている。

検察官、検察事務官または司法警察員は、身体検査令状請求の際には、身体検査を必要とする理由および身体検査を受ける者の性別、健康状態等（その他刑訴規則で定める事項）を示さなければならない（218条5項、規155条2項）。さらに、裁判官は、身体検査に関して、個人の尊厳を害さないよう、また健康を害さないように、適当と認める条件を付すことができる（218条6項）。身体検査を実施する際には、身体検査を受ける者（被疑者等）の性別、健康状態その他の事情を考慮した上、特にその方法に注意し、その者の名誉を害さないように注意し（222条1項・131条1項）、女子の身体検査をする場合には、医師または成年の女子を立ち会わせなければならない（222条1項・131条2項）とされている。

なお、正当な理由なく身体検査を拒んだ場合には、過料に処されるか（137条1項）、または刑罰（罰金または拘留）を科される（138条1項）。また、過料や刑罰を科すといった**間接強制**では効果がないと認められるときは、**直接強制**を行うことができる（222条1項・139条）。ただし、身体検査のために出頭を強制すること、また、身体検査に適した場所に連行することについては明文規定が存在しない（222条1項は、132条以下を準用していない）。

（7）鑑定等の嘱託

鑑定とは、特別の知識・経験に属する法則、またはその法則を具体的な事実に適用して得た判断を裁判所に報告することを言う（165条、最判昭28・2・19刑集7巻2号305頁参照）。

裁判所または裁判官から鑑定を命じられた者を**鑑定人**と言う。鑑定人は、特別の知識・経験に基づいて、裁判官の判断を補充するものであり、実際に体験した事実を供述すべき証人とは異なる。

捜査機関は、捜査のため必要があるとき、被疑者以外の者に鑑定、通訳若しくは翻訳を嘱託することができる（223条1項）。捜査機関からの嘱託を受けた者を**鑑定受託者**と言う。この捜査機関が行うことのできる鑑定等の嘱託は任意処分であり、したがって、宣誓の手続（166条）はなく、虚偽鑑定罪（刑171条）の制裁もない。また、嘱託に応じない場合でも、他に鑑定等をなしうる者が存在しうるので、証人尋問（226条以下）に類する規定も置かれていない。

鑑定などの嘱託は、捜査機関が捜査に必要な実験則等に関する知識経験の不足を補うため、指示事項につき第三者をして新たに調査をなさしめ、法則またはこれを適用して得た具体的事実判断等を報告せしめるものである（前掲・最判昭28・2・19参照）。鑑定処分許可状の請求は、検察官、検察事務官または司法警察員が行い（225条2項）、鑑定受託者は、鑑定について必要があるときは、裁判官の許可を受けて、人の住居もしくは人の看守する邸宅、建造物もしくは船舶内に入り、身体を検査し、死体を解剖し、墳墓を発掘し、または物を破壊することができる（鑑定に必要な処分：225条・168条1項）。

捜査機関は、被疑者の心神または身体に関する鑑定を嘱託するにあたり、必要があるときは、一定の期間、病院その他の相当な場所に被疑者を留置することができる（224条1項・167条1項）。これを**鑑定留置**と言う。鑑定留置は、強制処分であり、これを行う必要があるときは、捜査機関（検察官、検察事務官または司法警察員）は、裁判官にその処分を請求しなければならない（224条1項）。鑑定留置の請求を受けた裁判官は、その請求を相当と認めるときは、鑑定留置状を発して、被疑者を留置しなければならない（224条2項前段・167条）。なお、勾留中の被疑者に対し鑑定留置状が執行されたときは、被疑者が留置されている期間、勾留の執行は停止される（224条2項後段・167条の2）。

被疑者の事件記録や取調べから不自然な言動・意味不明な供述がある場合には、被疑者の責任能力について、簡易な方法で鑑定を行う場合がある。これを**簡易鑑定**と言う。簡易鑑定を実施するか否かの判断は、検察官が行う。簡易鑑定を行うにあたっては、通常は、被疑者から簡易鑑定の同意（同意書への署名）を得て行う。被疑者が同意しない場合は、裁判所に鑑定処分許可状を請求し、鑑定処分許可状を得て実施する。

鑑定のための身体検査については、刑訴法225条4項が準用する168条6項は、身体検査の間接強制の規定である137-138条を準用しているが、直接強制を規定する139条は準用していない。また、225条は、身体検査を拒否した者につき裁判官による身体検査の直接強制を求めることができる旨を規定した172条も準用していない。被検査者が137-138条の間接強制の方法をとってもなお身体検査を拒否した場合、どのようにすべきかが問題となる。この点、捜査実務の大勢は、捜査機関が218条1項後段により行う検証としての身体検査は222条1項により139条の準用があるので、身体検査令状により身体検査を強行し、これに鑑定処分許可状を得た鑑定受託者が立ち会って補助するという、身体検査令状と鑑定処分許可状の併用により直接強制ができると解している。

(8) 体液等の採取

(i) 採　尿

薬物の自己使用については、通常、目撃者の供述を得ることが困難で、今日最も有効な手段は、尿の中に含まれる薬物成分を検出することである。しかし、自己使用の事実の発覚を恐れる被疑者は、尿の提出を頑強に拒むことが多い。

ところで、尿からの検出が可能な期間は、覚醒剤を初めて使用した場合は、摂取後4日間程度、常用者の場合は1週間から10日間程度と言われている。したがって、体内に残存する薬物の成分が体外へ排出される前に採尿および尿検査を行う必要がある。

学説の中には、排尿を操作することや屈辱感を伴うことなどを理由として、**強制採尿**を否定する見解もあるが、現在は学説の多くが強制採尿を肯定している。とはいえ、身体の秘部を強制的に他人にさらされ、尿道口へ導尿管を挿入されるということには、屈辱感が伴い、被処分者に精神的ショックを与えるということも事実である。したがって、強制採尿を行うにしても、まず事前に被疑者に対して、任意提出をするよう説得すべきであり、実施する際には医師等により、医学的に相当な方法で行われなければならないとされている。

判例（最決昭55・10・23刑集34巻5号300頁）も、覚醒剤の自己使用の嫌疑があり、また被疑者が自己使用の事実を否認し、さらに任意提出を頑強に拒む状況においては、最終手段として強制採尿を肯定している。すなわち、「医師等これに習熟した技能者によって適切に行われる限り、身体上ないし健康上格別の障害をもたらす危険性は比較的乏しく、仮に障害を起こすことがあっても軽微なものにすぎないと考えられるし、また、右強制採尿が被疑者に与える屈辱感等の精神的打撃は、検証の方法としての身体検査においても同程度の場合がありうるのであるから、被疑者に対する右のような方法による強制採尿が捜査手続上の強制処分として絶対に許されないとすべき理由はなく、被疑事実の重大性、嫌疑の存在、当該証拠の重要性とその取得の必要性、適当な代替手段の不存在等の事情に照らし、犯罪の捜査上真にやむをえないと認められる場合には、最終手段として、適切な法律上の手続を経てこれを行うことも許され」ると判示している。

また、強制採尿を行う際に入手されるべき令状については、従来、**身体検査令状説**、**鑑定処分許可状説**、**身体検査令状と鑑定処分許可状の併用説**、と見解が分かれていた（従来の実務は、併用説を採用していた）。

最高裁は、前掲・昭和55年決定において、「体内に存在する尿を犯罪の証拠物として強制的に採取する行為は捜索・差押の性質を有するものとみるべきであるから、捜査機関がこれを実施するには捜索・差押令状を必要とすると解すべきである」とし、さらに、「医師をして医学的に相当と認められる方法により行わせねばならない旨の条件の記載が不可欠である」と判示し、強制採尿の令状については、いわゆる**条件付き捜索差押許可状**（**強制採尿令状**）によるべきものとした。

なお、判例（最決平３・７・16刑集45巻６号201頁）は、錯乱状態に陥っていて尿の任意提出を期待することができない状況にあった、覚醒剤自己使用罪の嫌疑がある被疑者に対する強制採尿について、「被疑事実の重大性、嫌疑の存在、当該証拠の重要性とその取得の必要性、適当な代替手段の不存在等の事情に照らせば、本件強制採尿は、犯罪の捜査上真にやむを得ない場合に実施されたものということができる」と判示している。

また、身柄拘束されていない被疑者が尿の任意提出に応じず、採尿場所への任意同行が事実上不可能であると認められる場合、強制採尿令状の発付を得て、当該令状の効力として、被疑者を採尿に適した場所へ連行することができ、その際には必要最小限度の有形力を行使することができるとする（前掲・最決平６・９・16）。

なお、実務の運用上は、強制採尿令状の「捜索差押に関する条件等」として、「強制採尿のために必要があるときは、被疑者を○○所在の△△病院又は採尿に適する最寄りの場所まで連行することができる」旨の記載がなされている。

さらに、医師が治療の目的で救急患者から承諾を得ることなく尿を採取し、必要な治療または検査の過程でその者の尿から違法な薬物（覚醒剤）の成分を検出したことから、その旨を捜査機関に通報することは正当行為として許容されるものであり、その通報を受けて、警察官が、差押許可状に基づき尿を入手した過程に違法はないと判示している（最決平17・７・19刑集59巻６号600頁参照）。

（ii）採　血

強制採血については、強制採尿の場合とは異なり、被疑者に与える精神的打撃・負担は少ないと言える。確かに、採血の際には常に身体の損傷を伴うものではあるが、通常、検査のための採血量は僅かであり、身体への侵襲の程度は軽微なものであると言えよう。したがって、被疑者が採血に同意しない場合には、一定の要件の下で、強制的に血液を採取することも許容されうる。判例・通説は、強制採血自体はこれを認め、実務上も実施されている。

それでは、強制採血のための令状の種類についてはどのように考えるべきであろうか。血液は、いずれは老廃物として体外に排出されるべき尿のように身体に一時的にとどまっているものではなく、医学的には臓器の一種であり、生体の一部を構成するものである。

このような血液の性格から、学説上は、入手すべき令状の種類について、**身体検査令状説**、**鑑定処分許可状説**、**身体検査令状と鑑定処分許可状の併用説**、**条件付き捜索差押許可状説**とが主張されている。実務上は、併用説に基づいていると解されるが、最高裁は、強制採血の令状の種類について判断していない。

条件付き捜索差押許可状説は、強制採尿についての最高裁昭和55年決定の趣旨を強制採血等の（尿以外の）体液の採取の場合にも当てはめ、「医師をして医学的に相当と認められる方法により行われること」という条件を付した捜索差押許可状によるべきと解する。

ところで、採血については、一定の場合に無令状で行うことはできないかが問題となっている。例えば、交通事故の現場において、または、交通事故により救急搬送された病院において、事故の被疑者と思われる運転者に酒臭があり、酒酔いまたは酒気帯び運転ではないかとの嫌疑が相当程度認められる場合で、その者が怪我等により意識消失のため、呼気検査等の血中アルコール濃度の検査が行えない場合などが想定されよう。学説上は、無令状の採血について、これを否定する見解が多数であり、下級審裁判例においても否定的に解されている。仙台高判昭47・1・25刑月4巻1号14頁は、警察の依頼に応じて、血中アルコール濃度の検査のため、無令状で、失神状態にある交通死亡事故の被疑者から注射器を用いて採血した事案において、「たとえ採血が治療の際に行われ、少量で健康に影響を及ぼさない程のものであっても鑑定処分許可状を受けなければならない」として、無令状採血を違法とし、重大な手続違背があるとして、尿の鑑定書の証拠能力も否定した（同様に、身柄拘束されていない、交通死亡事故の被疑者から、承諾もなく、無令状で、注射器を用いて採血した事案として、札幌地判昭50・2・24判時786号110頁参照。この事案においても、注射器を用いての、無令状採血を違法とし、鑑定書の証拠能力を否定している）。なお、高松高判昭61・6・16刑月18巻5・6号709頁も、これらの事案と同様、警察は担当医師に採血を依頼し、看護師が被疑者から注射器を用いて、同意もなく、無令状で採血した事案であるが、採血自体は違法としつつも、鑑定書の証拠能力は許容している。

他方で、福岡高判昭50・3・11刑月7巻3号143頁は、交通事故で負傷している、手術中の被疑者の出血をしている箇所を押さえていたガーゼから、少量の血液を無令状で採取することを適法としている。また、松山地大洲支判昭59・6・28判時1145号148頁は、交通事故で重傷を負った被疑者の身体から流出して左膝関節部に貯留していた血液を医師が針のない注射器で採取してこれを警察官に提出したことを適法としている。

注射器を用いての採取は身体への傷害を伴うものであり、このような無令状採血は、これまでの裁判例においては、基本的に違法とされており、既に体外へ流出している血液の採取については、適法とされる傾向にある。

血中アルコール濃度の検査結果は、酒気帯び・酒酔い運転の証拠として不可欠な証拠である。しかも、血中アルコール濃度は、時間の経過に伴い急速に低下するものであるため、令状入手の間に酒気帯び・酒酔い運転罪の証拠が失われてしまうことになり、緊急に検査を行い、証拠を確保する必要性は高いと思われる。また、近年における、悪質な交通事犯に対する社会的非難の高まりを考えても、犯人検挙のための有効かつ確実な捜査が行われるべきであろう。

（iii）その他（呼気・嚥下物・DNA標本の取得）

（a）呼気検査について

酒気帯び運転等の検査にあたり、被疑者の同意がある場合は、任意処分として**呼気検査**を行うことができるが、被疑者が呼気検査を拒否した場合には、これを行いうるかが問題となる。

裁判例としては、交通事故のため意識があるのかないのかがはっきりわからない状態にある被疑者から、特に同人がこれを拒否したり、あるいは強制力を用いたりせずに呼気検査を行った場合には、令状によらなくても違法ではないとしたもの（福岡高判昭56・12・16判時1052号159頁）、交通事故により負傷して意識不明の状態にあった被疑者の口もとから、飲酒検知管等を通して呼気を吸入採取したのは被採取者の同意がなくとも任意捜査として許されるとしたもの（浦和地越谷支判昭56・11・6判時1052号161頁）、交通事故を起こし意識不明の状態で病院の救急室に横たわっていた被疑者の口先3センチメートル位のところに、呼気採取器の先に飲酒検知管を取り付けたものを置き、検知管を通して被疑者の呼気を吸入採取したことを任意捜査の範囲内にあるとして許容したもの（福井地判昭56・6・10刑月13巻6＝7号461頁）がある。

なお、道路交通法67条2項（現行67条3項）の規定による警察官の呼気検査を拒んだ者を処罰する同法120条1項11号（現行118条の2）の規定が憲法38条1項に違反しないかが争われた事案において、最高裁は、呼気検査は、被疑者からその供述を得ようとするものではないから、呼気検査を拒んだ者を処罰する道路交通法の規定は、憲法38条1項に違反しないと判示した（最判平9・1・30刑集51巻1号335頁）。

（b）嚥下物の取得

体内に飲み込まれた物（嚥下物）を押収する場合、被疑者から同意が得られれば、レントゲン撮影・超音波診断装置等を用いて検査し、嚥下物の存在を確認した上で、その排泄を待って、任意提出をさせ、領置することになる。しかしながら、被疑者から同意を得られない場合には、強制処分としてこれを押収することとなる。その場合の令状の種類については、学説上、条件付き捜索差押許可状・鑑定処分許可状・身体検査令状の併用によるとする見解と条件付き捜索差押許可状によるとする見解があるが、裁判実務の多数は、条件付き捜索差押許可状と鑑定処分許可状の併用によるとされている。

（c）DNA 標本の取得

犯罪捜査においては、犯行現場における遺留物等からDNA 標本が採取され、そのDNA 型と対照して犯人特定につなげるために、捜査対象となっている被疑者等からそれらの者のDNA 標本を入手する必要が生じうる。その場合、被疑者が廃棄したゴミや煙草の吸い殻等をその者に気付かれずに領置して、それらからDNA標本を採取してDNA型鑑定を行うという方法が用いられることがある。

DNA標本の取得には、被疑者等の同意を得るか、同意が得られない場合には、鑑定処分許可状と身体検査令状が必要と解されている。

このようなDNA標本の採取に関する裁判例としては、警察官が、身柄拘束されていない被疑者から、その者のDNA型検査の資料を得るために、警察官である身分およびDNA採取目的であることを秘して被疑者に手渡した紙コップからDNA標本を採取した行為の適法性が争われた事案で、裁判所は、そのような捜査方法は強制処分に当たるとして、無令状で行った本件DNA標本の採取を違法と判示している（東京高判平28・8・23高刑集69巻1号16頁）。

（9）科学技術を用いた証拠収集方法

（i）写真・ビデオ撮影

刑訴法218条3項は、身柄拘束下にある被疑者の特定のための写真撮影は無令状で行うことができると規定しているが、検証の手段として用いられる場合を除いては、証拠の収集・保全としての写真・ビデオ撮影について、明文規定が存在しない。しかしながら、現代社会においては、様々な場所・形態・方法で、写真・ビデオ撮影が行われており、その映像も犯罪捜査や防犯のために利用されている。

なお、写真撮影とビデオ撮影については、その場の状況を瞬間的に記録する写真よりも、一定の時間、継続して記録するビデオ撮影の方が、プライバシー侵害の程度が高いと解されるが、あくまで程度の問題として評価されるにすぎないため、両者については、基本的に理論上同様に取り扱うことができると言えよう。

判例（京都府学連デモ事件：最大判昭44・12・24刑集23巻12号1625頁）は、デモ行進が許可条件に違反して行われた現場の状況を警察官がその場で写真撮影した事案において、①現に犯罪が行われもしくは行われたのち間がないと認められる場合（現行犯・準現行犯的状況）で、②証拠保全の必要性・緊急性があり（必要性・緊急性）、かつ③その撮影が一般的に許容される限度を超えない相当な方法をもって行われる場合（手段の相当性）には、写真撮影の対象の中に、犯人の容ぼう等のほか、犯人の身辺または被写体とされた物件の近くにいたためこれを除外できない状況にある第三者である個人の容ぼう等を含むことになっても、憲法13条・35条に違反しないと判示した。この大法廷判決において示された3つの要件については、その評価をめぐって見解の対立があった。すなわち、その1つは、これらの要件は写真撮影を行う上で、必ず充足しなければならないものであるとする**限定説**であり、もう1つは、これらの要件は当該事案において適法性を肯定するための要件であり、事情の異なる事案ではこれらとは異なる要件の下に許容されうるとする**非限定説**である。

ところで、RVS 方式の自動速度取締装置（いわゆるオービスⅢ）による写真撮影に関する事案（最判昭61・2・14刑集40巻1号48頁）では、その撮影条件が、対象車両が一定の速度超過で走行したときにのみ撮影されること、すなわち、現行犯の状況にある場合のみ撮影が行われるよう設定されていたため、京都府学連デモ事件における要件がまさにそのまま適用されることとなった。

他方で、その後の下級審裁判例では、異なる要件の下、写真・ビデオ撮影の適法性が肯定されていった。すなわち、犯罪発生前に行われたビデオ撮影に関する事案（山谷テレビカメラ監視事件：前掲・東京高判昭63・4・1）では、「当該現場において犯罪が発生する相当高度の蓋然性が認められる場合であり、あらかじめ証拠保全の手段、方法をとっておく必要及び緊急性があり、かつ、その撮影、録画が社会通念に照らして相当と認められる方法でもって行われるときには、現に犯罪が行われる時点以前から犯罪の発生が予測される場所を継続的、自動的に撮影することも許される」と判示された。

また、既に発生した犯罪の捜査のため、捜査対象者が犯人であるか目撃者に確認させる目的で、捜査対象者を屋外で写真撮影したという事案（上智大学内ゲバ事件：東京地判平元・3・15判時1310号158頁）において、「既に行なわれた犯罪の犯人特定のため容疑者の容ぼう等を撮影することも、その事案が重大であって、被撮影者がその犯罪を行なったことを疑わせる相当な理由のある者に限定される場合で、写真撮影以外の方法では捜査の目的を達成することができず、証拠保全の必要性、緊急性があり、かつその撮影が相当な方法をもって行なわれているときには、適法な捜査として許される」と判示されている。

その後、最高裁は、捜査機関が公道上およびパチンコ店内にいる被疑者の容ぼう、体型等をビデオ撮影した事案（前掲・最決平20・4・15）において、被疑者が犯人であると疑うに足りる合理的な理由があったとした上で、「（本件）ビデオ撮影は、強盗殺人等事件の捜査に関し、防犯ビデオに写っていた人物の容ぼう、体型等と被告人の容ぼう、体型等との同一性の有無という犯人の特定のための重要な判断に必要な証拠資料を入手するため、これに必要な限度において、公道上を歩いている被告人の容ぼう等を撮影し、あるいは不特定多数の客が集まるパチンコ店内において被告人の容ぼう等を撮影したものであり、いずれも、通常、人が他人から容ぼう等を観察されること自体は受忍せざるを得ない場所におけるものである。以上からすれば、これらのビデオ撮影は、捜査目的を達成するため、必要な範囲において、かつ、相当な方法によって行われたものといえ、捜査活動として適法なものというべきである。」と判示している。

これらの判例は、京都府学連デモ事件に示された「現行犯・準現行犯的状況」についての要件に代えて、「犯罪が発生する相当高度の蓋然性」や犯人の同一性を確認するための撮影における、犯罪に関与している「合理的な疑い」等を写真・ビデオ撮影の要件とし、また、これらの事案においては、公道上や不特定多数の者が出入りする場所での写真・ビデオ撮影を許容している。このような場所においては、保護されるべき利益はそれほど高くない、言い換えれば、**プライバシーの合理的期待**は低いと見て、撮影を許容していると見ることができよう。京都府学連デモ事件において示された、写真撮影の要件については、非限定説を採用していると解するのが正当であると言えよう。

最高裁は、写真・ビデオ撮影が様々な場所や態様で実施される可能性があることから、個別具体的な事案に即した要件を設定して、その適法性を判断していると思われる。

なお、前記最高裁判例においては、写真・ビデオ撮影について、その法的性格を任意処分か強制処分かを明言してはいないが、法律の定めがなければ許されない行為であるとの判示はなく、それからすれば、少なくとも写真・ビデオ撮影それ自体が強制処分であるとは解していないように思われる。

学説上も、街頭や公道上にいる者を写真・ビデオ撮影することは任意捜査であるが、住居内にいる者を望遠レンズ等で撮影する行為は強制処分に当たると解するものが多数であると思われる。

（ⅱ）通信傍受

電話や電子メールといった通信手段は、今日の社会において必要不可欠のものであり、日常生活の様々な場面で使用されている。これらの電気通信は、通信当事者以外の者、とりわけ、政府からの監視・干渉を受けないとの期待が高く、その傍受は通信当事者に認識されることがない点で、プライバシー侵害の程度が高いと言える。他方で、密行的・組織的に行われる犯罪に対しては、**通信の傍受**は、非常に効果的な捜査手法と言えよう。通信傍受は、憲法21条2項との関係で問題とされるが、**通信の秘密**もまったく無制約の権利ではなく、公共の福祉の要請に基づいて、必要最小限度での制約は許容されうる。したがって、犯罪捜査のための通信傍受は憲法21条2項に違反するものではない。

犯罪組織の関与する薬物の密売においては、薬物を売る側と買う側が直接対面しない方法により取引が行われているため、密売ルートの解明が困難であり、密売組織の中枢まで捜査の手が及びにくい。このような薬物密売の捜査手段として、通信傍受法の制定までは、刑訴法上の検証許可状に基づいて、電話傍受を行うことが許容されていた（甲府地判平3・9・3判時1401号127頁、東京高判平4・10・15判タ808号168頁、旭川地判平7・6・12判時1564号147頁、札幌高判平9・5・15判タ962号275頁参照）。その後、1999（平成11）年には、「犯罪捜査のための通信傍受に関する法律」（以下、「通信傍受法」と言う）が制定された。また、刑訴法上は、222条の2において、強制処分として位置付けられた。

なお、最高裁は、通信傍受法成立後（施行前）に、「電話傍受は、通信の秘密を侵害し、ひいては、個人のプライバシーを侵害する強制処分である」とした上で、検証許可状による電話傍受を許容する判断を示した（前掲・最決平11・12・16）。

（a）対象犯罪の拡大

通信傍受法は、当初、対象犯罪を「薬物関連犯罪」、「銃器関連犯罪」、「集団密航に関する罪」、「組織的な殺人の罪」の4つに限定されていたが、2016（平成28）年、①殺傷犯関係の罪（現住建造物等放火、殺人、傷害・傷害致死、爆発物の使用）、②逮捕・監禁関係の罪、③略取・誘拐関係の罪、④窃盗・強盗関係の罪、⑤詐欺・恐喝関係の罪、⑥児童ポルノ関係の罪が対象犯罪に追加された（通傍

3条1項各号・別表第2参照)。当初の傍受令状による通信傍受は、①別表に掲げられた罪が犯され、または犯されると疑うに足りる十分な理由がある場合であって(高度の嫌疑)、②当該犯罪が数人の共謀によるものであると疑うに足りる状況がある場合において(数人の共謀)、③**犯罪関連通信**が行われると疑うに足りる状況があり(蓋然性)、かつ、④他の方法によっては、犯人の特定が著しく困難であるときに(補充性)、⑤電話番号等により特定され、犯人による犯罪関連通信に用いられると疑うに足りる通信手段について行いうるものとされていた(通傍3条1項)。改正により新たに対象犯罪に追加される別表第2に掲げる罪について通信傍受を行うには、これらの要件を満たすことに加えて、「当該罪に当たる行為が、あらかじめ定められた役割の分担に従って行動する人の結合体により行われるもの」であると疑うに足りる状況があること等といった一定の**組織要件**が必要とされた(通傍3条1項各号参照)。

また、これらの要件の充足を認めた地方裁判所の裁判官が事前に発付した傍受令状の入手が必要とされる(手続要件)。傍受令状の請求は、検事総長が指定する検察官、国家公安委員会または都道府県公安委員会が指定する警視以上の司法警察員、厚生労働大臣が指定する麻薬取締官および海上保安庁長官が指定する海上保安官に限定されている(通傍4条1項)。傍受ができる期間は、10日以内であり(通傍5条1項)、10日以内の期間を定めて、傍受ができる期間を延長することができるが、その期間は、通じて30日を超えることはできない(通傍7条1項)。その他、通信傍受実施の際の立会いを求め、立会人が傍受の実施に関し捜査機関に対して意見を述べることを許容し(通傍13条1項)、立会人の意見とその意見に対する捜査機関の措置を記録に残し、傍受した通信はすべて、記録媒体に記録され(通傍24条)、立会人による封印がなされ(通傍25条1項)、傍受実施状況報告書(通傍27条)とともに遅滞なく、傍受令状を発付した裁判官が所属する裁判所の裁判官に提出される(通傍25条4項)。傍受実施後の手続としては、原則として30日以内に、通信当事者に対する傍受実施の通知(通傍30条)、通信の傍受に対する不服申立て(通傍33条1-2項)、通信傍受実施状況の国会への報告(通傍36条)等、通信の傍受の適正な実施を担保するための数多くの事前・事後の手続が定められている。

通信の傍受が可能なものについては、以下の4つが挙げられる。①令状記載の「傍受すべき通信」の傍受（通傍6条1項）、②傍受令状記載の傍受すべき通信に該当するかどうか明らかでない通信について、該当性判断のための傍受（通傍14条1項）、③外国語による通信または暗号その他その内容を即時に復元することができないものであって、傍受の時に該当性を判断できない通信を全部傍受すること、④傍受実施中に行われた傍受令状記載の被疑事実以外の犯罪で、別表第1もしくは別表第2に掲げるものまたは死刑もしくは無期もしくは短期1年以上の懲役・禁錮に当たる罪の実行に関する通信と明らかに認められる通信の傍受（通傍15条）。

当初の通信傍受法では、立会人を確保することが通信事業者にとって大きな負担であり、また捜査機関にとっては立会人の確保に時間がかかることによって効果的・効率的な通信傍受の実施が妨げられる状況にあった。しかしながら、これら適正な通信傍受を担保するための方法が別の手段によって代替できるのであれば、このような負担を除去することが合理的である。そこで、暗号技術や情報処理技術を活用した通信傍受の実施手続が採用された。

これにより、①通信事業者施設におけるリアルタイム型傍受（現行の通信傍受の方法）、②通信事業者施設における事後的再生型傍受（再生・聴取時には立会人が必要）、③捜査機関施設におけるリアルタイム型傍受（特定電子計算機を使用し、立会人は不要）、④捜査機関施設における事後的再生型傍受（特定電子計算機を使用し、立会人は不要）の4類型の実施方法が可能となった。

（b）一時的保存を命じて行う通信傍受の実施の手続

この方法による通信傍受の実施手続は、裁判官の許可を受けて、通信管理者等に命じて、傍受の実施をすることができる期間内において検察官または司法警察員が指定する期間に行われるすべての通信を暗号化させた上で一時的に保存させて、その後、傍受の実施場所において、通信管理者等に命じて、これを復号させた上で、通信事業者による立会いの下、復元された通信を再生してその内容の聴取等をするものである（通傍20条1項・21条1項等）。この方法により、立会人および捜査官が、傍受実施期間中、常時その場に待機し、通話が行われるのを長時間・長期間待ち続けることを回避することができる。さらには、通信管理者等による通信の暗号化および一時的保存を機器により自動化し、無人で行うこととした場合には、深夜等、立会人の確保に困難が生じうる時間帯等においても、傍受を実施することが可能となる。

（c）特定電子計算機を用いる通信傍受の実施の手続

この方法による通信傍受の実施手続は、捜査機関施設における①リアルタイムの傍受と②事後的な傍受（事後的な再生・聴取）とがある。すなわち、裁判官の許可を受けて（令状請求の際に、この方式による傍受の許可を裁判官に請求する必要がある。また、裁判官は、この請求を許可するときは、傍受令状にその旨を記載することとなる）、通信管理者等に命じて、傍受の実施中に行われた信号を暗号化させた上で捜査機関の施設等に設置された特定電子計算機（通傍23条２項参照。）に伝送させ、これを受信するのと同時に復号し（通傍23条１項１号）、またはこれを受信するのと同時に一時的に保存し、その後、特定電子計算機を用いて復号して再生し（通傍23条１項２号および通傍23条４項）、その内容を聴取するものである。この２つの方法は、傍受の実施を開始した後に、捜査機関の裁量により随時切り替えることが認められている。

この方法により、通信事業者と捜査機関の双方の負担が軽減され、より効率的に通信の傍受が可能となる。

なお、立会人による立会いを不要とする、この傍受方法は、あくまで裁判所の許可を受けて実施しうるものである。したがって、立会人による立会いが行われない通信傍受が常に許容される訳ではない。

（iii）エックス線検査

エックス線検査は、空港・税関等で手荷物・国際貨物・郵便等に対して行われている検査であるが、その装置は技術的にもかなりの進歩を遂げており、検査対象物の内容物の形状・材質を相当程度確認できるものも存在する。もちろん、検査装置には様々な精度があるが、例えば、精度の高い検査装置を用いた検査は、検査対象物を開披して内容物を直接に確認することに限りなく近づくこととなる。このような、検査対象物を物理的に開披することなく、他方で、開披した場合と同様の結果を得ることができるエックス線検査をどのように解するべきかが問題となる。

判例（前掲・最決平21・９・28）は、荷送人の依頼に基づき宅配便業者の運送過程下にある荷物について、捜査機関が、捜査目的を達成するため、荷送人や荷受人の承諾を得ることなく、これに外部からエックス線を照射して内容物の射影を観察した事案につき、本件エックス線検査は、「その射影によって荷物の内容物の形状や材質をうかがい知ることができる上、内容物によってはその品目等を、相当程度具体的に特定することも可能であって、荷送人や荷受人の内容物に対するプライバシー等を大きく侵害するものであるから、検証としての性質を有する強制処分に当たるものと解される」として、検証許可状の発付を受けることなく実施された本件エックス線検査を違法であると判示した。

なお、本件においては、検証許可状に基づかない違法なエックス線検査結果等により発付された捜索差押許可状により差し押さえられた証拠物については、エックス線検査の必要性、捜査官には**令状主義潜脱の意図**がないと評価しうること、当該捜索差押許可状の請求にはエックス線検査結果以外に他の資料が疎明資料として示されていたこと、本件証拠の重要性等を総合的に判断して、その証拠能力を肯定している。

(ⅳ)電磁的記録の捜索・押収

パソコンによる通信の普及、また近年は特に携帯電話・スマートフォンの普及により、犯罪の証拠がそれらの機器に記録・保存されていることが通常の犯罪捜査においても想定されるようになってきている。刑訴法上、差押えの対象は、**有体物**に限られている。したがって、電磁的記録それ自体は、差押えの対象ではない。他方で、電磁的記録媒体(USBメモリー等)は、差押えの対象となる。従来の考え方では、差押えの対象は、電磁的記録媒体であったため、当該電磁的記録媒体1個の中に犯罪の証拠(当該被疑事実と関連性のある情報)が存在する蓋然性があれば、その電磁的記録媒体にどれだけ膨大な情報が保存されていようとも、差押対象物は1個であり、理論的には差押えは可能である。

しかしながら、電磁的記録媒体には膨大な情報を記録することが可能であり、1個の電磁的記録媒体には犯罪とは無関係な内容、当該被疑事実とは無関係な情報が保存されている場合があり、それらの情報を捜査機関が包括的に入手することの是非が議論されていた(最決平10・5・1刑集52巻4号275頁、東京地決平10・2・27判時1637号152頁参照)。

その後、2011(平成23)年「情報処理の高度化等に対処するための刑法等の一部を改正する法律」が成立し、**電磁的記録の捜索・差押え**について、新たな証拠収集方法が採用されることとなった。すなわち、①電気通信回線で接続している記録媒体からの複写（差押え対象がコンピュータであるとき、当該コンピュータとネットワークで接続された他の記録媒体（メールサーバや当該コンピュータで作成したファイルを保管しているストレージサーバなど）に記録されている電磁的記録を当該コンピュータまたは他の記録媒体に複写して差し押さえること（いわゆる**リモートアクセス**））、②**記録命令付差押え**（電磁的記録の保管者等に命じて、証拠として必要な電磁的記録を他の記録媒体に記録させた上で、当該記録媒体を差し押さえること）、③**電磁的記録に係る記録媒体の差押えの執行方法**（電磁的記録に係る記録媒体の差押えに代えて、当該記録媒体に記録された電磁的記録を他の記録媒体に複写するなどして、当該他の記録媒体を差し押さえること）、④電磁的記録に係る記録媒体の差押状の執行を受ける者等への**協力要請**、⑤**通信履歴の保全要請**といった捜査手法である。

これら電磁的記録の収集につき、国外のサーバコンピュータに所在する電磁的記録へのリモートアクセスに関する、サーバ存置国の主権侵害とそのような電磁的記録の証拠能力の問題に対しては、事案は異なっているが、高裁レベルでの判断に見解の相違が生じていた（東京高判平28・12・7高刑集69巻2号5頁、東京高判平31・1・15高検速報（令1）号95頁）。この問題に対して、最高裁は、「刑訴法99条2項、218条2項の文言や、これらの規定がサイバー犯罪に関する条約を締結するための手続法の整備の一環として制定されたことなどの立法の経緯、同条約32条の規定内容等に照らすと、刑訴法が、上記各規定に基づく日本国内にある記録媒体を対象とするリモートアクセス等のみを想定しているとは解されず、電磁的記録を保管した記録媒体が同条約の締約国に所在し、同記録を開示する正当な権限を有する者の合法的かつ任意の同意がある場合に、国際捜査共助によることなく同記録媒体へのリモートアクセス及び同記録の複写を行うことは許されると解すべきである。」と判示した（最決令3・2・1裁時1761号4頁）。

（v）GPS 装置の使用

GPS 捜査とは、対象車両およびその使用者の所在と移動状況を逐一把握することを可能にする捜査手法を言う（前掲・最大判平29・3・15）。GPS 捜査については、尾行による被疑者の追跡が困難な組織的犯罪の捜査において、被疑者の動静把握・行動確認、その後の検挙、その他証拠の収集のために実施されていたが、このような捜査は、対象者の行動が長期間にわたって把握されるため、対象者の交友関係のみならず、対象者の趣味・趣向、政治・信条、宗教といった犯罪・被疑事実とは無関係な事項まで捜査機関の把握するところとなるおそれがあり、プライバシー侵害の危険性が指摘されていた。

GPS捜査に対する問題点としては、その法的性質（任意処分か強制処分か）、強制処分だとした場合、現行法上はどの強制処分となるのか（検証に該当するか）、さらに、どのような要件充足が求められるのか、といったものであった。

GPS捜査の法的性格および法的規律のあり方について、下級審においては、任意処分とする裁判例（大阪地決平27・1・27判時2288号134頁、広島高判平28・7・21 LEX/DB 25543571、福井地判平28・12・6 LEX/DB 25544761など）と強制処分とする裁判例（大阪地決平27・1・27判時2288号138頁、名古屋地判平27・12・24判時2307号136頁、名古屋高判平28・6・29判時2307号129頁、東京地立川支決平28・12・22 LEX/DB 25544851など）に判断が分かれており、学説上も、その法的性格につき、**任意処分説**、**強制処分説**、さらには、GPS捜査が尾行等の補助手段として行われる場合には任意処分であるが、対象者の行動を網羅的・継続的に把握する場合には強制処分となるとする**「二分説」**とに見解が分かれ、また、法的規律のあり方については、強制処分説においても現行法上の「検証許可状」等による実施を許容する見解と、新たな立法がない限り現行法上は許容性を認めない見解とに分かれていた。

そのような状況の中で、最高裁は、GPS捜査について、法的性質に関しては「強制処分」であるとしたが、刑訴法上の強制処分としてはどの強制処分にも該当せず（「検証」では捉えきれない性質を有することも否定し難いと指摘する）、また、条件を付しても適正手続の保障に沿うことはできないので、強制処分法定主義の立場からは、許容されない強制処分であり、立法的な措置が講じられることが望ましいと判示した。

この判決直後に、警察庁は、各都道府県警察に対して、すべてのGPS捜査を控えるべきとする通達を出した。

（vi）携帯電話の位置情報の取得

携帯電話は、電源が入っていれば通話等で通信を行っていないときでも電波を送受信しているため、携帯電話の発する電波を最寄りの基地局で受信すれば、その携帯電話のおおよその所在位置を探知することができるものである。このシステムを利用して、所在不明の被疑者の逮捕を目的として、被疑者使用の**携帯電話の位置情報**を取得するといった捜査活動が行われる場合がある。このような捜査機関による、被疑者使用の携帯電話の位置情報の取得は、法的にはどのように評価すればよいのかが問題となる。

携帯電話の位置情報については、電気通信事業者は、あらかじめ利用者の同意を得ている場合、裁判官の発付した令状に従う場合その他の違法性阻却事由がある場合に限り、位置情報について、他人への提供その他の利用をすることができるとされ（電気通信事業における個人情報保護に関するガイドライン〔平成29年総務省告示第152号・最終改正は、同年総務省告示第297号〕35条２項）、その上で、電気通信事業者は、捜査機関からの要請により位置情報の取得を求められた場合においては、裁判官の発付した令状に従うときに限り、当該位置情報を取得することができるとされている。位置情報は、個々の通信に関係する場合は通信の構成要素であるから通信の秘密として保護されると解される。また、位置情報が個々の通信に関係せず通信の秘密に該当しない場合であっても、ある人がどこに所在するかということはプライバシーの中でも特に保護の必要性が高く、通信とも密接に関係する事項であることから、捜査機関からの要請により位置情報の取得を求められた場合については、裁判官の発付した令状に従うときに限り、位置情報を取得することができるとされている（同ガイドラインの解説116頁参照）。

ここで言う、「裁判官の発付した令状」とは、検証許可状を言うと解されている。すなわち、携帯電話の使用者にとっては、自己の位置情報（自分がどこに所在するか）というプライバシーが制約されることとなるので、捜査機関による携帯電話の位置情報の取得は、強制処分としての性質を有していると解され、携帯電話から発せられた電波を受信した基地局および受信方向等のデータから判明する位置情報を五官の作用で認識するという意味で検証と解されている。

(10) 領　　置

捜査機関（検察官、検察事務官または司法警察職員）は、被疑者その他の者が遺留した物または所有者、所持者もしくは保管者が任意に提出した物を領置することができる（221条）。**領置**とは、捜査機関が**遺留物**または任意提出物の占有を取得する処分を言う。占有を取得する過程では強制力を用いないため令状は不要とされているが、占有を取得した以上は強制的に占有を継続するものであり、差押えとともに押収の一種であると解されている。遺留物とは、占有者の意思に基づかないでその所持を離れた物だけでなく、占有者が自己の意思によって占有を放棄した物も含まれるとされ、**遺失物**よりも広い概念である。判例（前掲・最決平20・4・15）は、不要物として公道上のごみ集積所に排出されたごみについては、通常、そのまま収集されて他人にその内容が見られることはないという期待があるとしても、捜査の必要がある場合には刑訴法221条により、これを遺留物として領置することができるとしている。

（11）別罪証拠の差押え

適法に捜索令状を執行している過程で、捜索の理由となっている被疑事実とは異なる別罪の証拠を発見した場合には、①立会人等により任意提出を受け、これを領置する、②別罪の証拠が**禁制品**である場合には、その所持を理由に現行犯逮捕を行い、その逮捕に伴う差押えを行う、③新たに捜索差押許可状の発付を受け、令状による差押えを行う（犯捜154条参照）、といった手段が考えられる。しかしながら、①の場合は、立会人等が任意提出できる所有者･所持者･保管者でなければならない、②の場合は、対象が禁制品に限定され、被疑者を現行犯として逮捕できる状況になければならない、③の場合は、令状発付の時間的余裕がなければならない、という制約がある。下級審裁判例（広島高岡山支判昭56・8・7判タ454号168頁）は、監禁・恐喝未遂事件で被疑者を通常逮捕した後、逮捕の現場において当該被疑事実に関して逮捕に伴う捜索の実施中に覚醒剤粉末等をたまたま発見した場合、覚醒剤不法所持罪の準現行犯逮捕手続が容易に履行できるのにこれをせず、監禁等被疑事件とは無関係の覚醒剤取締法違反の証拠の発見を主目的として無令状で捜索が意図的になされたときは、たとえその捜索が監禁等被疑事件の証拠物の捜索と並行してなされたと認められ、覚醒剤等の捜索に緊急性・必要性が認められるとしても違法であると判示している。

(12) 別件捜索・差押え

搜索差押許可状は、特定の被疑事実に対して発付されるものである。令状発付の理由となった被疑事実以外の被疑事実についての捜索・差押えに流用することは認められない。別件逮捕・勾留と類似(同じではない)した考え方により、違法と解すべきであるとの見解がある。すなわち、別件につき捜索・差押えを行う理由と必要性が存在することが疑わしいにもかかわらず、専ら本件の証拠の発見・収集を目的として、別件について発付された捜索差押許可状に基づいて捜索を行い、本件の証拠を差し押さえることは、**別件捜索・差押え**として許容されない。ただし、本件の証拠収集の意図があったとしても、別件について捜索・差押えの理由と必要性が備わっており、別件の証拠物として収集・利用がなされるときは、その捜索・差押えは直ちに別件捜索・差押えとして違法となるわけではない。しかし、全体的に見れば、専ら本件のための捜索・差押えと評価される場合は、違法と評価されようとの指摘がある。

また、逮捕に伴う捜索・差押えにおいて、要件の具備する被疑事実で逮捕状の発付を受け、捜索を実施したい場所で被疑者を逮捕して逮捕に伴う捜索・差押えを行うといった場合も想定しうる。この場合、逮捕状が、別件についての捜索差押許可状と化してしまうことになる。このような危険を回避する方策も必要ではないかと思われる(別件捜索・差押えに関する下級審裁判例として、広島高判昭56・11・26判時1047号162頁、札幌高判昭58・12・26刑月15巻11=12号1219頁参照)。

(13) 被疑者・被告人側の証拠保全

刑訴法179条は、被告人・被疑者または弁護人による**証拠保全**の請求について規定している。被告人・被疑者または弁護人には、捜査機関のように強制処分を行う権限が認められていないため、あらかじめ証拠を保全しておかなければその証拠を使用することが困難な事情があるときは、第1回公判期日前に限り、裁判官に押収・捜索・検証・証人尋問又は鑑定の処分を請求することができる(179条1項)。この証拠保全の請求を行えるのは、被告人、被疑者または弁護人である。「証拠を使用することが困難な事情」とは、その証拠の証拠調べが困難であるという場合のみならず、その証拠が本来の**証明力**を発揮することが困難である場合も含まれると解されている。請求を受けた裁判官は、処分に関し、裁判所または裁判長と同一の権限を有する（179条２項）とされ、刑訴法第１編総則規定（第１章から第13章）が準用されることとなる。なお、証拠保全の結果収集された証拠は、被告人・被疑者または弁護人において保管されるのでなく、裁判所に保管される（規97条）。証拠保全として作成された書類および収集された証拠物については、検察官および弁護人は、裁判所において、これを閲覧・謄写することができる（180条１項）。被疑者・被告人については、弁護人がいない場合のみ、書類および証拠物を閲覧のみすることができる（180条３項）。

証拠保全の請求は公訴提起の前後を問わないが、**起訴状一本主義**の建前から、第１回公判期日前に限定される。第１回公判期日以降は受訴裁判所の証拠調べによって行われる。もっとも、第１回公判期日前になされた証拠保全の請求に基づいて、裁判官が保全のための処分（手続）を第１回公判期日前に開始したときは、その処分（手続）が第１回公判期日後に終了することになっても差し支えないと解されるが、第１回公判期日後に処分（手続）を開始することは許されないと言うべきと解されている。

Ⅵ　被疑者の防禦活動

（1）総　　説

憲法34条前段は、「何人も、…直ちに弁護人に依頼する権利を与へられなければ、抑留又は拘禁されない。」と規定し、身柄の拘束を受けている者に**弁護人選任権**を保障している。

通常、個人は、逮捕・勾留されると外界から遮断された状況に置かれ、精神的にも不安定な状態となる。さらに、仕事を失うことや家族への心配、信用・名誉の失墜など、逮捕・勾留されたという事実だけでも反社会的な人間だとの烙印を押されることになる場合もあると言えよう。

逮捕・勾留の目的は、逃亡または罪証隠滅の防止であり、その目的を超えた不利益を被疑者に課すのは行き過ぎであろう。

このような、身柄拘束の目的を超えた種々の不利益を最小限にするために、弁護人との自由な接見を保障する前提として、**弁護人依頼権**が保障されている。

現行刑訴法上、被疑者段階での保釈制度は存在しない。したがって、身柄拘束下にある被疑者と弁護人との**接見交通権**は、被疑者が自分の言い分や現在置かれている状況を外界（家族や職場）に伝え、また、外界の状況を知る上で重要であり、さらに、今後の手続の進行について、法律の専門家に説明を受け、その手続についての法的助言を受けるために必要不可欠のものと言えよう。

（2）弁護人の選任

憲法34条前段を受けて、刑訴法は、身柄拘束された被疑者に対して、弁護人選任権の告知（203条１項・204条１項・211条・216条・207条２項・77条）、並びに、被疑者国選弁護制度についての教示（203条４項・204条３項・207条３−４項）を行わなければならないことを規定する。また、弁護人選任権については、身柄拘束されていない被疑者についても認められている（30条１項）。

被疑者国選弁護制度については、2004（平成16）年の刑訴法改正により導入された。被疑者に対して勾留状が発せられている場合において、被疑者が貧困その他の事由により弁護人を選任することができないときは、裁判官は、その請求により、被疑者のために弁護人を付さなければならないこととなった（37条の２第１項）。当初、被疑者国選弁護制度の対象事件は、死刑または無期もしくは短期１年以上の懲役もしくは禁錮に当たる事件に限定されていた。その後、2009（平成21）年からは死刑または無期もしくは長期３年を超える懲役もしくは禁錮に当たる事件（289条：必要的弁護事件）に拡大され、さらに、2018（平成30）年の改正により、「被疑者に対して勾留状が発せられている場合」とされ、対象事件の限定がなくなり、すべての勾留事件の被疑者に対して認められることとなった（37条の２・37条の４）。なお、条文上は、「被疑者に対して勾留状が発せられている場合」とされているが、勾留を請求された時点で、当該被疑者は国選弁護人の選任を請求することができる（37条の２第２項）。勾留請求されていない逮捕段階の被疑者は、国選弁護人を請求することはできないが、**当番弁護士制度**（逮捕・勾留された被疑者またはその関係者からの依頼を受けた弁護士会が、担当として登録されている弁護士を「弁護人となろうとする者（39条１項）」として、接見のために派遣する制度。初回の接見（１回のみ）は無料で、その費用は弁護士会が負担する）による、法的援助を受けることができる。

（3）接見交通権と接見指定

（i）「捜査のため必要があるとき」の意義

憲法34条前段の弁護人依頼権の保障を受けて、刑訴法39条1項は、身柄の拘束を受けている被疑者が弁護人または弁護人となろうとする者と立会人なくして接見し、または書類もしくは物の授受をすることができるとして、**秘密交通権**を認めている。他方、同条3項で、捜査機関は、捜査のため必要があるときは、公訴の提起前に限り、被疑者が防御の準備をする権利を不当に制限しない範囲で、弁護人と被疑者との接見等に関し、その日時、場所および時間を指定することができるとし、**接見指定権**を認める。

39条1項が立会人なしの接見交通を保障しているのは、被疑者と弁護人との間で周囲に気兼ねなく、自由な意思疎通を行うことができるようにするためである。また、同条3項の接見制限の規定の趣旨は、刑訴法において身柄の拘束を受けている被疑者を取り調べることができることが認められていること（198条1項）、被疑者の身柄の拘束については、刑訴法上厳格な時間的制約（逮捕72時間、勾留20日、計23日間が原則として最大）があること（203-205条・208-208条の2参照）などに鑑み、被疑者の取調べ等の捜査の必要と接見交通権の行使との調整を図ることにある（安藤・斎藤事件：最大判平11・3・24民集53巻3号514頁）。

学説上は、取調べの必要に加えて、罪証隠滅の防止など捜査全般の必要性を接見指定の要件と捉える**捜査全般説**、現に被疑者を取調べ中であるとか、実況見分、検証等に立ち会わせる必要がある等捜査の中断による支障が顕著な場合とする**物理的限定説**が主張されている。

最高裁は、杉山事件（最判昭53・7・10民集32巻5号820頁）において物理的限定説の立場に立っているとの見解も存在したが、その後、浅井事件（最判平3・5・10民集45巻5号919頁）において、現に被疑者を取調べ中であるとか、実況見分、検証等に立ち会わせているというような場合だけでなく、間近い時に取調べ等を開始する確実な予定があって、弁護人等の必要とする接見を認めたのでは、取調べ等が予定どおり開始できなくなるおそれが場合も含むと判示し、**準物理的限定説**を採用していると解されている。

さらに、接見指定を認めている刑訴法39条3項の合憲性が争われた事件（前掲・「安藤・斎藤事件」）において、最高裁は、前記杉山事件を踏襲して、接見交通権は憲法の保障に由来するものであると判示した。他方で、刑訴法39条1項の接見交通権は、刑罰権ないし捜査権に絶対的に優先するような性質のものということはできないとして、憲法34条前段に直接保障される権利ではないとの立場を採用していると解されている。

なお、取調べ中などであれば当然に接見を制限することができると解することには疑問がない訳ではない。というのも、たとえ取調べ中であっても、一時的な取調べの中断が常に捜査の中断による支障が顕著な場合に当たるとは言えない（前掲・最判平3・5・10坂上壽夫裁判官の補足意見参照）と思われるからである。このように考えると、取調べ中、実況見分、検証等に立ち会わせている場合等で、かつ捜査の中断による支障が顕著な場合に接見制限を行うことができると解することが適切であるように思われる。

（ii）指定の方法および内容（時期・回数・場所・時間など）

捜査機関が、接見の日時・場所・時間を指定するにあたっては、被疑者が防禦の準備をする権利を不当に制限するようなものであってはならない（39条3項但書）。通常、接見指定権の行使については、指定書による場合、電話（口頭）による場合、ファックスによる場合がある。現在、実務上行われているのは、いわゆる**通知事件方式**と言われるものである。その方式とは、検察官において接見指定のありうる事件である場合には、刑事施設の長に対して、あらかじめ「被疑者と弁護人（等）との接見（等）に関し、捜査のため必要があるときは、その日時、場所及び時間を指定することがあるので通知する」旨が記載された「接見等の指定に関する通知書」を送付して連絡しておき、弁護人等からの接見の申出があった際には直ちにその旨を連絡することを求めておき、実際に接見の申出があった場合には、迅速に指定要件の存否を判断する方式が採用されている。なお、警察と検察との間における実務上の慣行によると、被疑者の身柄を検察官へ送致する前は、司法警察員で当該事件の捜査主任官が接見指定権者であり、検察官への送致後は、主任検察官が接見指定権者とされている。

近年の接見の実施状況については、逮捕中に1～2回、勾留後に2日に1回のペースで、1週間で3～4回というのが通例と言われている。また、1回の接見時間については、通常、30分から1時間程度とされているようである。接見場所は、通常、被疑者の現在する警察署の留置施設または拘置所である。

(iii) 初回の接見

現行犯逮捕され、警察署に引致された被疑者の依頼に基づき、弁護人となろうとする弁護士が警察署に赴き、被疑者との即時の接見を求めたところ捜査主任官である司法警察員が接見を拒否して翌日に接見指定を行った事案において、最高裁は、「弁護人となろうとする者と被疑者との逮捕直後の初回の接見は、身柄拘束された被疑者にとっては、弁護人の選任を目的とし、かつ、今後の捜査機関の取調べを受けるに当たっての助言を得るための最初の機会であって、…憲法上の保障の出発点を成すものであるから、これを速やかに行うことが被疑者の防御の準備のために特に重要である。」したがって、捜査機関としては、接見指定の要件が具備された場合でも、その指定にあたっては、弁護人となろうとする者と協議して、「即時又は近接した時点での接見を認めても接見の時間を指定すれば捜査に顕著な支障が生じるのを避けることが可能かどうかを検討し、これが可能なときは、…特段の事情のない限り、…(逮捕後の)手続を終えた後において、たとい比較的短時間であっても、時間を指定した上で即時又は近接した時点での接見を認めるようにすべきであり、このような場合に、被疑者の取調べを理由として右時点での接見を拒否するような指定をし、被疑者と弁護人となろうとする者との初回の接見の機会を遅らせることは、被疑者が防御の準備をする権利を不当に制限するものといわなければならない。」と判示した(最判平12・6・13民集54巻5号1635頁)。

本判決は、接見指定の要件の認められることを前提としつつ、本件指定を違法としたものと解されている。初回の接見の場合は、指定要件が認められる場合であっても、「初回」の接見の目的を考慮して、より慎重な対応が必要であるとの判断であるように思われる。その意味で、弁護人となろうとする者と「協議」し、「検討」を行うべきであったと言えよう。他方で、そのような「協議」・「検討」を行った結果、やはり捜査に顕著な支障が生ずるのを避けることができないと判断される場合には、即時または近接した時点よりも遅い日時での接見指定も違法とは言えないと解されると言えよう。なお、本件においても、初回の接見に対しては、慎重な対応が必要であることを認めつつも、捜査の必要との比較考量において優越的地位を認めているわけではないということに留意しなければならない。

（ⅳ）面会接見

弁護人と被疑者の立会人なしの接見を認めても、被疑者の逃亡や罪証隠滅を防止することができ、戒護上の支障が生じないような設備のある部屋がないことを理由に弁護人からの接見の申出を拒否しても違法とはならない。しかしながら、刑訴法39条の趣旨が、接見交通権の行使と捜査の必要との合理的な調整を図ろうとするものであることに鑑みると、検察官が接見に適した部屋がないことを理由に接見を拒否したにもかかわらず、弁護人が即時の接見を求め、その必要性が認められる場合には、検察官は、例えば立会人のいる部屋での短時間の「接見」（**面会接見**）であってもよいかどうかにつき、弁護人の意向を確かめ、弁護人がそのような面会接見であっても差し支えないとの意向を示したときは、面会接見ができるように特別の配慮をすべき義務がある（最判平17・4・19民集59巻3号563頁）。

最高裁は、接見に適した場所がないことを理由に接見を拒否することが直ちに違法とは評価せず、刑訴法39条の趣旨からすれば、弁護人の意向を確認した上で、（面会）接見ができるように配慮し、何らかの措置を講ずるべきであり、それを怠ったことが違法であるとしていることに留意すべきである。

（4）起訴後の余罪捜査と接見指定

刑訴法39条3項によれば、捜査機関が接見指定を行うことができるのは、「公訴の提起前」に限定されている。被疑者は、起訴後は「被告人」という立場になり、その後の手続は、中立公平な事実認定者たる裁判官の面前で、弁護人のいる法廷で進められることが原則となるので、弁護人との接見を制限することは許されない。しかしながら、被告事件で勾留されている被告人について、起訴されていない被疑事実（余罪）が存在する場合、捜査機関は、余罪たる被疑事実を理由に接見指定ができるかが問題となる。

この点につき、最高裁は、余罪について逮捕・勾留されていない場合には、**事件単位の原則**から、捜査の必要がある場合であっても、接見指定をすることができないと判示している（最決昭41・7・26刑集20巻6号728頁）。他方で、余罪について逮捕・勾留されている場合には、捜査機関は、「被告事件について防御権の不当な制限にわたらない限り」、被疑事件だけでなく被告事件に関する被告人と弁護人との接見交通についても指定権を行使することができると判示している（最決昭55・4・28刑集34巻3号178頁）。

また、被告事件と被疑事件の各勾留が競合している場合において、被告事件についてのみ選任された弁護人に対しても接見指定権の行使が認められる（最決平13・2・7判時1737号148頁）。

刑訴法39条3項の趣旨が、被疑事件の捜査の必要と接見交通権の行使との調整を図ることにあることに鑑みれば、余罪捜査の必要性から捜査機関による接見指定を認めることは許容されようが、被告人の防禦権もそれと同等に重要であることもまた明らかであると言え、それに十分な配慮をした上で、接見指定の内容が決定されるべきであろう。

（5）身柄拘束されていない被疑者との面会

身柄拘束されていない被疑者との面会については、刑訴法上、明文規定が存在しない。

刑訴法39条1項に規定する被疑者と弁護人との接見交通権は、身柄拘束されている被疑者の権利である。したがって、身柄拘束されていない被疑者については接見交通権の問題は生じないと解されている。刑訴法198条1項但書によると、被疑者は逮捕・勾留されていない場合は、出頭を拒み、または出頭後、何時でも退去することができるとする。何時でも退去することができるのであれば、何時でも弁護人と会うことができるのは当然と言える。身柄を拘束されていない被疑者に取調べ受忍義務は当然にない（198条1項但書）ので、被疑者は取調べの求めに応じるか、応じた後いつ退去するかを自分の意思で決定することができるのであり、弁護人を選任し、会いたいときは何時でも会うことが可能なのであるから、接見についての格別の規定は設けなかったと解されている。このようなことから、身柄拘束されていない被疑者は、現に取調べを受けている場合でも弁護人と何時でも自由に面会することができると解すべきである。

例えば、被疑者が任意同行後、身柄拘束されていない段階で取調べを受けている場合、捜査機関は、弁護人から被疑者に面会の申出があったときは、取調べを中断してその旨を被疑者に伝え、被疑者が面会を希望するときは、その実現のための措置をとるべきであり、そうしない場合の捜査機関の措置は違法であるとされる（福岡高判平5・11・16判時1480号82頁）。

Ⅶ　捜査の終結

（1）捜査の終結権限

通常、大多数の事件については、警察によって捜査が開始される。その後、犯人が検挙され、証拠が収集された場合には、当該事件を検察官に引き継ぐ手続が行われる。この手続を「**事件送致**」と言う。

司法警察員は、捜査開始後自ら捜査を中止したり、捜査を終結させたりする権限はなく、捜査を行ったときは、速やかに書類および証拠物を添えて事件を検察官に送致しなければならない（246条・**全件送致主義**）。

刑訴法189条は、司法警察職員に第一次捜査権限を付与しているが、捜査終結権限は検察官に付与し、原則として、捜査を開始する機関と捜査を終結する機関を分けることによって、捜査の適正を図っている。

司法警察員に捜査終結権限がないことの例外（全件送致主義の例外）は、検察官が具体的に指定した事件で、被害が僅少で既に被害回復・弁償がなされた場合など、軽微な事件は警察段階で終結させることができる（246条但書：**微罪処分**）。微罪処分の対象は、検事総長の通達に基づいて各地方検察庁の検事正が一般的指示として定めている（193条1項）。

また、少年事件においても、司法警察員には捜査終結権限はなく、事件は検察官に送致される。ただし、司法警察員は、少年の被疑事件について捜査を遂げた結果、罰金以下の刑に当たる犯罪の嫌疑があるものと思料するとき、および犯罪の嫌疑がない場合でも、家庭裁判所の審判に付すべき事由（少3条参照）があると思料するときは、これを家庭裁判所に送致しなければならない（少41条参照）。

被疑者を逮捕した事件を**身柄事件**と言い、司法警察員は、48時間内に書類および証拠物とともに被疑者と事件を検察官に送致する（203条・211条・216条：

身柄送検）。逮捕せずに捜査した場合を**在宅事件**と言い、在宅事件の場合と逮捕後留置の必要がないと判断し釈放した場合、捜査を終えた後、司法警察員は、速やかに書類および証拠物とともに事件を検察官に送致する（246条：**送検**）。在宅事件の場合は**書類送検**と呼ばれる。また、告訴・告発事件および自首事件については、司法警察員は、速やかに書類および証拠物を検察官に送付しなければならない（242条・245条）。

（2）捜査終結処分

検察官に送致された事件について、検察官は、終局処分として、起訴処分とするか不起訴処分とするかの判断を行う。また、終局処分の前に、中間処分として、移送・中止という処分が行われる場合がある。

第3章　公　訴

Ⅰ　公訴総説

（1）総説――検察官の事件処理

検察官は事件の捜査を終了した場合、当該事件をどのように扱うかを決めなければならない。これを検察官の事件処理と言い、**終局処分**と**中間処分**がある。起訴するかしないかを決めるのが前者で、その前に暫定的に行うのが後者である。

終局処分は、公訴提起を行う**起訴処分**と、それを行わない**不起訴処分**があり、そして、少年事件の場合は家庭裁判所送致処分となる。この場合の起訴処分とは、検察官が被疑事実について裁判所に対して審理を求めることであり、刑事裁判の開始を意味する。

中間処分には、被疑者等が所在不明などこれ以上捜査できず長期にわたりそれが解消されないため終局処分ができない**中止処分**と、被疑者の利益等で他の検察庁検察官に事件を送る**移送処分**がある。

（2）国家訴追主義と起訴独占主義

（i）国家訴追主義と起訴独占主義とは

刑訴法247条は「公訴は、検察官がこれを行う。」と規定しており、これは、わが国が、**国家訴追主義**と検察官の**起訴独占主義**をとっていることを表している（両主義をまとめて検察官起訴専権主義と呼ぶ場合もある）。

国家訴追主義とは、国家機関である検察官が公訴の任に当たることを意味する。そして、わが国では国家訴追主義が貫かれ、刑事訴追の公的性格は極めて鮮明である。また、イギリスで伝統的に行われてきた被害者等による私人訴追制度はとらず、被害者等は告訴をすることで捜査や起訴を促進できるといった間接的な関与にとどまるのである。一方、起訴独占主義とは、国家訴追主義を実行する職責は専ら検察官に委ねられているというものである。

この2つの主義をとることで、被害者や市民といった個人の私的感情に左右されることなく、全国一律の基準で公平な訴追を行うことができるのである。そして、このことを支えるものとして、検事総長の下、一体として活動するという**検察官同一体の原則**や、検察官が自身の固有の権限で事案を処理するという独任制の官庁として職務を遂行することが挙げられる。

(ii) 起訴独占主義の修正——不当な不起訴の救済手段

訴追する権限を検察官に集中する起訴独占主義をとった場合、本来なら起訴すべき事案を起訴しなかった場合、つまり不当な不起訴がなされた場合、それを修正することが必要となってくる。現行法では、この点に関して次のような救済手段を置いている。

(a) 告訴・告発人への不起訴処分の通知、理由の通知

刑訴法260条は、告訴・告発のあった事件について、検察官が不起訴としたときは、告訴人・告発人にその旨を通知しなければならず、また、これらの者から請求があれば、検察官はその理由を告げなければならない(261条)。つまり、これらの規定は、検察官の恣意的な不起訴の抑止につながるものであり、不当な不起訴を防止する効果がある。

(b) 検察審査会

検察審査会は、検察審査会法に規定されており、「公訴権の実行に関し民意を反映させてその適正を図る」ために地方裁判所およびその支部所在地に設置され(検審1条)、検察官の不起訴が妥当かどうかを検討するものである。この審査会は、衆議院議員の選挙権を有する20歳以上の者からくじびきで選ばれた11人の検察審査員(任期6カ月)で構成される。

事件の罪種に関係なく、被害者や告訴人、告発人などの審査申立権者から、不起訴処分に不服があるとの審査申立てがあれば、審査会は審査員全員が出席して会議を開き、検察官の不起訴処分の当否を審査する。また、申立てがなくても、審査会は職権で審査を開始することもできる。

審査会は、審査の結果、不起訴処分が妥当だったと判断した場合は**不起訴相当**、さらに詳しい捜査を望む場合は**不起訴不当**、11人中8人以上の賛成があり

起訴すべきであるとの判断をした場合は**起訴相当**の各議決を行う。

従来、この起訴相当の議決には拘束力がなかったが、2004年の法改正により、その議決に拘束力を持たせるようにした。すなわち、起訴相当の議決をした事件について検察官が再度不起訴処分にした場合、検察審査会は２回目の審査を行い、11人中８人以上の審査員が起訴すべきであるという議決（**起訴議決**）を行えば、検察官の不起訴処分にかかわらず、強制的に起訴される（**強制起訴制度**）ことになった。この強制起訴は、検察官起訴独占主義の例外とも言える。なお、強制起訴された事件では、裁判所は、公訴提起や公判維持に当たる者を弁護士の中から指定し（**指定弁護士**）、指定弁護士は公判において検察官役として立ち会うことになる。

このように、検察審査会制度は、不当な不起訴を直接的に救済する制度として機能しているものの、強制起訴の事件では、これまで無罪判決が出るなど有罪となるケースの方が少なく、その課題が浮き彫りになっている。

（ｃ）付審判請求手続（準起訴手続）

付審判請求手続は、公務員の職権濫用罪について告訴・告発をした者が、検察官が公訴を提起しない処分（不起訴処分）をしたときに、裁判所に対して、事件を裁判所の審判に付することを請求できるというもので、**準起訴手続**とも言われている（262条）。裁判所は、請求に理由があると判断すれば、決定で管轄権のある裁判所に審理をさせるが、この決定をもって公訴の提起があったとみなされるので、これも検察官起訴独占主義の例外と言える。強制起訴同様、裁判所は指定弁護士を指定し検察官の役割を担わせる。ただ、付審判請求は、これまでほとんどその請求が受け入れられたことがないという現実がある。

（３）起訴便宜主義

（ｉ）起訴便宜主義とは

検察官は、公訴提起の条件が備わっていても「犯人の性格、年齢及び境遇、犯罪の軽重及び情状並びに犯罪後の情況により訴追を必要としないときは、公訴を提起しないことができる。」（248条）としている。これを**起訴猶予処分**と言い、検察官にこうした起訴を猶予するための裁量権を与える制度を**起訴便宜主義**と言う（**起訴裁量主義**と言う場合もある）。つまり、起訴便宜主義は起訴猶予を認める主義のことである。これに対し、公訴提起の条件が備わっていれば必ず起訴するというやり方を**起訴法定主義**と言う。

(ⅱ) 公訴権濫用論——不当な起訴の抑制

起訴便宜主義をとることで、起訴すべきか否かの判断は検察官に委ねられることになる。不当な不起訴に関しては、実効性があるかは別として、法はその救済策を置いていることは既に述べた。問題は、起訴便宜主義の趣旨を汲んで、本来このくらいの事案では不起訴（起訴猶予）にするのが妥当であろうという事件を強引に起訴してしまった場合、現行法ではそれを救済する規定が見当たらない。すなわち、現行の規定には不当な起訴に対する救済手段がないのである。そこで、弁護人や学説から、検察官は公訴権を濫用したのであるから、公訴提起は違法・無効であり、実体裁判ではなく公訴棄却という形式裁判で訴訟を却下せよという主張、すなわち、**公訴権濫用論**が出てきた。

この公訴権濫用論は、通常、次の３つの類型、①嫌疑なき起訴、②**起訴猶予相当の起訴**、③違法捜査に基づく起訴に分けて論じられる。①の嫌疑なき起訴は、このような起訴が違法であることは異論がないが、問題はこれを訴訟法上も無効（公訴棄却）にするべきかということで、「有罪判決の見込み」を公訴権の成立要件と捉え、嫌疑なき起訴はこの見込みを欠き、刑訴法339条１項２号の準用により公訴棄却とすべきという肯定説と、公判になっても嫌疑がない以上一事不再理の働く無罪判決が出されるので公訴棄却にする意味はないという否定説がある（なお、否定説には、嫌疑がなければ無罪にすればよいというが、それは形式的なことにすぎず、実際に無罪が確定するまでには相当な時間がかかるという批判がある）。

実際、救済が切実に求められるのは②の起訴猶予相当の起訴で、この場合、起訴されれば有罪となるのは確実で、起訴を無効とする以外には救済方法がないため、公訴権濫用論を用いて、公訴棄却にする必要が出てくる。この②の類型について、判例は、チッソ川本事件（最決昭55・12・17刑集34巻７号672頁）で、「検察官の裁量権の逸脱が公訴の提起を無効ならしめる場合のありうることを否定することはできないが、それはたとえば公訴の提起自体が職務犯罪を構成するような極限的な場合に限られる」と判示し、事実上は公訴権濫用論を否定した。

③の違法捜査に基づく起訴については、適正手続による刑罰権の行使には当たらないとして手続を打ち切るべきだという公訴権濫用論として議論してきたが、近時は、むしろ、公訴権濫用論ではなく、違法捜査をどう抑制するかという観点で議論が展開されている。なお、この類型に公訴権濫用を用いる方法としては、違法捜査の存在をストレートに訴訟障害事由と構成して、刑訴法338条4号の「公訴提起の手続がその規定に違反したため無効」になると捉える。しかし、判例は、逮捕時に警察官が暴行を加えたという事例について、捜査手続に違法があっても、公訴提起の手続が無効となるとは言えないと判断して（ウィップラッシュ事件：最判昭41・7・21刑集20巻6号696頁）、違法捜査に基づく起訴を無効にしていない。

（4）協議・合意制度——日本版司法取引

公訴権を独占する検察官にとって、それを行使する際に影響を与える制度が新設された。いわゆる日本版司法取引と言われる**協議・合意制度**で、2016年の刑訴法改正で導入、刑訴法350条の2以下に規定され、2018年から施行されている。

これは、組織的犯罪（条文では、「特定犯罪」と言い、財政経済犯罪、薬物銃器犯罪等を指す）の解明を目的として導入されたもので、捜査・公判協力型の協議・合意制度である。被疑者・被告人が、組織的犯罪の中心的人物（条文では他人）の犯罪事実を明らかにするため、検察官に対して、真実の供述や証拠提出といった協力行為をする見返りとして、自分自身の起訴を見送ってもらうか（不起訴処分）、起訴された場合でも軽い求刑をされることに「合意」することができる。この合意をするために必要な協議は、原則として、検察官、被疑者・被告人およびその弁護人との間で行われる。なお、検察官がこのような合意をする根拠は、前述の訴追裁量権に求めることができる。

ちなみに、アメリカの司法取引は、自己負罪型になり、自分自身の罪を認める代わりに、不起訴や刑罰を軽くしてもらうというものである。

Ⅱ　公訴の提起

(1) 公訴提起の方式

刑訴法256条1項には、「公訴の提起は、起訴状を提出してこれをしなければならない。」と規定しており、**起訴状**（WEB書式参照）という書面を検察官が裁判所に提出することで**公訴の提起**がなされる。なお、現行法は、口頭での起訴は認めていない。

(2) 起訴状の記載事項

(i) 概　説

起訴状に何を書くかということは、刑訴法256条2項に明記されている。

そこには、①被告人の氏名その他被告人を特定するに足りる事項　②公訴事実　③罪名の3項目が挙げられている。また、このほか、刑訴規則に、被告人の年齢、職業、住居および本籍、身柄拘束の有無（勾留中か在宅か）を記載することが規定されている（規164条1項）。なお、黙秘により被告人の氏名がわからないときは、「氏名不詳」と記載し、被告人の顔写真を別紙として起訴状に添付し、顔立ちや体格などで特定することになる。

被告人の氏名で問題となるのは、例えば、在宅の被告人Xの身代わりとしてXの双子の弟YがXとして出廷した場合、どちらが被告人になるのかということがある。通説では、起訴状の表示を中心としつつ、検察官の意思および客観的諸事情を考慮して合理的に解釈した結果、起訴状によって指し示されていると解される者が被告人となるという判断をしている。

罪名については、適用すべき罰条を示してこれを記載しなければならない（256条4項）。WEB書式の起訴状にある「殺人　刑法第199条」がこれに当たる。

(ii) 公訴事実と訴因

起訴状には**公訴事実**を記載しなければならないが、この公訴事実は、刑訴法256条3項で「訴因を明示してこれを記載しなければならない。」と規定されている。そして、同項では続いて「訴因を明示するには、できる限り日時、場所及び方法を以て罪となるべき事実を特定してこれをしなければならない。」と規定している。

公訴事実は、旧刑訴法（大正刑訴）において用いられてきたドイツ法をもとにした概念で、旧刑訴法では起訴状の記載事項「犯罪事実」（旧刑訴法291条）が実務上は「公訴事実」と呼ばれていた。一方、**訴因**はアメリカ法「count」に由来し、現行法で取り入れられた新しい概念である。このため、現行刑訴法制定当時、公訴事実とは何か、訴因とは何か、また、両者の関係はどうなのか、さらには、審判の対象は公訴事実なのか訴因なのかといった議論（審判対象論、後述）が巻き起こった。

ここでは、条文上の公訴事実と訴因の関係について述べることにする。公訴事実は訴因を明示して記載しなければならない。そして、**訴因の明示**は、できる限り日時・場所・方法を以て罪となるべき事実を特定することが必要となるが、ここで言う「できる限り」とは、できるだけ正確にという意味である。また、日時・場所・方法を以て罪となるべき事実を特定するという訴因の明示方法は、**六何の原則**（５Ｗ１Ｈ）に当てはめて記載される場合が一般的である。すなわち、①誰が（主体）　②いつ（日時）　③どこで（場所）　④誰に対し（客体）　⑤どのような方法で（方法）　⑥何をした（結果）というように記載するのである。WEB 書式の起訴状をこれに当てはめてみると、①被告人（前山哲也）が、②令和２年５月１日午後２時ころ、③土岐市曽木町の岐崕山山中で、④被害者（坂井征夫）に対し、⑤殺意をもって、所持するリュックサックで、同人の頭部を強く突き飛ばし、崖から落下させて、⑥脳挫傷および頭蓋内出血により死亡させた、となる。

こうした訴因は、それを明示するには、罪となるべき事実を特定しなければならない。したがって、**訴因の特定**を欠いた起訴状による公訴は無効となり、公訴棄却の対象となる（338条４項）。しかし、訴因をあまり特定しすぎると後述する予断排除の原則（256条６項）に違反することになるので、訴因は裁判官に予断を生ぜしめない程度に特定する必要がある。

それでは、訴因の特定はどの程度まで必要になるのだろうか。判例は、次のようなケースでその判断をしている。１つ目は、出入国管理法違反に問われた白山丸事件において、「昭和27年４月頃より同33年６月下旬までの間に、有効な旅券に出国の証印を受けないで、本邦より本邦外の中国に出国した」と記載した起訴状の訴因について、最高裁は、当時は国交未回復国の中国への密出国という特殊事情により日時･方法等を具体的に示すことができない場合は、「昭和27年４月頃より同33年６月下旬まで」という約７年間の幅のある記述も違法とは言えず、このような訴因の特定を肯定した（最大判昭37・11・28刑集16巻11号1633頁）。２つ目は、覚醒剤自己使用罪に問われた吉田町覚せい剤使用事件において、「昭和54年９月26日ころから同年10月３日までの間、広島県高田郡吉田町及びその周辺において覚せい剤若干量を自己の身体に注射又は服用して使用した」と記載した起訴状の訴因について、最高裁は、検察官が起訴当時の証拠に基づいてできる限り特定したものである以上、「９月26日ころから同年10月３日まで」という幅のある記述についても、訴因の特定に欠けるところはないと判断した（最決昭56・４・25刑集35巻３号116頁）。３つ目は、傷害致死罪に問われた事件において、「被害者に対し、その頭部等に手段不明の暴行を加え、頭蓋冠、頭蓋底骨折等の傷害を負わせ、よって、外傷性脳障害又は何らかの傷害により死亡させた」と記載した起訴状の訴因について、最高裁は、検察官が当時の証拠に基づいて、被害者に致命的な暴行を加えたことは明らかだが、暴行、傷害の内容、死因等は十分な供述が得られずに不明瞭な個所が残っていただけで、できる限り日時、場所、方法等をもって傷害致死罪となるべき事実を特定して訴因を明示したものと認められるので、訴因の特定に欠けるところはないと判断した（最決平14・７・18刑集56巻６号307頁）。４つ目は、傷害罪の事件で、同じ被害者に対してなされた約４カ月間、また別の約１カ月間というそれぞれの一定期間内に繰り返し行われた暴行によって様々な傷害を負わせた事実について、最高裁は、その幅のある日時の記載に対し、「その全体を一体のものと評価し、包括して一罪と解することができる。そして、いずれの事件も、その共犯者、被害者、期間、場所、暴行の態様及び傷害結果の記載により、他の犯罪事実との区別が可能であり、また、それが傷害罪の構成要件に該当するかどうかを判定するに足りる程度に具体的に明らかにされているから、訴因の特定に欠けるところはない。」と判断した（最決平26・３・17刑集68巻３号368頁）。

（3）起訴状一本主義

（i）概　説

現行法の下では、公訴提起の際、検察官から裁判所に提出されるのは起訴状だけである。これを**起訴状一本主義**という（旧刑訴法時代、検察官は、起訴と同時に起訴状のほか、一件記録〔捜査記録と証拠物〕を裁判所に提出した）。これは、刑訴法256条6項の「起訴状には、裁判官に事件につき予断を生ぜしめる虞のある書類その他の物を添附し、又はその内容を引用してはならない。」という**予断排除の原則**を実現するためのものである。そして、この原則を実現することにより、裁判官が事件についてまったく白紙の状態で第1回公判に臨むことができるようになり、ひいては、**公平な裁判所**（憲37条1項）を実質的に保障することになる。

判例は、予断排除の原則が、「直接審理主義及び公判中心主義の精神を実現するとともに裁判官の公正を訴訟手続上より確保し、よって公平な裁判所の性格を客観的にも保障しようとする重要な目的をもっている」（最大判昭27・3・5刑集6巻3号351頁）とその意義を明解に述べている。

（ii）予断排除と訴因の特定

前に述べたように、訴因の明示には罪となるべき事実を特定することが必要となる。しかし、訴因を明示する場合にあまりにも特定し過ぎた記載は予断排除の原則に反することになる。そこで、予断を生ぜしめる虞のある書類などの添附や引用を禁止している（256条6項）。例えば、起訴状に凶器のピストルの写真を添附した場合などがこれに当たる。また、凶器の写真は添附しないが、写真を添附したのと同程度の詳細な説明がなされている場合も予断排除原則に抵触する。

起訴状には、①被告人を特定する事項②公訴事実③罪名の3項目のみが記載され、それ以外の事実が記載された場合は、**余事記載**ということになる。余事記載があったからといって、直ちにその起訴状が予断排除原則に抵触して無効になるというものではない。単なる余事記載であれば、その箇所を削除すれば足りるが、余事記載の内容が、裁判官に予断を生ぜしめるおそれのある場合は、予断排除原則に違反することになる。

この余事記載で問題となるのは、被告人の前科・前歴の記載である。この前科・前歴が犯罪構成要件の要素となるような場合、例えば常習累犯窃盗罪では起訴状への記載は認められるが、それ以外の場合は記載が許されない。つまり、構成要件に該当しないような犯行の動機や量刑事由としての前科についでは予断排除の原則から起訴状に記載してはならないのである。

Ⅲ　審判の対象

(1) 概　　説

(i) 刑事裁判の構造と審判対象

わが国でも前近代の江戸時代のように、裁判機構と検察機構が未分離であったころは、審判の対象を特定する必要がなかった。なぜなら、犯人を検挙して起訴する立場の者（捜査機関〔警察〕と訴追機関〔検察〕）と公判で裁く側の者（御白洲で吟味する者）がいずれも町奉行という同一人物によってなされていたからである（時代劇の「大岡越前」や「遠山の金さん」を思い浮かべればよくわかると思う）。つまり、捕まえる側と裁く側が同一人物なので、何を審判の対象とするかを特定する必要はなかったのである（まさに、典型的な職権主義〔糺問主義〕と言えよう）。しかし、明治時代に入り、西欧の近代的な法制度をもとにわが国の司法制度を構築していく中で、江戸時代とは違い、裁判官と検察官が分離し、近代的な刑事司法システムが始まっていくことになる。こうなると、江戸時代のように訴追する側（検察官）と裁く側（裁判官）が同一人物ではなくなるので、何を裁くのか、すなわち審判の対象が何であるのかを、訴追する側の検察官が提示する必要が出てくる。つまり、職権（糺問）主義的な構造を基本構造として維持しつつ、啓蒙的人権思想を軸に当事者（弾劾）主義的な原則を採用して、訴訟構造の当事者主義化をある程度行うことになる。この訴訟構造の下では、訴訟開始の際の原則として、訴えなければ訴訟なしという「**不告不理の原則**」が採用されることになるが、この場合の不告不理原則は、訴えがありさえすればよいという形式的意義における不告不理原則にとどまっていた（極端なことを言えば、窃盗で起訴したにもかかわらず、殺人で審理するというようなこと）。

こうして、検察官と裁判官が分離したことにより、形式的意義における不告不理原則がとり入れられ、公判における審判の対象をある程度示しておくという体制がとられることになった。そこで、旧刑訴法において、当該犯罪に関係する歴史的・社会的事実、すなわち「事件」(旧刑訴312条等)を起訴状の記載事項の「犯罪事実」(実務上、公訴事実と呼ぶ)として記載し、これが旧刑訴法下では、審理の対象となっていた。

(ii)公訴事実と訴因の関係

現行の刑訴法が制定され、当事者主義的な原則が前面に出されることになり、不告不理の原則も、旧法下での形式的意義におけるそれではなく、実質的意義における不告不理の原則がとられることになった。つまり、当事者主義の立場に立って、事案の探求者から判断者の立場に引いた裁判官(裁判所)は、一方当事者たる検察官が持ち出した主張(審判を求める事実)についてのみ審判を行うことができるにとどまることになった。そこで、検察官が自ら審判を求める事実をあらかじめ提示しておく必要が生じ、それを起訴状の中に客観的に表示することになり、「訴因」という形式で表すことにした。いわば、訴因は、検察官が審理を求める事実に関する主張と言うことができる。

ところが、現行法は256条に、検察官の主張たる「訴因」(アメリカ法の概念)という文言だけでなく、「公訴事実」(ドイツ法の概念)という文言も置いたため、両者の意義、両者の関係、審判の対象はどちらかといった問題が、制定当時、大いに議論されたのである。

そこで、公訴事実と訴因の関係を、伝統的な考え方をもとに整理しておこう。ここでは、図表3-1(公訴事実と訴因の関係)を参照しながら説明していく。WEB 書式の起訴状にある殺人事件の場合、この起訴状を作成した大塚千佳検事は、そもそもこの事件そのものを実体験したわけではない。令和2年5月1日午後2時ころに発生した事件は、起訴状を作成する時点では、過去の出来事にすぎない。すなわち、この殺人事件という事実は、歴史的一回性のものである。この過去の出来事について、起訴状を作成する検察官たる大塚検事は、実体験のない事件についてあたかもそれを実体験したかのごとく自身の頭の中にイメージしなければならないのである。それはどのようにしてするかと言えば、捜査機関が収集した人証や物証という証拠を通じて、殺人事件という歴史的一回性の事件(これが旧刑訴法で言う犯罪事実〔公訴事実〕に当たる)に辿り着き、そして、また、もとの証拠にフィードバックして、検察官自身の頭の

図表３－１　公訴事実と訴因の関係

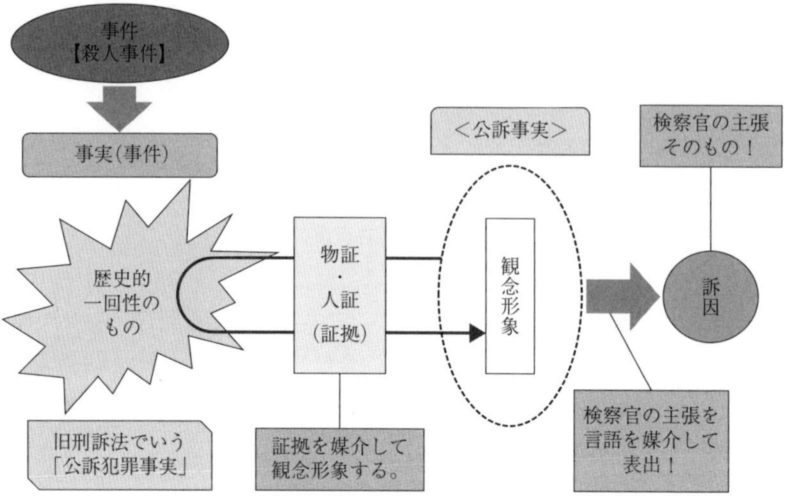

事件
【殺人事件】
事実(事件)
歴史的
一回性の
もの
物証
・
人証
(証拠)
＜公訴事実＞
観念形象
訴因
検察官の主張
そのもの！
旧刑訴法でいう
「公訴犯罪事実」
証拠を媒介して
観念形象する。
検察官の主張を
言語を媒介して
表出！

出典：筆者作成

中でどのような事件なのかということを観念形象していく。この検察官の抱いた観念形象が「公訴事実」ということになる。ただ、観念形象はあくまで検察官の頭の中のイメージなので、それを誰もがわかる形にしなければならない。そこで、起訴状という書面に、検察官の主張について言語を媒介にして表出したものが「訴因」ということになる。すなわち、訴因は、検察官の主張そのものである。このため、現行法では、公訴事実は、訴因を明示して記載するという規定を置き、訴因は、できる限り日時・場所・方法をもって罪となるべき事実を記載することにしたのである。

（2）審判対象論

現行刑訴法が、起訴状に記載する事項として、ドイツ法に由来する公訴事実という概念と、アメリカ法に由来する訴因という概念を両方とり入れたことで、制定当初、両者の関係、とりわけ、裁判所が審理の対象にするもの、すなわち、審判対象は、事件の実体や犯罪の嫌疑の背景にある検察官の観念形象という広い枠組みを示す公訴事実なのか、検察官の具体的な主張である訴因なのかという議論が巻き起こった。

まず、訴訟の構造を旧刑訴法以来の職権主義的な捉え方をする立場から出てきたのが、審判の対象は公訴事実であるとする**公訴事実対象説**である。この説からは、①審判の対象は、訴因よりも広い枠組みにある公訴事実であり、裁判所は公訴事実の全体について審判の権利と義務を負うと捉える。そして、②訴因の意義について、訴因は公訴事実の表示であり、訴因は公訴事実の法律的構成の仕方を示すもので、また、訴因は被告人の防禦の便宜を図るための手続的制度であるとする。また、③裁判所が起訴状に記載された訴因以外の事実を認定した場合どうなるかと言えば、審判の対象は訴因より広い枠組みである公訴事実なので起訴状に記載されていない事実を認定したとしても、不告不理の原則に違反したことにはならず、相対的控訴理由にとどまる（379条、訴因変更手続を経ていないという訴訟手続の法令違反に当たる）。

一方、現行刑訴法における訴訟の構造を当事者主義的なものとして捉える立場から出てきたのが審判の対象は訴因であるとする**訴因対象説**である。この説からは、①審判の対象は、訴訟の一方当事者たる検察官の具体的主張である訴因であり、裁判所は訴因に対してのみ審判の権利と義務があると捉える。そして、②訴因の意義について、訴因は審判対象そのものであり、検察官の具体的な事実の主張であると捉える。また、③裁判所が起訴状に記載された訴因以外の事実を認定した場合どうなるかと言えば、審判の対象はあくまで検察官の主張である訴因なので、裁判所が審判の対象とされていない事実について認定したことになり、不告不理原則に違反したとして絶対的控訴理由となる（378条3号後段、審理の請求を受けない事件について判決したことになるため）。

このように、現行刑訴法が制定された当初は、審判の対象は何かについて大きな議論を呼んだが、現在では、訴因対象説が通説と言ってよいであろう。当事者主義を基盤に刑訴法を捉えることからすれば、訴訟の一方当事者である検察官の主張たる訴因を審判の対象とする訴因対象説は当然の帰結と言えよう。また、判例も訴因対象説の立場に立っていると理解してよいであろう（例えば、最決昭59・1・27刑集38巻1号136頁、最大判平15・4・23刑集57巻4号467頁など）。

（3）訴因変更制度

（i）概　説

（a）訴因変更制度の意義

起訴状に記載された訴因は、審判の対象として機能するため、検察官もそれを明確に主張しなければならない。しかし、公判が開始し、審理が進むにつれ、検察官が当初主張していた訴因とは異なる犯罪事実が浮かび上がることもある。例えば、当初は窃盗の訴因で起訴したが、審理が進むにつれ、盗んだのではなく、預かっていた物を自分のものにしたという横領の事実が明らかになったという場合が考えられる。なお、本書の【事例】で考えると、起訴状には、被告人（前山哲也）が「坂井征夫（当時50歳）に対し、殺人の故意をもって、所持するリュックサックで、同人の頭部を強く突き飛ばし、崖から落下させ、同人を脳挫傷および頭蓋内出血により死亡させた」と記載されているが、審理が進行するにつれ、実は被害者もかねてより被告人に憎悪を抱いており、被害者が先に被告人を突き落とそうとしてもみ合いになり、被告人が自分の身を守るためリュックサックで突き落としたという事実が明らかになったという場合が想定されるであろう（正当防衛か過剰防衛の可能性が出てくる）。

こうした場合に、本来であれば、検察官は、窃盗や殺人の主張を取り下げ、新たに横領や過剰防衛で起訴をし直すことになるが、不安定な身分に置かれている被告人にとっては、徒に時間が経過するだけで負担が大きくなってしまう。そこで、このような場合に備えて、刑訴法312条に**訴因変更**（訴因の追加・撤回・変更）の制度を置いたのである。

（b）訴因の追加・撤回・変更（＝広義の訴因変更）

312条１項は、「裁判所は、検察官の請求があるときは、公訴事実の同一性を害しない限度において、起訴状に記載された訴因又は罰条の追加、撤回又は変更を許さなければならない。」と規定しており、裁判所は検察官の請求があれば、公訴事実の同一性を害しない限度で、訴因の追加、撤回、変更（狭義）を認めることにした。この３つの類型が**広義の訴因変更**である。

訴因の追加とは、もとの訴因を残し、科刑上一罪の一部をあとから付加したり、予備的・択一的に訴因を加えることを言う。例えば、窃盗の訴因に科刑上一罪に当たる住居侵入罪（刑54条１項の牽連犯に該当）を加える場合である。

訴因の撤回とは、起訴状記載の数個の訴因のうち、科刑上一罪の一部を取り下げたり、予備的・択一的に訴因を取り下げることを言う。

訴因の変更（狭義）とは、訴因の内容を新しいものに変えることを言い、窃盗の訴因を横領の訴因に変えることである。

（c）「公訴事実」と「公訴事実の同一性」

このように、刑訴法では、312条に訴因変更制度を規定しているが、訴因を変更する場合は、「公訴事実の同一性を害しない限度において」（312条1項）という制約が課されている。この「**公訴事実の同一性**」という文言にはどういう意味があるのだろうか（図表3－2の訴因変更制度の概念図を参照）。

図表3－2　訴因変更制度概念図

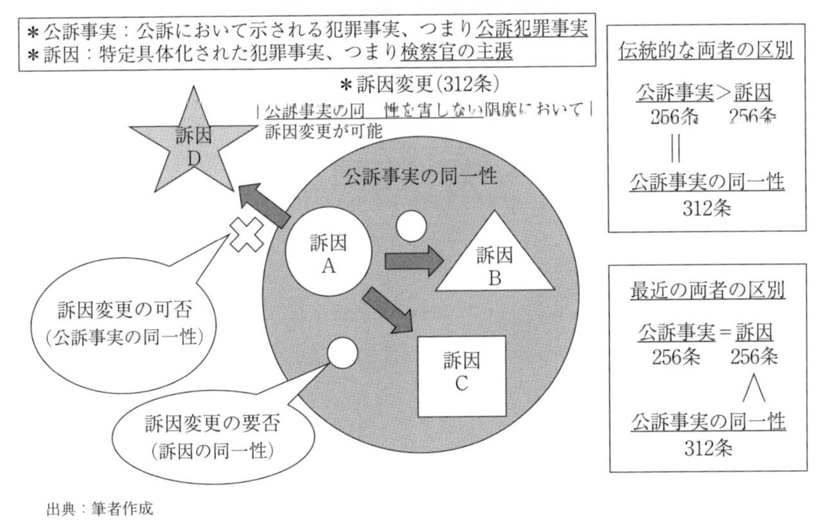

出典：筆者作成

伝統的な学説は、刑訴法321条にある「公訴事実の同一性」と起訴状記載事項である256条の「公訴事実」は同じ意味だと捉えている。こう捉えると、公訴事実＝公訴事実の同一性という大きな枠の中に、特定された訴因という小さな枠があり、訴因は大きな枠（公訴事実＝公訴事実の同一性）の中で変更することができるということになる。そこで、公訴事実の同一性（＝公訴事実）という大きな枠をどのように捉えればいいのか（同一となる基準はどこか？）、また、訴因という小さな枠をどのように捉えればいいのか（訴因が同じという基準はどこか？）という問題が出てくる。

ところで、近時は、312条の「公訴事実の同一性」という文言と、256条の「公訴事実」という文言はまったく別の概念として捉えるべきであり、さらに256条の公訴事実と訴因は同じ意味として捉えるべきだという考え方が有力に主張されている。ただ、このように捉えても、公訴事実の同一性と訴因（＝公訴事実）との関係をどう捉えるかという命題は変わらない。そこで、ここでは、伝統的な学説に従って、訴因変更制度について見ていくことにする。

訴因変更制度を考えるとき、次の２つの点を考える必要がある。図表３－２の訴因変更制度の概念図で説明すると、まず、１つ目は、起訴状記載の当初訴因が、どれくらい変われば訴因変更する必要があるのかという点である。これを**訴因変更の要否**（**訴因の同一性**）という。図表の訴因Ａの○が、どのくらい変われば（○が○に見えなくなるところはどこか？）訴因変更が必要になるかということである。もう１つは、訴因変更は必要だが、できる場合とできない場合があるという点である。これを**訴因変更の可否**（**公訴事実の同一性**）と言う。訴因○Ａから△Ｂや□Ｃへの変更は可能（公訴事実の同一性の枠内だから）だが、訴因☆Ｄへはできない（☆Ｄは、公訴事実の同一性の枠の外にある）ということである。この点を順に見ていこう。

（ii）訴因変更の要否（訴因の同一性）

（a）概説

訴因変更の要否とは、訴因の変更はいかなる場合に必要かということである。つまり、起訴状記載の当初訴因が、どこまで違ってくれば訴因変更する必要があるのかということで、**訴因の同一性**、あるいは、**訴因変更の必要性**とも言われる。

サッカーボールとラグビーボールを例にとって説明してみよう。正面から見れば円形のサッカーボールに力を加えていったとする。ボールに力を加えることで、円形の形がだんだん押しつぶされていくことになる。力を加え始めたころは、まだ見た目は円形のままであるが、どんどん力を加えていくと円形でなくなり、最終的には見た目は楕円形のラグビーボールに変化していく。言い換えれば、見た目が明らかに、サッカーボールではなく、ラグビーボールに変わる時点があるということだ。つまり、サッカーボールに見える間は訴因変更しなくてもよいが、ラグビーボールに見えるようになった時点で訴因変更する必要がある。そこで、サッカーボールがラグビーボールに見えるようになる基準を何に置くか、これが、訴因変更の要否（訴因の同一性）という論点である。

（b）法律説と事実説

訴因変更の要否を考える場合、つまり、サッカーボールがラグビーボールに見えるようになる時点はどこかという基準をどうするかについて、現行法制定時には、2つの考え方が提唱されていた。

1つ目は、**法律説（法律構成説）**という考え方で、審判の対象は公訴事実である（公訴事実対象説）という職権主義的な立場に立つ学者が主張した。この考えは、法的側面を重視し、訴因は公訴事実がどの構成要件に当たるかという法的評価を示すものなので、罰条に変動をきたす場合だけ訴因の変更が必要だとする。例えば、殺人事件で凶器・殺害方法が、「けん銃による射殺」から「日本刀による刺殺」に変わったとしても、殺人罪という罰条は変わらないので訴因変更は必要ないということになる。

これに対し、2つ目は、**事実説（事実記載説）**という考え方で、審判の対象は訴因である（訴因対象説）という当事者主義的な立場に立つ学者が主張した。この考えは、審判対象として事実を問題にしなければ訴因制度の意義が没却されることを理由に、事実が変われば（社会的・法律的意味合いを異にするような事実の変化）訴因変更が必要だとする。先ほどの例のような殺人事件で凶器・殺害方法が、「けん銃による射殺」から「日本刀による刺殺」に変わった場合は、事実が変わっているので訴因変更が必要ということになる。WEB書式の起訴状では、事件の日時が5時間後であった（日時が変わる）とか、リュックサックではなく被告人の所持していた水筒で突き落とした（方法が変わる）というような、当初の起訴状の訴因とは異なる事実になっていった場合は、訴因変更が必要となるのである。

これら2つの考え方の対立は、現行刑訴法が当事者主義を基盤としていることから、現在では、事実説が通説となっている。また、判例も法律構成に変化がなくとも事実関係に差異が生ずれば訴因変更を必要とする（最決昭40・12・24刑集19巻9号827頁）と判断していることから、事実説をとっていると言えよう。

（c）防禦の利益

こうして、現在では、いかなる場合に訴因変更が必要かという場合、判例・通説ともまず一義的に、事実が変われば訴因変更が必要だとする事実説に立って判断をすることになる。しかし、この事実説に立脚した場合、事実は無限の広がりを持っており、明快な基準が立てにくいという欠点がある。例えば、WEB書式・起訴状にある、犯行時間「令和２年５月１日午後２時ころ」が、実は、「午後２時15分ころ」のように15分あとだったというように犯行時間が当初訴因とは少し異なることが判明した場合、その都度、訴因変更の手続を取る必要が出てくる。このような些細な事実の変化であっても訴因変更を行うとすれば、訴訟手続を煩雑にするだけでなく、迅速な裁判の要請を踏みにじることになる。

そこで、事実が変化した場合、訴因変更という手続の土台に上げた上で、どのくらいの事実の変化があれば訴因変更が必要かという新たな基準を設ける必要が出てくる。そこで、この新たな基準として出てくるのが、被告人側の防禦という観点である。つまり、事実が変化した場合に訴因変更をしないことが、防禦の観点から実質的に被告人に不意打ちとなり防禦上の不利益をもたらさないかどうかという点を、訴因変更が必要か否かを判断する基準として用いるというものである。言い換えれば、被告人の防禦という観点を、訴因変更の要否を判断するための限界設定にしようというものである。

この防禦という観点から、①**抽象的防禦説**という考え方と、②**具体的防禦説**という考え方が主張された。

①の抽象的防禦説（主に、訴因対象説に立つ側が主張）は、訴因事実と認定事実を対比して、抽象的・一般的に被告人の防禦に不利益を及ぼすような性質の食い違いがあるかどうかで変更の要否を判断する。つまり、この説は防禦の抽象的保障でよいとする考え方ではなく、訴因変更の不要な場合を抽象的・一般的に防禦活動が及びうる範囲に限定しようとするものである。したがって、防禦の利益という場合、抽象的防禦説の観点からは、普通この程度ならば不意打ちにはならず、訴因変更せずに認定しても不測の事態とは言えないという範囲を基準に変更の要否を捉えている。

これに対し、②の具体的防禦説（主に、公訴事実対象説に立つ側が主張）は、被告人の防禦のやり方など訴訟の経過を含めて現実に不利益となるかどうかを具体的に判定するというものである（例えば、被告人があらかじめ認定事実のような弁解をしている場合はそのまま判決しても不意打ちにならないという考え)。つまり、この説は具体的な防禦の保障を要求する考え方ではなく、被告人が、たまたま「具体的に」防禦活動をしていれば訴因変更の必要はないとするものである。この両説の差異は、次のような例を考えれば理解しやすい。傷害致死の訴因で審理しているときに、被告人が殺意の有無についての防禦も行っている場合、具体的防禦説に立てば、既に被告人は殺意の有無についての防禦活動を行っているので、傷害致死の訴因のままで殺人罪を認定することも可能になる。ただ、この時、被告人が殺意の有無についてはまだ防禦を行っていないという場合は、傷害致死から殺人への訴因変更が必要となる。一方、抽象的防禦説に立てば、傷害致死と殺人とでは重要な事実が異なり、訴因変更しなければ被告人の防禦にとって不意打ちとなると判断されるから訴因変更が必要ということになる。こうしてみると、具体的防禦説は、審理の経過によって（つまり、被告人が防禦をしているかどうかによって）訴因変更の要否が左右されることになり、基準としては不明確であることから、学説は抽象的防禦説が通説的な考えとなっていった。また、判例も、抽象的防禦説に立ってきたと考えられる（収賄の共同正犯の訴因で、被告人が贈賄の共同正犯であると弁解した場合に、贈賄の共同正犯を認定するには訴因変更を要するとして、被告人が自認している事実であってもその事実を認定するためには訴因変更を必要とした。最判昭36・6・13刑集15巻6号961頁)。

結局のところ、訴因変更の要否の判断基準については、通説的な理解をすれば、事実が変われば、原則、訴因変更が必要（事実説）となる。しかし、事実は無限の広がりがあるので、どのような事実の変化の場合に変更が必要かという判断については、被告人の防禦の状況に照らして、変更しなければ、不意打ちになる場合にのみ（抽象的防禦説)、訴因変更を認めるということになる。

なお、判例は、最高裁平成13年決定が訴因変更の要否についての１つの基準を示したと考えられる。この事件は、殺人の共同正犯の実行行為者に訴因と異なる認定をしたというもので、①「訴因において実行行為者が明示された場合にそれと異なる認定をするとしても、審判対象の画定という見地からは、訴因変更が必要となるとはいえない」とし、②「実行行為者がだれであるかは、一般的に、被告人の防御にとって重要な事項であるから、当該訴因の成否について争いがある場合等においては、争点の明確化などのため、検察官において実行行為者を明示するのが望ましいということができ、(中略) 判決においてそれと実質的に異なる認定をするには、原則として、訴因変更手続を要する」としたが、③「被告人の防御の具体的な状況等の審理の経過に照らし、被告人に不意打ちを与えるものではないと認められ、かつ、判決で認定される事実が訴因に記載された事実と比べて被告人にとってより不利益であるとはいえない場合には、例外的に、訴因変更手続を経ることなく訴因と異なる実行行為者を認定することも違法ではない」と判断した(最決平13・4・11刑集55巻3号127頁)。

(d) 縮小認定の原則

ところで、当初の訴因と明らかに事実が変わってきたという場合でも、訴因変更せずに異なる事実を認定することが可能であるとされている場合がある。例えば、殺人未遂の訴因のまま傷害を認定する場合や、傷害の訴因のまま暴行を認定する場合など、起訴状記載の訴因の事実と認定しようとする事実が「大は小を兼ねる」という関係にある場合、訴因変更は不要となるという考えで、**縮小認定の原則**と言われる。最高裁では次のようなケースで縮小認定の原則を用いている。「強盗を恐喝に」(最判昭26・6・15刑集5巻7号1277頁)、「殺人を同意殺人に」(最決昭28・9・30刑集7巻9号1868頁)、「殺人未遂を傷害に」(最決昭28・11・20刑集7巻11号2275頁)、「強盗致死を傷害致死に」(最判昭29・12・17刑集8巻13号2147頁) など。

(ⅲ) 訴因変更の可否(公訴事実の同一性)

(a) 概説

訴因の同一性を欠き、訴因変更が必要になる場合であっても、その訴因変更は公訴事実の同一性を害しない限度でなければ行うことができない(312条1項)。つまり、公訴事実の同一性という枠をはみ出るような訴因変更は認められないということになる(図表3-2訴因変更制度の概念図参照:訴因○A→訴因☆Dのような変更は、公訴事実の同一性の枠を飛び出しているので不可。このような場合は、新たに別の事件として起訴し直さなければならない)。訴因変更が必要となる場合でも認められる場合と認められない場合があり、これを**訴因変更の可否**、あるいは**公訴事実の同一性**と言う。

それでは、この公訴事実の同一性とは何なのか。刑訴法312条１項からは、検察官から訴因変更の申出があった場合に、変更の許される限界のことだと捉えることができる。では、公訴事実の同一性の機能はどうなのか。これは、今述べた①訴因変更の限界という機能のほか、通説は、②二重起訴の禁止の範囲、③公訴時効の停止および完成の及ぶ範囲、④一事不再理の及ぶ範囲を示していると捉えている。この機能に関して、特に④の機能について、通説である訴因対象説が提唱された際に、訴因しか審判の対象としていないのに、どうして一事不再理の効力は公訴事実の範囲まで及ぶのかという疑問が提起された。これに対しては、そもそも検察官は公訴事実の同一性の範囲内でいつでも訴因変更が可能であり、公判においては被告人も公訴事実の同一性の範囲内で常に有罪判決を受けるという危険にさらされているので、一事不再理は訴因ではなく公訴事実の同一性の範囲に及ぶと説明してきた。

（b）公訴事実の単一性と狭義の同一性

訴因変更の可否を判断する場合、つまり、公訴事実の同一性があるか否かを判断する場合、これまで、「**公訴事実の単一性**」と「**狭義の公訴事実の同一性**」（狭義の同一性）に場合分けをして考えてきた。伝統的な両者の区別では、前者を同じ時点での事件のはば、後者を異なる時点での事件のずれと説明したり、前者を訴因と訴因が両立しうる関係（両立）、後者を訴因と訴因が両立しない関係（非両立）と説明してきた。

（ア）公訴事実の単一性

公訴事実の単一性とは、公訴事実が１個であると言える範囲はどこまでかということである（図表３-３の公訴事実の単一性の概念図参照）。次の２つの事案をもとに見てみよう。

事案①　当初訴因「Ｘ はＹの住居に侵入した。」（住居侵入罪）
⇒変更後「Ｘ はＹの住居に侵入し、Ｙ所有の宝石を窃取した。」（住居侵入・窃盗罪）

事案②　当初訴因「Ｘ はＹを教唆して、Ｙ にＺの宝石を窃取させた。」（窃盗教唆罪）
⇒変更後「Ｘ は、ＹがＺから窃取した宝石を、事情を知って譲り受けた。」（盗品等譲受罪）

図表３－３　公訴事実の単一性の概念

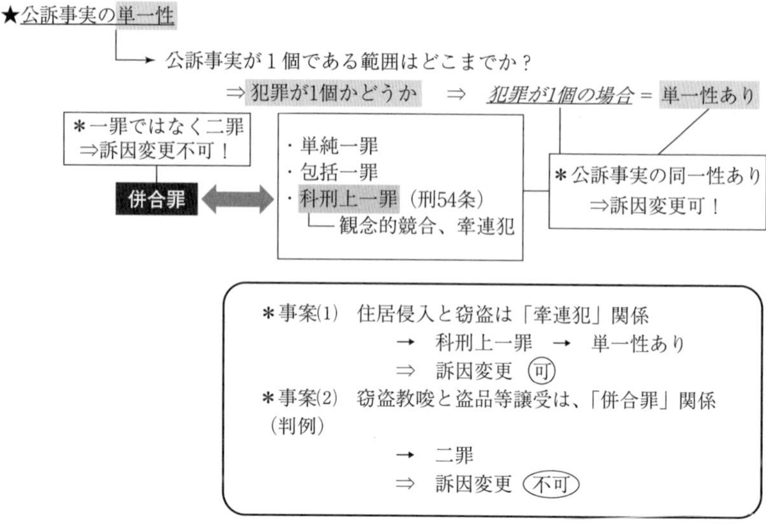

出典：筆者作成

公訴事実が１個であると言える範囲はどこまでかという命題は、当該事実の犯罪が１個であるかどうかということを意味するので、結局は、実体法（刑法）の罪数論に帰着することになる。したがって、単純一罪や包括一罪は当然のこと、観念的競合や牽連犯のような科刑上一罪（刑54条）についても、当初訴因と変更後の訴因に関して公訴事実は１個となり、公訴事実の単一性が認められ、訴因変更が可能となる。しかし、当初訴因と変更後訴因が併合罪の関係になる場合は、２罪となるため、公訴事実の単一性を欠き、訴因変更は認められず、別事件で起訴し直さなければならない。

事案①は、住居侵入罪と窃盗罪は、犯罪の手段が他の罪名に触れる場合であり、両者は科刑上一罪の牽連犯関係に当たるため、公訴事実の単一性が認められ、訴因変更は可能である。これに対し、事案②は、窃盗教唆と盗品等譲受罪は、裁判例（名古屋高判昭28・７・７高刑集６巻９号1172頁）では併合罪関係とされているため２罪となり、公訴事実の単一性を欠き、訴因変更は認められない（別事件で起訴し直さなければならない）ということになる。

このように、現在では、公訴事実の単一性に関しては、当初訴因と変更後の訴因が一罪（単純一罪、包括一罪、科刑上一罪）の関係にあれば（つまり、2個の事実を1つの罪にまとめることができる場合）単一性があり訴因変更が可能となり、併合罪の関係にあれば（2個の事実が1つにはまとまらず別々の罪として扱われるので）単一性はなく訴因変更はできない（別起訴が必要）ということになる。

（イ）狭義の公訴事実の同一性（狭義の同一性）

公訴事実の単一性の問題は、今では罪数論で解決することで大きな問題は生じない。したがって、公訴事実の同一性で問題となるのは、狭義の公訴事実の同一性（狭義の同一性）ということになる。これは、当初訴因が公判廷における審理の経過とともに明らかに食い違いが生じてきたとき、食い違った事実と記載した訴因が同一の公訴事実（公訴事実の同一性を害しない）と言えるかどうかということである。つまり、公訴事実の同一性の枠をどう捉えるか、言い換えれば、訴因変更ができる場合とできない場合の限界をどのように判断するかということになる。次の事案③が典型的なケースである。

事案③　当初訴因「XはY所有の時計を窃取した。」（窃盗罪）
⇒変更後「XはYから借りた時計を自己の物にした。」（横領罪）

当初は窃盗だと判断したが、公判での証拠調べをしてみると盗んだのではなく預かったものを自分の物にしたということが判明したので、窃盗から横領の訴因に変更しようとした場合である。

当初訴因が新事実（その後の審理経過で明らかとなった事実）を記載した訴因へと移行しても同一の公訴事実と言えるのかという狭義の同一性の判断基準について、学説は多くの考え方が提唱されてきた。ここでは、判例の立場を中心にその判断基準について見ておこう。

判例は、「社会通念上同一事実と認められる範囲内においてその日時、場所、方法に追加変更を生じたところで常に必ずしも訴因の変更を要するものでな」いとして（最決昭25・6・17刑集4巻6号1013頁）、社会的事実としての基本的な事実が同一であれば狭義の同一性があると判断した。この考え方は**基本的事実同一説**と呼ばれている。

ただ、基本的事実が同一かどうかの判断は曖昧で、画一的に決められるものではなく、様々な要素を加味して個別的に判断していくしかない。そこで、この曖昧な基準を明確化するため、判例は別の観点から、狭義の同一性の有無を判断している。例えば、同一の背広１着に関する静岡県での窃盗と東京都での贓物牙保（盗品等の有償処分あっせん）について、「一方の犯罪が認められるときは他方の犯罪の成立を認め得ない関係にあると認めざるを得ないから、かような場合には両訴因は基本的事実関係を同じくするものと解するを相当とすべく、従って公訴事実の同一性の範囲内に属するものといわなければならない」（最判昭29・５・14刑集８巻５号676頁）と判断した。このように、２つの訴因が日時・場所・態様等で同じか近いという場合に、一方の犯罪を認めれば他方の犯罪は認められないという関係にある（つまり、あちら立てればこちら立たずという関係、これを訴因と訴因が両立しない、すなわち非両立の関係と言う）場合は、基本的事実が共通しているので狭義の同一性があり、訴因変更が可能だと言うことになる。これを**択一関係説**と呼んでいる。

結局のところ、狭義の同一性の判断については、まず基本的事実同一説を用いて判断し、それが曖昧で判断が困難だという場合にはそれを補完するために択一関係説を用いて判断するというように理解しておけばよいだろう。したがって、事案③の「窃盗」の訴因から「横領」訴因へ変更する場合、基本的な事実は同一で、横領を認めれば窃盗は成立せず択一関係にあるので、狭義の同一性があり、訴因変更は可能ということになる。

（ⅳ）訴因変更の時期的限界

訴因変更に関する刑訴法312条には、変更についての時期的な限界は特に規定されていない。それでは、検察官はいつでも、例えば結審直前でも公訴事実の同一性の範囲内であれば、訴因変更を行ってよいのかという問題がでてくる。これが、**訴因変更の時期的限界**という問題で、**訴因変更の許否**とも言われる。通説は、このような結審間際の不意打ち的な検察官の訴因変更は、それまで行ってきた被告人の防禦活動に大きな不利益を与え、権利濫用的な訴追活動であるとして、許されないとしている。また、下級審裁判例において、それまで攻防の対象となっていなかった結審直前の検察官による訴因変更について、「被告人の防禦に実質的な著しい下（ママ）利益を生ぜしめ、延いて公平な裁判の保障を損うおそれが顕著であるといわなければならない。」として、訴因変更を認めなかった（福岡高那覇支判昭51・４・５判タ345号321頁）。

（v）訴因変更命令

訴因変更命令とは、裁判所が審理の経過に鑑み、適当と認めるときは、訴因を追加または変更するよう検察官に命ずることができるとするもので、刑訴法312条２項にその規定を置いている。この規定が置かれた趣旨は、訴因が変更されないことにより不公正な裁判がなされることを防ぐため、すなわち、不正義を回避するために裁判所の後見的な役割（職権主義的な役割）を期待したものである。しかし、当事者主義の観点からは、この制度を広く認めると弾劾主義に基づく検察官の権限を侵すことになり、あくまで例外的に活用されなければならない。実際、実務においても訴因変更命令を出すのは最後の手段であって、裁判所はまず求釈明権を使って、検察官に訴因変更を促す態度を示し、検察官が自発的に訴因変更を行うように持っていこうとしている。

問題は、こうした裁判所の努力もむなしく、裁判所が訴因変更命令を出さざるを得なくなったときに、検察官がその命令に従わなかった場合（訴因変更の手続をとらなかった場合）どうなるのであろうか。すなわち、訴因変更命令にはどのような効力があるのかということだ。この場合、通説・判例は、裁判所による訴因変更命令には**形成力**（訴因を変更する効果）がないとしている（最大判昭40・４・28刑集19巻３号270頁）。したがって、この訴因変更命令というものは、「勧告」にすぎないということになる。これは、現行法が当事者主義を基盤とし、さらに審判の対象は訴因であるということから、当然の帰結と言えよう。

また、訴因変更命令は裁判所の義務であるかということも問題となる。判例は、裁判所は原則として、自ら進んで検察官に対し、訴因変更手続を促しまたはこれを命ずる義務はないとしつつ、起訴状に記載された訴因については無罪とするほかなくても、これを別の相当重大な罪の訴因に変更すれば有罪であることが明らかな場合には、例外的に、訴因変更を促しまたはこれを命ずる義務があるとし、これをしないで無罪判決を出すのは審理不尽の違法があるという判断をした（最決昭43・11・26刑集22巻12号1352頁）。つまり、原則として、裁判所には訴因変更命令の義務はないが、それをしなければ著しい不正を招くような場合には例外的にその義務性を肯定したのである。

Ⅳ　訴訟条件

（1）訴訟条件概説——意義と種類

（i）意　義

訴訟条件とは、訴訟手続を有効に成立させて、継続させるための条件を言う。したがって、公訴の提起が有効・適法な場合だけでなく、公訴の追行が有効・適法な場合まで含むので、起訴時に訴訟条件を欠いている場合はもちろん、審理の途中で訴訟条件が欠けることになれば、訴訟手続を継続させることはできない。このような訴訟条件の欠如している場合を**訴訟障害**と言う。刑訴法は、こうした手続の継続を許さず途中で打ち切るためのものとして、**管轄違い**（329条以下)、**公訴棄却**（338-339条)、**免訴**（337条）の規定を置いており、これらの規定に該当する場合には、形式裁判でその手続を打ち切らなければならない。

なお、これらを典型的訴訟条件と呼び、前述の公訴権濫用論を非典型的（非類型的）訴訟条件と呼ぶ場合がある。

（ii）種　類

（a）管轄違い

管轄違いは、公訴提起を受けた裁判所が当該事件は管轄に属さないと認めた時に判決でその言い渡しを行う（329条)。

（b）公訴棄却

公訴棄却は判決で行う場合（338条）と決定で行う場合（339条）がある。

判決で行う場合は、①被告人に対して裁判権を有しないとき（338条1号)、②刑訴法340条の規定に違反（公訴の取消し後、新たに重要な証拠が発見されないまま同一事件を起訴）したとき（338条2号)、③起訴した事件を同一裁判所に起訴した（二重起訴）とき（338条3号)、④公訴提起の手続が規定違反のため無効であるとき（338条4号：典型的な例は親告罪の告訴が欠けていた場合）があり、決定で行う場合は、⑤起訴状謄本が起訴後2カ月以内に被告人に送達されないとき（339条1号)、⑥起訴状に記載された事実が真実であっても何ら罪となるべき事実が含まれていないとき（339条2号）⑦公訴が取り消されたとき（339条3号)、

⑧被告人が死亡、または被告人たる法人が存続しなくなったとき(339条4号)、⑨同一事件が異なった裁判所に重複して起訴された(10-11条)とき(339条5号)がある。

ちなみに、④の事由において、当初訴因では非親告罪であったが、訴因変更とともに親告罪となった場合は、訴因変更時に告訴がなされればよいとされている。

(c) 免訴

免訴は、次の場合に判決で言い渡すことになる(337条)。①既に確定判決を経ているとき(337条1号)、②犯罪後の法令により刑が廃止されたとき(337条2号)、③大赦があったとき(337条3号)④時効が完成したとき(337条4号)である。

免訴は、形式裁判であるが、一事不再理効が働くとされている。なぜなら、免訴事由は、同じ事実で起訴したとしても、結局は免訴が言い渡されることになるからである。

(2) 公訴時効

(i) 概 説

公訴時効とは一定期間の経過により起訴が許されなくなり、たとえ起訴されても免訴判決(337条4号)で裁判が打ち切られる制度である(250条以下)。なお、刑事法上の時効には、この公訴時効のほか、判決確定後、逃亡などで一定期間が経過すれば、刑罰が消滅するという**刑の時効**(刑31条以下)がある。ちなみに、この2つの刑事法上の時効がどの法律に規定されるかは国によって異なる。日本は公訴時効を刑訴法、刑の時効を刑法と分けて規定しているが、ドイツでは、両方とも刑法に規定があり、かつてのフランスは両方とも刑訴法に規定を置き(現在のフランスは日本と同じ、公訴時効は刑訴法に、刑の時効は刑法に規定がある)、英米では、原則、公訴時効という制度を持たなかった。

ところで、日本の公訴時効は、制度はフランスに範を求めているが、なぜ時効が必要かという制度の本質(存在理由)、つまりその理論(**時効理論**)についてはドイツの学説に範を求めている。そもそも、なぜ公訴時効が必要なのかという、制度の本質については、現行法に規定がなく、判例でもこれまでは明確な意見を出していなかった。結局、公訴時効は、歴史的な産物であって、それがなぜ必要なのかという存在理由は、制度ができてから、かなり後の世になって考えられるようになったにすぎない。つまり、なぜできたのかは定かでないが、公訴時効という制度がもとからあり、それを正当化するために後付けでその存在理由である制度の本質（時効理論）が考えられたのである。

（ii）公訴時効の本質（時効理論）

公訴時効の本質（存在理由、時効理論）は、ドイツの理論をもとに、今ではいくつかの考え方がある。①**実体法説**では、公訴時効は実体法的な性格を有し、国家の刑罰権を消滅させると考える。したがって、公訴時効の規定は実体法たる刑法に規定されるべきだとされる。この説の根拠は、時の経過が応報感情や社会を威嚇する一般予防的効果をうすれさせ、ひいては刑罰権を消滅させてしまうということにある。この説の帰結は、公訴時効完成の時に言い渡される判決が、刑罰権の消滅から「無罪」ということになり、また、刑罰不遡及が原則の刑法では犯人にとって不利な時効期間の改正は遡及効が及ばないことになる。②**訴訟法説**では、公訴時効は訴訟法的な性格を有し、訴訟障碍事由であると考える。したがって、公訴時効の規定は手続法たる刑訴法に規定されるべきであるとされる。この説の根拠は時の経過により証拠が散逸してしまい適正な裁判が不可能になるということにある。この説の帰結は、公訴時効完成の時に言い渡される判決の種類が、公訴時効が訴訟障碍事由であることから「無罪」ではなく「手続中止」（免訴）となり、また、刑訴法は刑罰不遡及原則がないため、不利な時効期間の改正でも遡及効は及ぶことになる。わが国では、公訴時効が刑訴法に規定されており①の考え方だけでは説明しにくいし、②も犯罪の軽重に応じて時効期間に差を設けている説明がつかないというように、どちらかのみでその本質を説明するのは困難である。そこで、③**競合説**は、①と②を競合させ、実体法的性格と訴訟法的性格を兼ね備えたものだと説明し、わが国では多数説となっている。その後、④**新訴訟法説**が登場し、一定期間訴追されていないという事実状態を重視し、国家がもはや訴追権を発動しない制度、つまり被疑者の利益のための制度だと捉える。公訴時効は歴史的な産物であり、現に存在する制度を後付けで存在理由を説明したにすぎず、どれか１つの考え方で説明できるものではなく、競合説や新訴訟法説を総合的に捉えることが妥当ではないかと思う。

（ⅲ）規定の変遷と2010年改正

現行法の公訴時効制度は、フランス法に範を求める1880年治罪法に遡り、「期満免除」という名で呼ばれていた。時効期間は、10年（重罪—殺人等）、3年（軽罪）、6月（違警罪）の3区分であった。1890年の旧旧刑訴法（明治刑訴）で「公訴時効」と改称し、1908年の明治刑訴法改正で、時効期間が15年（死刑該当犯罪—殺人等）、10年、7年、5年、3年、1年と6区分になり、これがその後100年近く続いていく。1924年、ドイツ法に範を求める旧刑訴法（大正刑訴）に変わるが、公訴時効は本質的な変更はなかった。1948年の現行刑訴制定でも、公訴時効の規定（250-255条）は、中断をやめて停止に変更したほかは、ほぼもとの制度のままであった。その後、2005年の刑訴法改正で、重大犯罪の時効期間が延長され、25年（死刑該当犯罪—殺人等）、15年、10年、7年、5年、3年、2年の7区分となった。

こうした変遷を経て、2010（平成22）年4月27日の刑訴法改正で大きな変化を遂げることになる。殺人罪等の人を死亡させた罪であって死刑に該当する罪の公訴時効を廃止、殺人等以外で人を死亡させた罪（傷害致死など）の時効期間を倍にし、また、過去に発生した事件でも公訴時効が完成していなければ廃止・延長を適用、すなわち遡及適用を認めるという改正を行い、即日施行された。これにより、刑訴法250条は1項「人を死亡させた罪であって禁錮以上の刑にあたるもの（死刑に当たるものを除く。）」と2項「人を死亡させた罪であって禁錮以上の刑にあたるもの以外の罪」に分かれて、時効期間が定められることになった。1項では、殺人等の時効を廃止（殺人、強盗殺人など）したが、それ以外についての時効期間は、30年（強制性交等致死など）、20年（傷害致死など）、10年（業務上過失致死、過失運転致死など）と3区分に分けた。また、2項は、改正前の7区分をそのまま残している（例えば、人を死亡させた罪以外で死刑に該当する罪は、25年の時効期間だが、これは、殺人未遂や、現住建造物等放火罪が当たる）。

この2010年改正では、殺人罪等の人を死亡させた罪であって死刑に該当する罪の公訴時効を廃止し、かつ、過去に発生した事件でも公訴時効が完成していなければ遡及適用を認めるとしたため、殺人罪が未来永劫時効にかからなくなってしまった。ただ、遡及適用を認めたことは、刑の不遡及の原則に抵触し憲法違反ではないかという問題提起がなされた。最高裁は、この点について、公訴時効制度の趣旨について言及し、「時の経過に応じて公訴権を制限する訴訟法規を通じて」と時効理論における訴訟法説のような立場を示し、実体法たる刑法の改正ではなく、手続法たる刑訴法の改正のため憲法39条の刑の不遡及の原則は当てはまらないとの立場を示した（最判平27·12·3刑集69巻8号815頁）。

（ⅳ）公訴時効の起算点

（a）起算点

刑訴法253条は、「犯罪行為が終わったとき」から時効は進行すると規定しているが、犯罪の実行行為の終了時点と最終結果の発生時点が異なる場合に、「犯罪行為が終わったとき」とはいつを指すのだろうか。例えば、傷害を負わせた後、それが原因で被害者が5年後に死亡した（傷害致死罪）ような場合、公訴時効の起算点は、傷害を負わせた時か、死亡した時かという問題である。起算点は、実行行為時の終了時点（傷害を負わせた時）とする**行為時説**と、最終結果の発生時点（死亡した時）とする**結果時説**があるが、判例・通説は結果時説である（熊本水俣病事件：最決昭63・2・29刑集42巻2号314頁）。

（b）観念的競合と公訴時効

熊本水俣病事件で顕著となった、一個の行為から複数の結果を生じる観念的競合（刑54条1項）の公訴時効の起算点をどこに置くかという問題もある。工場から有機水銀で汚染された排水を流して、その影響を受けた魚介類を食した住民が水俣病に罹患しそれが原因で死亡したというケースで、工場からの排水という1個の行為から多数の住民が罹患して死亡するという複数の結果（業務上過失致死傷）が生じたというものである。

観念的競合と起算点については、3つの考え方がある。①**個別説**は、それぞれの犯罪ごとに公訴時効の成否が決まるという考えで、被疑者にはいずれにしても有利に働く考えで通説と言える。②**一体説**は、競合するすべての犯罪を一体的に見て時効完成の有無を判断するという考え方で、熊本水俣病事件において最高裁がとった考え方である（前掲・最決昭63・2・29）。これには、被疑者に対し不当に時効期間を長くするおそれがあるという批判がある。③**連鎖説**（ひっかかり理論、熊本水俣病事件二審判決：福岡高判昭57・9・6高刑集35巻2号85頁）

は、前の犯罪の時効期間内に後の犯罪の時効が進行を開始する限りで一体的処理を行うという考え方である。

では、図表3－4の「観念的競合と公訴時効の起算点」の概念図を参照しながら説明していこう（概念図では、事件を簡略化し、時間軸を架空のものにし、また、傷害致死罪の時効期間を現行法の10年に設定している）。1980年4月1日に工場長Xが工場排水を海に垂れ流して魚が汚染、A、B、Cが汚染した魚を食べたことが原因で、それぞれ死亡していく（A：1982年6月1日、B：1993年5月1日、C：1999年4月1日）。検察は2004年10月1日、A・B・Cを被害者としてXを業務上過失致死罪で起訴した。①個別説に立てば、起訴が、A死亡から22年経過、B死亡から11年経過しているので公訴時効（10年）が完成しており、Cのみの公訴が有効となる。②一体説に立てば、AからCまでを一体の罪として捉えるので最後のCに対して時効が完成していないので、A・B・Cでの起訴が可能となる。③連鎖説は、A・B間は11年が経過し、時効が完成している一方で、Bから起訴までは11年経過し時効が完成しているが、Bの時効期間内に

図表3－4　観念的競合と公訴時効の起算点（熊本水俣病事件を素材に）

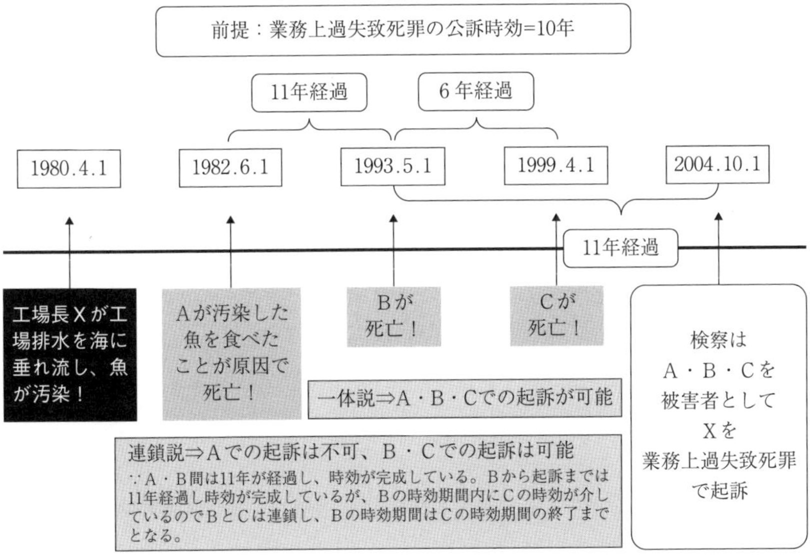

前提：業務上過失致死罪の公訴時効=10年

11年経過

6年経過

1980.4.1

1982.6.1

1993.5.1

1999.4.1

2004.10.1

11年経過

工場長Xが工場排水を海に垂れ流し、魚が汚染！

Aが汚染した魚を食べたことが原因で死亡！

Bが死亡！

Cが死亡！

一体説⇒A・B・Cでの起訴が可能

連鎖説⇒Aでの起訴は不可、B・Cでの起訴は可能
∵A・B間は11年が経過し、時効が完成している。Bから起訴までは11年経過し時効が完成しているが、Bの時効期間内にCの時効が介しているのでBとCは連鎖し、Bの時効期間はCの時効期間の終了までとなる。

検察はA・B・Cを被害者としてXを業務上過失致死罪で起訴

出典：筆者作成

Ｃの時効が開始しているのでＢとＣは連鎖し、Ｂの時効期間はＣの時効期間の終了までとなる。したがって、Ａでの起訴はできないが、Ｂ・Ｃでの起訴は可能となる。

（ｖ）公訴時効の停止

一定の事由がある場合に、その事由が存在する限り時効の進行がストップし、その事由がなくなれば、引き続き残りの時間が進行する、これを**公訴時効の停止**と言う。なお、旧刑訴法では停止ではなく、時効進行がストップした段階でそれまでの経過がご破算となる**公訴時効の中断**を採用していた。

停止の理由には、公訴の提起（254条１項）、犯人が国外にいる場合（255条１項）、犯人が逃げ隠れしているため有効に起訴状の謄本が送達できないか略式命令の告知ができない場合（255条１項）がある。なお、共犯者の１人に対して公訴提起がなされた場合は、時効停止の効力は他の共犯者にも及ぶことになる（254条２項）。

なお、犯人が国外にいる場合について、一時的な海外旅行がこれに含まれるかという議論があり、一時的な旅行は含まれず時効は停止しないという考えが有力であったが、最高裁は、一時的な海外旅行も国外にいる場合に含むと判断し、時効は停止すると結論付けた（最決平21・10・20刑集63巻８号1052頁）。

第4章　公　　判

I　公判のための準備活動

この章では、公判の準備、諸原則、また公判の流れについて基本的な理解を得ることを目的とする。この章で扱うのは公判準備から公判までである。

（1）第1回公判期日前の準備

公判期日における審理が円滑に行われるためには、公判の準備が必要となる。**公判準備**とは、公判期日における審理の準備のため、裁判所および訴訟関係人が行う手続を指す。

（i）起訴状の送達

公訴の提起は検察官が事件についての審理を裁判所に求めることであり、裁判所の審判を開始させる重要な行為である。公訴が提起されたときは、裁判所は遅滞なく起訴状の謄本を被告人に送達しなければならない。公訴の提起から2カ月以内に謄本が送達されないときは公訴は遡ってその効力を失う（271条、規176条）。

（ii）弁護人の選任

裁判所は、公訴の提起があったときは遅滞なく被告人に対し、①**弁護人選任権**があること、②貧困その他の理由により弁護人を選任することができないときは**国選弁護人**の選任を請求できること、を知らせなければならない（272条）。また、**必要的弁護事件**（→第1章II節（4）、第2章VI節）に当たる場合を除いては弁護人の出頭は開廷の要件ではない（289条1項）が、弁護人がいないか、弁護人がいても不出頭の場合には裁判所が職権で弁護人を付する（289条2項）。2004年（平成16）年の刑訴法改正により、弁護人が出頭しないおそれがある場合も、裁判所は職権で弁護人を付することができるようになった（289条3項）。

(iii) 第1回公判期日の指定と被告人の出頭確保

弁護人が選任されると、裁判長は第1回公判期日の指定を行う（273条1項）。公判には被告人が出頭することが必要であり、原則として被告人が出頭しなければ開廷することができない（286条）。公判期日には被告人を召喚しなければならない（273条2項）。**召喚**とは、裁判所が、日時、場所等を指定して出頭を命じる処分である（57条）。召喚によっても被告人が正当な理由なく出頭に応じなければ、勾引状を発して被告人を**勾引**することができる（58条）。勾引とは、被告人、証人、身体検査の被験者等を一定の場所に引致する処分である。

(iv) 被告人勾留

(a) 被告人勾留の要件、必要性

刑訴法60条は**被告人の勾留**について定めている（被疑者勾留→第2章Ⅲ節）。勾留の要件としては、まず被告人が「罪を犯したと疑うに足りる相当な理由」が必要である。かつ被告人が①住居不定であるとき、②罪証隠滅のおそれがあるとき、③逃亡のおそれがあるとき、のいずれかに当たる場合である。また、本条3項は、一定の軽微な事件については住居不定の場合でない限り、被告人を勾留できないとしており、勾留の必要性についても要求している。

(b) 被告人勾留の手続・期間・場所

被疑者勾留は検察官の請求を必要とするが、被告人勾留は裁判所が職権で判断する（60条1項）。予断排除原則により、第1回公判期日までの被告人勾留は受訴裁判所を構成する裁判官以外の裁判官が職権で行う（280条、規187条）。被告人の勾留は、被告人に対し被告事件を告げ、これに関する陳述を聴いた後でなければ、これをすることができない（61条）。この手続を**勾留質問**と言う。憲法34条前段は抑留または拘禁の際にはその理由の告知を要求しており、この要請を受けて設けられている制度である。

また、勾留されている被告人またはその弁護人、法定代理人、一定の親族等は、裁判所に勾留理由の開示を請求することができ（82条）、裁判所は勾留理由の開示を公開の法廷で行わなければならない。これを**勾留理由開示制度**と言う。憲法34条後段は「公開の法廷」において、拘禁の理由の開示を行うことを求めており、この要請を受けて設けられている制度である。

勾留状に基づく勾留の期間は、公訴提起があった日から2カ月であり、特に

継続の必要がある場合には1カ月ごとに更新される（60条2項）。被疑者勾留に比べると期間が長い。被告人勾留の更新は刑訴法89条1号・3号・4号・6号に該当する場合を除いては1回に限られる（60条2項）。逆に言えばこれらの場合には勾留という身体拘束がほぼ無制限に認められる可能性もある。もっとも、勾留が不当に長くなれば、裁判所には**勾留の取消**しまたは保釈を認める義務が課される（後述）。

被告人の勾留はどこで行われるのだろうか。国際社会から非難を受けながらも、被疑者勾留の場所として現在もなお**代用刑事施設**（→第2章Ⅲ節（3））の使用が常態化されており、えん罪の温床ともなっている。一方被告人は、拘置所において勾留されることが実務上も原則となっており、下級審ではあるが、特段の事情がない限りは代用刑事施設での被告人勾留は認められないとする判例がある（浦和地決平4・11・10判タ812号260頁）。

（c）被告人に対する接見交通

捜査機関が弁護人との接見を指定できるのは「公訴提起前」に限られる（39条3項本文）。しかし公訴提起後であっても、その被告人に捜査中の余罪があり、それについても身体拘束されている場合には、被告事件について防禦権の不当な制限にわたらない限りは接見指定できる（最決昭55・4・28刑集34巻3号178頁）。さらに判例は、被告事件・被疑事件の双方について勾留されている場合、「被告事件について防御権の不当な制限にわたらない限り」、被告事件の弁護人に対しても捜査機関が接見指定できるとしている（最決平13・2・7判時1737号148頁）。

（v）保　釈

（a）保釈と無罪推定原則

保釈とは、被告人に一定額の保釈保証金を納付させることを条件として、勾留の執行を停止し、被告人を釈放する制度である（88条以下）。被告人には**無罪推定原則**（→第5章Ⅰ節（8））が適用されるわけであるから、勾留のもたらす人身の自由に対する制約をできるだけ小さくし、その社会生活上の負担も緩和されなければいけない。わが国の刑事手続においては、起訴後にしか保釈は認められていないが、起訴前保釈制度を創設すべきだとする意見も多い。

（b）権利保釈、裁量保釈、義務的保釈

保釈を請求できるのは被告人または弁護人、その法定代理人、保佐人、配偶者、直系の親族もしくは兄弟姉妹である（88条）。被告人、弁護人から保釈の請求があれば、原則として保釈を認めねばならず、これを**権利（必要的）保釈**と言う。保釈の審査と決定を行う主体は、第1回公判期日前は裁判官（280条1項）であるが、それ以降は受訴裁判所である。権利保釈が認められない場合であっても、裁判所は、保釈された場合に被告人が逃亡しまたは罪証を隠滅するおそれの程度のほか、身体の拘束の継続により被告人が受ける健康上、経済上、社会生活上または防禦の準備上の不利益の程度その他の事情を考慮し、適当と認めるときは、職権で保釈を許可することができる。これを**裁量（職権）保釈**と言う（90条）。2016年の刑訴法改正により、裁量保釈にあたって裁判所が考慮すべき諸事情が明文化された。勾留が不当に長くなった場合には、裁判所は勾留を取り消すか、保釈を許さなければならない（91条）。これを**義務的保釈**と言う。なお、ここに言う「不当に長くなったとき」の判断基準については、事案の性質、態様、審判の難易度、被告人の健康状態その他の状況から総合的に判断されるべき相対的観念であるとされており（最大判昭23・7・19刑集2巻8号944頁）、単に時間の長さだけで判断されるものではない。

保釈の裁判に対しての不服申立てについては、裁判官の裁判に対しては準抗告（429条1項2号）、裁判所の裁判に対しては抗告（420条2項）によって行われる。ところで、保釈率については、1960年代は50％前後であったものが、1990年代には10数％にまで下がった。しかし、裁判員制度導入後は、この率が20数％にまで上昇した。その理由の1つは、後で述べる公判前整理手続が実施されることで、裁判前に証拠が出揃うので、証拠隠滅の可能性も低くなることや、被告人と弁護人との間で公判前に打合せをする機会を確保する必要性が重視されるようになったことなどが挙げられよう。一方で、被告人が身体拘束を解かれることで、再犯や逃亡のおそれを懸念する社会の声もある。こうしたことから、保釈中の被告人にGPSを装着させることなどが法務省により検討されている。

（c）保釈保証金

保釈を許す場合には、必ず保証金額を定めなければならない（93条1項）。保釈保証金の額は、犯罪の性質・情状、証拠の証明力、被告人の性格、資産等を考慮して、被告人の逃亡および罪証隠滅を防止するに足りる相当な金額でなければならない（93条2項）。被告人が公判期日に出頭しなければ、保釈保証金は没取（没収ではない。区別するために“ぼっとり”と読むこともある）になる。起訴前段階から保釈が認められる米国で一大ビジネスとなっている保釈保証金貸付業（ベイル・ボンズ）は日本には存在しないが、2004（平成16）年4月に一般社団法人「日本保釈支援協会」が設立され、保釈保証金の立替などを行っている（WEB資料2-4❶）。ところで近年は米国においても、保釈金による保釈は富者に有利であり「法の下の平等」に反するとして保釈保証金を廃止する動きが広まっている。その場合、再犯や逃亡のリスクをアルゴリズム等により算出し、保釈の可否を決めることも検討されているが、これも新たな問題を生みそうである。

（2）公判前整理手続

公判が円滑かつ迅速に進むためには、事前に証拠の整理や審理計画の策定をする必要がある。裁判員制度導入後は、このことはより重要性を増している。2004（平成16）年の刑訴法改正により、公判前整理手続が導入され、2005年11月より実施されている。

（i）公判前整理手続の趣旨

裁判所は、充実した公判審理を継続的、計画的かつ迅速に行うため必要があると認めるときは、当事者の意見を聴いた上で、事件を公判前整理手続に付することができる（316条の2）。特に、裁判員裁判では連日的開廷が求められるので、必ず公判前整理手続に付さなければならない（裁員49条）。裁判員裁判対象事件以外の事件については、裁判所が、充実した公判の審理を継続的、計画的かつ迅速に行うため必要があると認めるときは、公判前整理手続に付する決定をする（316条の2第1項）。2016年の刑訴法改正により、検察官、被告人・弁護人に公判前整理手続を請求する権利が認められるようになった（316条の2第1項）。

（ii）公判前整理手続の関与者

公判前整理手続は受訴裁判所により主宰され（316条の2第1項）、期日には検察官と弁護人の出席が必要である（316条の7）。被告人に弁護人がいなければ公判前整理手続を実施することができない（316条の4第1項）。被告人に弁護人がいないときは、裁判長は職権で弁護人を付さなければならない（316条の4第2項）。一方、被告人には出頭の義務はないが、出頭する権利は認められている。裁判所は、必要と認めるときは被告人の出頭を求めることもできる（316条の9）。被告人を出頭させた場合は、最初の公判前整理手続期日において、裁判長が被告人に供述拒否権を告知する（316条の9第3項）。

（ⅲ）公判前整理手続の流れ

（a）検察官による証明予定事実記載書の提出と証拠調べ請求

検察官はまず、公判期日において証拠により証明する予定の具体的事実（証明予定事実）を記載した書面（証明予定事実記載書）を裁判所に提出し、被告人または弁護人にも送付し、その事実を証明するために用いる証拠（**検察官の請求予定証拠**）の取調べを請求し、その証拠について被告人または弁護人に開示しなければならない（316条の13第1－2項）。なお、2016年刑訴法改正により、検察官は、被告人または弁護人から請求があったときは、速やかに検察官が保管する証拠の一覧表を交付しなければいけなくなった（316条の14第2項）。これにより、**証拠開示**はさらに進んだと言えよう。

（b）類型証拠の開示

検察官の主張・立証の全体像が明らかになれば、被告人側は防禦の十分な準備のために、検察官から開示された**請求予定証拠**の証明力を判断するのに重要な一定の**類型証拠**の開示を検察官に対して請求することができる。検察官は開示の必要性および弊害を勘案した上で相当と認めれば、これを開示しなければならない。検察官は弊害の発生を防止するために必要と認めるときは、開示の時期・方法を指定し、または条件を付することができる（316条の15第1－2項）。

（c）被告人の主張に関連する証拠の明示と証拠調べの請求

類型証拠の開示を受けた被告人または弁護人は検察官請求証拠に対する証拠意見を明らかにしなければならない（316条の16第1項）。さらに、被告人または弁護人は予定している事実上および法律上の主張があるときはこれを明示し（**予定主張の明示**）、請求証拠がある場合には、その取調べの請求および検察官への開示をしなければならない（316条の18）。検察官はこれに対し証拠意見を明らかにしなければならない（316条の19第1項）。ところで、被告人の予定主張明示義務は自己負罪拒否特権や黙秘権の保障に違反しないのだろうか。この点について最高裁は、被告人に対して自己が刑事上の責任を問われるおそれのある事項について認めるよう義務付けるものではなく、また公判期日において主張をするかどうかも被告人の判断に委ねられていることから、憲法38条1項に違反しないと判示している（最決平25・3・18刑集67巻3号325頁）。

（d）被告人側の主張関連証拠の開示

被告人または弁護人はその予定主張の開示後、その主張に関連する検察官手持ちの証拠開示請求をすることができ、検察官はその関連性と開示の必要性の程度および弊害を勘案し、相当と認めるときは、これを開示しなければならない（316条の20第1項）。検察官および被告人または弁護人は、必要に応じて上述の（a）〜（c）を繰り返しながら、証明予定事実ないし主張の追加・変更を行うことができる（316条の21-22）。

（e）証拠開示に関する裁定

証拠開示の要否の判断をめぐり検察官と被告人または弁護人との間で同意に至らず、検察官が証拠を開示しないときは、裁判所がこれについて裁定を行う。裁判所は証拠の開示の必要性を認めたときには、当該証拠の開示の時期もしくは方法を指定し、または条件を付して証拠開示の指定を行う（316条の25）。また裁判所は、検察官が請求予定証拠、類型証拠または主張関連証拠を開示していないと認めるときは、弁護人の請求により**開示命令**を出すこともできる（316条の26）。逆に、弁護人が請求予定証拠を開示していないと認めるときは、検察官がその開示を請求することができる。証拠開示に関する裁判所の決定に対しては、即時抗告をすることができる（316条の25第2-3項・316条の26第2-3項）。

ところで、開示命令が出される証拠の範囲については、警察官・検察官が取調べ時に供述者の話を聞きながら作成したメモについても含まれるのだろうか。判例は、検察官の手持ち証拠である検察官の取調べメモに加えて、警察官が保管していた警察官の取調べメモ（警察官が私費購入したノートに記載され、一時取調官の自宅に持ち帰っていた）についても、「当該捜査の過程で作成され、公務員が職務上現に保管し、かつ、検察官において入手が容易なもの」として証拠開示の対象となるとして、弁護人による主張関連証拠として開示請求できるとしている（最決平20・9・30刑集62巻8号2753頁）。

（f）証拠の整理と決定：公判前整理手続の終結

裁判所は証拠調べ請求された証拠について、その立証趣旨、尋問事項等を明確にした上で、証拠調べ請求に関する双方の意見を確認し、証拠の採否および証拠調べの順序・方法を決定する（316条の5第7号）。裁判所は、事件の争点および証拠の整理を遂げ、証拠の採否を決定し、公判期日を指定して審理計画を定めると、公判前整理手続は終了となる。裁判所は、検察官および被告人または弁護人との間で、事件の争点および証拠の整理の結果を確認しなければならない（316条の24）。

（g）公判前整理手続と予断排除

公判前整理手続では、第1回公判期日前に裁判所が当事者双方の主張や証拠に触れることになるが、これは起訴状一本主義の趣旨である予断排除原則に反しないのだろうか。公判前整理手続は争点整理や審理計画策定を目的として行われるものであり、当事者双方はそれぞれの主張を簡単に紹介するにすぎない。当然裁判所は証拠に触れるが、そこでは証拠能力や証拠開示の要件の有無を判断するにすぎず、裁判所が有罪・無罪についてあらかじめ心証を形成するわけでもないことから、予断排除原則には反しないと考えられている。

（h）公判前整理手続の特例

公判前整理手続で証拠の整理がなされたにもかかわらず、公判で新たな証拠調べ請求が無制限に許されれば、この手続の実効性が失われてしまう。そこで、公判前整理手続に付された事件については、検察官および被告人または弁護人は、「やむを得ない事由」によって証拠調べ請求をすることができなかったものを除き、公判前整理手続が終わったあとに新たに証拠調べ請求することはできない（316条の32第1項）。ただし、裁判所が必要と認めるときに職権で証拠調べ請求することを妨げるものではない（316条の32第2項）。さらに、弾劾証拠については、そもそも公判前の段階では弾劾の対象となる供述が不明なのであるから判断できない。判例も、以上の理由から「証人尋問終了以前の取調べ請求を当事者に要求することは相当ではない」としたものがある（名古屋高金沢支判平20・6・5判タ1275号342頁）。

（3）期日間整理手続

受訴裁判所は、審理の経過に鑑み必要と認めるときは、検察官あるいは弁護人または被告人の請求により、または職権で、第1回公判期日後に、事件を期日間整理手続に付する旨の決定をすることができる（316条の28第1項）。期日間整理手続においては、公判前整理手続に関する規定が準用される（316条の28第2項）。

Ⅱ　公判の諸原則：直接主義・口頭主義、公開主義、迅速な裁判、公平な裁判所

ここでは、狭義の公判手続（公判期日において公判廷で行われる手続）における重要な原則について見てみよう。

（1）直接主義・口頭主義

裁判所が直接取り調べた証拠だけを裁判の基礎とすることができる原則を**直接主義**と言う。**口頭主義**とは、当事者の主張や立証などの公判期日における手続は口頭で行うべきであるとする原則である。これらの原則は**公判中心主義**を支えるために重要であり、特に裁判員裁判ではそのニーズは高い。これらの原則の反対に位置付けられるのは、「調書裁判」である。

（2）公開主義

民事、刑事裁判ともに裁判の公開は憲法の定めるところである。憲法は「裁判の対審及び判決は、公開法廷でこれを行ふ」（憲82条1項）としており、「裁判所が、裁判官の全員一致で、公の秩序又は善良の風俗を害する虞があると決した場合」は対審はこれを公開しないで行うことができるとする例外が認められているが、「政治犯罪、出版に関する犯罪又はこの憲法第3章で保障する国民の権利が問題になってゐる事件の対審」は、常に公開されなければならない（憲82条2項）。特に刑事事件については、「公平な裁判所の迅速な公開裁判を受ける権利」（憲37条1項）が認められ、公開裁判の保障が強調されている。どのように審理が行われ、いかなる判決が下されるかを国民の監視に委ねているのである。しかし、アメリカ等で放映されている「Court TV」のように、裁判

をTVで実況中継しなくても公開主義には反しない。公開とは、一般国民が自由に裁判を傍聴することができる状態で審理を行うことを言う。ところで、コロナ禍により、2020年にはアメリカ等の一部の国でオンラインツールを活用した裁判も実施され、全世界から多くの人がオンラインで裁判を「傍聴」した（WEB資料2-4❷）。今後、裁判の「公開」のあり方も時代に沿って変わっていく可能性はあろう。

今日では当たり前のように傍聴人は法廷でメモを取っているが、かつては禁止されていた（しかし、記者には許されていた）。いわゆる「レペタ訴訟」において最高裁は、メモを取る行為は「裁判の公開」による要請というより、むしろ「表現の自由」（憲21条1項）の観点から、「メモをとる行為が公正かつ円滑な訴訟の運営を妨げるものではないことから、特段の事情がない限り、これを傍聴人の自由に任せるべきである」と判断し、以後許されるようになったものである（最大判平元・3・8民集43巻2号89頁）。

（3）迅速な裁判

憲法37条1項は、被告人に対し「**公平な裁判所**の迅速な公開裁判を受ける権利」を保障している。裁判が遅延すれば、被告人の不利益や負担は大きくなり、また時の経過とともに証拠が散逸すれば、被告人は防禦を十分に行えなくなる。

最高裁は、15年間にわたり公判審理が中断されていたいわゆる**高田事件**について、憲法37条1項の保障に明らかに違反し、「審理の著しい遅延の結果、迅速な裁判をうける被告人の権利が害せられたと認められる異常な事態が生じた場合には…（中略）…その審理を打ち切るという非常救済手段がとられるべきことをも認めている趣旨の規定である」として、免訴判決により手続を打ち切った（最大判昭47・12・20刑集26巻10号631頁）。この高田事件の最高裁判決によって、被告人の迅速な裁判を受ける権利が侵害された場合には、免訴判決による審理打ち切りによって救済する可能性があることが示された。もっとも、この高田事件以降も同様の主張がなされた事案は多いが、この救済が認められたのは、これまでのところは高田事件が最初で最後である。

（4）公平な裁判所

公平な裁判所とは、組織・構成等において不公平のおそれのない裁判所を意味している（最大判昭23・5・5刑集2巻5号447頁、最大判昭23・6・30刑集2巻7号773頁）。裁判が公平に行われることは司法に対する市民の信頼の基盤でもある。公平な裁判所の裁判を保障するために以下の制度が設けられている。**除斥**とは、裁判官自身が担当する具体的事件の関係者である等、不公平な裁判をするおそれのある一定の類型的事由がある場合は、その裁判官は当然に職務の執行から除かれる制度を指す（20条）。**忌避**とは、裁判官に除斥理由がある場合、またはその他の不公平な裁判をするおそれがあると認められれば、当事者の申立てにより、当該裁判官を職務執行から除外する制度である（21-25条）。**回避**とは、忌避の理由があると考える裁判官が自ら申し出て、所属裁判所の決定により職務執行から除かれる制度を指す（規13条）。これらの理由に当たる裁判官が審理・判決に関与した場合は、その判決は破棄される（377条2号・397条）。

Ⅲ　公判期日の手続

（1）公判廷の構成

裁判員制度（→本章Ⅴ節）と被害者参加制度（→本章Ⅳ節）が適用された裁判の公判廷の様子を図表4－1に示した。裁判官や裁判員の座る席（法壇）は少し高くなっており、法廷が見渡せるようになっている（旧刑訴法下の職権主義の刑事裁判においては検察官も裁判官と同じく一段高い位置に座っていた）。**裁判長**の両隣には**右陪席**（キャリア5年以上の中堅判事）と**左陪席**（キャリア5年未満の判事補）の陪席裁判官が座る。裁判員制度施行後は、被告人の着席位置は弁護人の隣に置かれることが多くなった（以前は証言台の斜め後ろ、法廷の柵のすぐ前あたりに着席していた）。刑事・民事ともに、傍聴席から見て左側が原告（刑事裁判では検察官）、左側が被告（人）席であることが一般的であるが、一部の裁判所では例外もある。裁判員裁判では、弁護人、検察官ともにそれぞれ2人以上で臨むことが通常である。さらに、被害者参加制度が適用されると、被害者参加人（とその弁護士）が検察官のすぐ後ろに座る。傍聴席の前方一部が被害者やその家族のために用意されることもある（被保2条：**被害者の優先的傍聴**）。

（2）単独事件と合議事件

裁判所の構成には単独体と合議体がある。最高裁判所（5人制の小法廷と15人制の大法廷）と高等裁判所（3人制）は常に合議体で審判する（裁9条・18条)。地方裁判所は単独体であるが、合議体が用いられることもある。これについては、①死刑、無期または短期1年以上の懲役、禁錮に当たる罪（ただし強盗罪や常習窃盗罪など一部例外はある）に係る事件と、②合議体で審理および裁判する旨の決定が合議体によってなされた事件は合議制となる。①は**法定合議事件**、②は**裁定合議事件**と言う。裁判員裁判の場合は原則として、裁判官3人と裁判員6人で裁判体が構成される（図表4-1)。簡易裁判所は常に単独体で裁判を行う。

図表4-1　法廷配置図（裁判員裁判：点線は被害者参加制度が適用された場合）

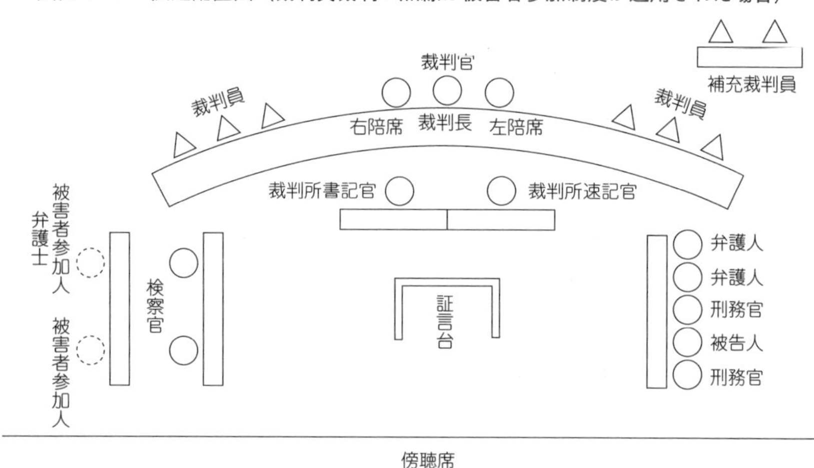

出典：筆者作成

（3）訴訟指揮権と法廷警察権

裁判所は、公判手続が円滑かつ秩序を保って進められるために重大な責務を負っている。このため公判期日における訴訟の指揮は裁判長がこれを行う（294条)。これを**訴訟指揮権**という。特に重要な訴訟指揮権としては、公判期日の指定、訴訟関係人による重複する尋問や陳述の制限（295条1-3項)、また訴訟関係人に対する求釈明（規208条）などがある。裁判所の訴訟指揮に法令違反があれば、当事者は異議を申し立てることができる（309条）。

また、審理の妨害を排除して法廷の秩序を維持するための裁判所の権限を**法廷警察権**と言う。その適切適宜な執行は裁判長または裁判官の１人に委ねられる（288条２項、裁71条１項）。法廷警察権は訴訟関係人に限らず、傍聴人など法廷にいるすべての人に及ぶ。この権限は、退去命令や発言禁止命令、また法廷における写真撮影や録音等の許可等である。

（４）公判手続の流れ

事件の審理と判決は原則として公開の法廷（公判廷）で行われる（憲37条１項·82条）。公判手続は「冒頭手続」、「証拠調べ手続」、「弁論手続」、「判決宣告」の４段階に分けられる。ここでは、特に本書の冒頭の「刑事手続の流れ」の第１審「公判」と照らし合わせながら学んでほしい。

（ⅰ）冒頭手続

公判開始後、証拠調べ手続に入る前の段階を**冒頭手続**と言う。

（ａ）人定質問（規196条）

まず最初に行われるのは、人定質問である。被告人として出廷して証言台の前に立っている者と、起訴状に記載されている被告人が同一人物であるかを確認するために、裁判長が質問をする。

（ｂ）起訴状の朗読（291条１項）

人定質問後、検察官により起訴状が朗読される。裁判所に対しては何が審理の対象になるのか、また被告人に対しては防禦の範囲が明らかにされることになる。公訴事実について不明な点があれば、起訴状朗読後、被告人または弁護人から裁判長に対し、釈明のための発問を求めることができ、裁判長自ら検察官に対し求釈明することもできる（規208条１項・３項）。なお、公開の法廷で**被害者や証人等を特定する事項を秘匿**する旨の決定がなされている場合は、仮名や記号等で被害者の情報について言及するなど、特定事項を明らかにしない方法で起訴状が朗読される（290条の２－３）。また、公判前整理手続に付された事件については、予定主張を明らかにすることで証拠の整理と審理計画の確認が行われる。

（c）黙秘権および諸権利の告知（291条4項）

起訴状朗読に続いて、裁判長は被告人に対し、終始沈黙し、または個々の質問に対しても陳述を拒むことができること、さらに、陳述した場合はそれが自己に不利益にも利益にも用いられうることを告げなければならない（規197条1項）。黙秘権を告知せず、被告人が供述義務があると誤信したとしても憲法38条1項に違反することにはならない（最判昭28・4・2刑集7巻4号745頁）。

（d）被告人および弁護人の被告事件に対する陳述（291条4項）

裁判長は、被告人および弁護人に対し、被告事件について陳述する機会を与えなければならない。被告人にとっては、裁判所に対し公訴事実についての自らの意見を述べる最初の機会である。審理の最初の段階で被告人側に防禦の機会を与え、また被告事件に対する被告人側の意見を聴くことで争点を明らかにすることは、**当事者主義**の要請でもある。英米の刑事手続における**アレインメント**（罪状認否）は、公訴事実について被告人が認めれば、事実認定手続は省略し、裁判所による量刑手続に入るが、わが国では被告人が有罪である旨陳述した事件でも証拠調べ手続を行う点が大きな違いである（ただし比較的軽い罪の事件では証拠調べ手続が簡略化できる。**簡易公判手続**→本章Ⅵ節（2）、**即決裁判手続**→本章Ⅵ節（3））。冒頭手続で被告人が公訴事実を認める旨の陳述をした場合は、被告人の**公判廷における自白**としてみなされ、有罪認定の証拠とすることができる（最判昭26・7・26刑集5巻8号1652頁）。

（ii）証拠調べ手続

冒頭手続に続き、証拠調べが行われる（292条）。事実の認定は証拠によるわけであるから（**証拠裁判主義**）、証拠調べ手続は刑事裁判の根幹である。証拠調べ手続については第5章のⅡ節以下で詳述するが、本書冒頭の「刑事手続の流れ」と対照させるため、ここでは項目のみ記す。検察官の冒頭陳述、被告人または弁護人の冒頭陳述、証拠調べの請求、証拠決定、証拠調べの実施（犯罪事実に関する立証と反証）、被告人質問、情状に関する立証と反証、と続く。

（iii）弁論手続

（a）論告・求刑（293条1項）

証拠調べが終わると、検察官は「事実および法律の適用」について意見を陳述する。これを、論告と言う。**論告**において検察官は、**犯罪事実の認定**および

情状についても意見を述べる。これに続き検察官は、被告人に対する量刑についても意見を述べるが、これを**求刑**と言う。求刑は検察官の意見表明にすぎず、裁判所を拘束するものではないから、裁判所は求刑を超えた判決を下すこともできる（最決昭41・12・27刑集20巻10号1242頁）。しかし量刑の不均衡を防ぐためにも、検察による求刑は裁判所が量刑を判断する上で大いに参考になるものであり、特に裁判員裁判においては求刑の役割は重要であろう。

（b）最終弁論・最終陳述（293条2項）

論告に続いて、被告人および弁護人も意見を陳述することができる。実務上はまず弁護人が陳述し、被告人は最後に陳述する。前者を**最終弁論**、後者を**最終陳述**と言う。検察官の論告と違い、弁護人の最終弁論は権利であり、義務ではない。しかし裁判員裁判においては、自白事件においても、弁護人も量刑について具体的な意見を述べる（「～年以下の刑を相当と考える」とか「刑の一部執行猶予（刑27条の2等）を求める」）ケースが多くなってきた。特に裁判員に対しては、検察官の求刑意見と照らし合わせて量刑を判断する際の事実上の「ものさし」を提示する役割を持っていると言えよう。

（5）弁論の分離・併合

ここに言う弁論とは、審理・判決の手続全体を指す広い意味である。1人の被告人が多数の事件を起こしてそれらが一括して起訴された場合や、共犯事件で被告人が複数の場合、弁論は複数になる。裁判所は、適当と認めるときは当事者の請求または職権により、弁論を**分離**し、もしくは**併合**し、または終結した弁論を再開することができる（313条1項）。複数の被告人の事件を分離・併合することを**主観的併合・分離**、同一被告人に対して複数の訴因を併合・分離することを**客観的併合・分離**と言う。客観的併合については、訴訟経済上の利点のみならず、被告人にとっても量刑上のメリットとなることが多い。主観的併合については、共犯事件では証拠調べが1回で済むし、各被告人間の量刑の均衡を図るというメリットもある。しかし、併合して審理されている複数の被告人の防禦が互いに相反するなどの事情があって、被告人の権利を保護するために必要があると認めるときは、弁論を分離しなければならない（313条2項、規210条）。

また、結審後、新しい重要証拠が出てきたような場合は、裁判所は当事者の請求または職権により、いったん終結した**弁論を再開**することができる（313条1項）。

（6）公判手続の停止・更新

裁判所は、審理を進める上で妨げとなるような以下のような事情がある場合には、公判手続を停止しなければならない。ⅰ）被告人が**心神喪失**の状態にあるとき（314条1項本文）。ここで言う心神喪失の状態とは、刑法上の責任能力概念とは違い、訴訟能力を欠く状態を指す。訴訟能力とは、被告人としての重要な利害を弁別し、それに従って相当な防禦をする能力を言う（最決平7・2・28刑集49巻2号481頁）。なお、回復の見込みがない場合には、形式裁判により手続を打ち切る余地がある。ⅱ）被告人が病気のため相当長期間出頭することができないとき（314条2項）、ⅲ）犯罪事実の存否の証明に欠くことのできない証人が病気のため公判期日に出頭することができないとき（314条3項）、ⅳ）訴因、罰条の追加変更等により被告人の防禦に実質的な不利益を生ずるおそれがあると認めるとき（312条4項）、である。なお、裁判所はⅰ）～ⅲ）の理由で**公判手続の停止**を決定するには、検察官および弁護人の意見を聴くほか、医師の意見も聴かなければならない（312条4項）。

また、裁判所は以下の場合には、公判手続を更新しなければならない。ⅰ）開廷後に裁判官が代わったとき（315条）、ⅱ）被告人の心神喪失により公判手続を停止した後再度公判手続を進めるとき（規213条1項）、ⅲ）開廷後長期間にわたり開廷しなかった場合で必要なとき（規213条2項）、ⅳ）簡易公判手続または即決裁判手続によって審理する旨の決定が取り消されたとき（315条の2・350条の11第2項、ただし検察官および被告人または弁護人に異議がないときを除く）である。特にⅰ）については、審理の途中で裁判官が交代することは、直接主義、口頭主義に反することになる。裁判官の心証を再構築するためにも、検察官に公訴事実の要旨を陳述させ、被告人・弁護人には被告事件に関する陳述の機会を与えた上で、更新前の証拠調べの結果を調べるとともに、訴訟関係人から証拠に関する意見を聴取することによって行われる。訴訟関係人が同意したときは、相当と認める方法で証拠を取り調べることができる（規213条の2）。

また、裁判員裁判においても、公判手続開始後に裁判員の交代があった場合は公判手続を更新しなければならない（裁員61条１項）。この場合は新たに加わった裁判員の過剰な負担にならないように配慮が求められている（裁員61条２項）。

（７）判決の宣告

以上の手続を経て結審後、裁判長は判決を宣告する。裁判長は公判廷で主文（結論を成す意思表示の部分）と理由を朗読し、または主文の朗読と理由の要旨を告げる方式で行われる（342条、規35条２項）。なお、判決については判決書の作成が必要であるが、理由については要旨の告知で足り、判決宣告時に判決書の原本が作成されている必要はない。実務上は、原本は判決宣告後に作成される。この点は民事訴訟とは異なる（民訴252条）。有罪判決宣告の際には、被告人に対し、14日以内に控訴ができることおよび控訴申立書は第１審裁判所に差し出すべきことが告知される（373・374条、規220条）。執行猶予付判決で**保護観察**に付する旨の判決の宣告をする場合には、裁判長は被告人に対し，保護観察その他必要と認める事項を説示しなければならない（規220条の２）。判決は宣告された内容に従って効力を生じる。裁判長は判決の宣告をした後、被告人に対し、その将来について適当な**説諭（訓戒）**をすることができる（規221条）。

被告事件について犯罪の証明がないとき、また被告事件が罪とならないときは被告人に対して無罪判決が言い渡される（336条）。英米の刑事手続では検察官による事実誤認を理由とする控訴は**二重の危険の禁止**（→第６章Ⅳ節（３））の法理の下に禁止されているが、わが国では、同一の事件においては訴訟手続の開始から終結に至るまでが継続する１つの「危険」だとして（最大判昭25・9・27刑集４巻９号1805頁）、無罪判決に対する上訴が許されている。

Ⅳ　刑事手続と被害者

被害者は「事件の当事者」ではあるが、「刑事訴訟における当事者」ではない（当事者主義については→第１章Ⅰ節（２））。被害者は長い間、刑事手続においては「証拠の一つ」としてしか扱われず、提供される情報も限定的であったことから、「蚊帳の外」に置かれていると感じる被害者も多かった。

しかし、被害者は刑事手続において重要な役割を果たす。被害届や告訴（→第２章Ⅱ節（２））などは捜査の端緒のため不可欠である。また、親告罪においては、告訴がなければ検察は公訴の提起ができず、告訴を欠く場合は公訴棄却となる（338条４号）。ところで、刑訴法においては“被害者等”という用語が使われることがある。これは、犯罪の直接の被害者だけでなく、「被害者又は被害者が死亡した場合若しくはその心身に重大な故障がある場合におけるその配偶者、直系の親族若しくは兄弟姉妹」（290条の２第１項）を含むものである。直接の被害者と被害者遺族では、その心情やニーズは異なることも多々あろうから、こうしてひとくくりにしてしまうことに問題がないわけではない。しかし、便宜上、本章でも以下「被害者等」とするときには、この範囲の人々を指すものとする。

（1）刑事手続における被害者等への配慮

わが国の刑事手続において被害者等への配慮が進み始めたのは1990年代後半ごろであった。2000（平成12）年５月19日に公布された「刑事訴訟法及び検察審査会法の一部を改正する法律」（以下、「2000年刑訴法等改正」）および「犯罪被害者の保護を図るための刑事手続に付随する措置に関する法律」（以下、「犯罪被害者保護法」）が成立し、証人の負担を軽減するための措置（現157条の４：証人の付添い・現157条の５：証人の遮へい・現157条の６：ビデオリンク方式による証人尋問）が導入され、またビデオリンク方式による証人尋問の録画の証拠化（321条の２）も可能となった。さらに、被害者等がその心情を公判において陳述することも可能となった（292条の２）（WEB 資料２-４❸）。これらの制度については、第５章を参照してほしい。

（2）被害者参加制度

（i）被害者等基本法と被害者等基本計画

1990年代後半より進み始めた刑事手続における被害者等への配慮は、刑事裁判により直接的に参加したいという被害者等の思いを刑事手続に取り込んでいく形となった。

2005（平成17）年４月「犯罪被害者基本法」が施行され、同年12月「犯罪被害者基本計画」が策定された（WEB 資料2-4❹）。これを受け、2007年6月施行の「犯罪被害者等の権利利益の保護を図るための刑事手続に付随する措置に関する法律」により、「被害者参加制度」（316条の33以下）が創設され、2008年12月1日から施行された。手続に参加する被害者等は、**被害者参加人**と呼ばれる。

（ii）被害者はどのように参加するのか

被害者参加制度の下では、一定の重大な事件を対象（316条の33第1項）に、その被害者等もしくは当該被害者の法定代理人またはこれらの者から委託を受けた弁護士（以下、「被害者参加人等」とする）から手続への参加の申出があるときは（316条の33第2項：この申出は検察官に対してなされ、検察官は意見を付して裁判所に通知する）、裁判所は被告人または弁護人の意見を聴き、犯罪の性質、被告人との関係その他の事情を考慮し、相当と認めるときにこれらの者の参加を許す（WEB 資料2-4❺）。実際には、参加の申出があれば大部分が認められているようである。

（a）公判期日への出席（316条の34）

裁判所は、審理の状況、被害者参加人等の数その他の事情を考慮して相当でないと認めるときを除き、被害者参加人等の公判期日への出席を認める。「その他の事情」とは、例えば、被害者等が法廷で不規則発言をするおそれが非常に高い場合などが考えられよう。傍聴席に座るのではなく、「バー（法廷の柵）の中に入りたい」という被害者等の思いに応えるものと言えよう。法廷では被害者等参加人は検察官のすぐ近くに着席する（図表4-1）。

（b）証人尋問（316条の36）

被害者参加人等は情状に関する事項（犯罪事実に関するものを除く）に限定してではあるが、検察官に続いて証人尋問を行うことができる。その証人尋問におけるやり取りは量刑の資料となりうる。

（c）被告人に対する直接質問（316条の37）

被害者参加人等は、将来行う意見陳述のために必要があるときは、被告人に質問することができる。ここに言う「意見の陳述」とは、「被害者等による意見の陳述」（292条の2）と、次に述べる「被害者参加人による弁論としての意見陳述」の両方を指す。

（d）弁論としての意見陳述（316条の38）

被害者参加人等は、証拠上認められる事実や法律の適用についての意見を述べることができる。292条の2による被害者等の意見陳述との違いは、被害者等に事実や法律の適用についても意見を陳述する機会を認めたところにある。つまり、本条による意見陳述は、いわば被害者参加人が検察官とは別個に行う「論告求刑」であり、順番としては検察官による論告（293条）のすぐ後に行われる。ところで、本条により意見陳述が認められるのは「訴因として特定された事実の範囲内」であることに注意しなければならない。したがって、例えば、傷害致死事件として起訴された事件の裁判において、被害者等参加人が被告人には殺意があった旨意見陳述することや、傷害致死罪の法定刑に規定されていない死刑を求刑することはできない。

（e）被害者参加人への法的支援

被害者参加人は**被害者参加弁護士**を選任することができる。資力要件を満たせば（200万円未満）、国選被害者参加弁護士を選任することもできる。

（f）被害者参加制度の課題

刑事裁判に参加することでさらに深く傷ついてしまう被害者もいるであろうが、そのような場合の支援はまだ不十分である。望んで参加したのだから自己責任だと片づけてよい問題ではない。また、刑事訴訟における「当事者」ではない被害者に当事者「的」役割を与えていることが刑事訴訟の構造にどのような影響を及ぼすのかについては検討を要する。犯罪被害者の視点や意見を刑事裁判に反映させることは、より多角的な観点から真実を解明することにつながるという意義もある。しかし、特に否認事件の裁判においては被害者参加制度を適用することには懸念も大きい。運用上の手続二分を検討すべきであろう。

（ⅲ）損害賠償命令制度

被害者等への経済的支援は被害からの回復のためにも重要である。わが国では1980年に犯罪被害者等給付金支給制度が導入された。刑事手続においては、「犯罪被害者保護法」の下で導入された「**刑事和解制度**」（被保19条）がある。また2007年に同法が改正され、2008年12月より「**損害賠償命令制度**」（被保23条以下）も導入された。そこでは、一定の範囲の事件において、刑事手続の成果を利用して被害者等が当該刑事裁判所に損害賠償請求を行うことができる

(WEB資料2-4❻)。

V　裁判員制度

(1) 導入の背景と趣旨、諸外国の市民参加型刑事裁判との比較

日本社会においては多くの人が、裁判はあまり自分とは関わりのないものだと感じているのではないか。特に、刑事裁判などは関わりを持たない方が望ましいし、余程の関心がない限り（あるいは法律を学ぶ人でない限り）、裁判を傍聴したことがない人の方が多いであろう。1990年代後半に始まった司法制度改革により、国民にとってより利用しやすい司法のあり方が論じられるとともに、**国民の司法参加**も検討課題の1つとなった。その背景には、結審まであまりに時間のかかる刑事裁判を改革する必要性や、戦後4件に及んだ死刑事件におけるえん罪判決などへの反省から、司法制度に対する国民の信頼を回復させようとする声があった。さらに、諸外国では、国民が裁判に参加する制度（代表的なものは英米の**陪審制度**や、ドイツやフランス等ヨーロッパ諸国の**参審制度**）が実施されている国も多く、わが国もそれにならったという点も大きい。ところで、実はわが国でもかつて（1928～1943年）は陪審制度が実施されていた（WEB資料2-4❼）。戦争が開始したこと等の理由により、陪審制度は停止されたものの、現在も陪審法は廃止はされておらず、陪審制度を復活させることも一案であった。しかし、まったく新しい日本独自の「裁判員制度」が導入されることとなった。こうして、2004年5月に「裁判員の参加する刑事裁判に関する法律」が制定・公布され、2009年5月21日より裁判員制度が施行された。

(2) 裁判員制度の基本構造

裁判員制度は、国民が司法に参加することが、国民の司法に対する理解の増進とその信頼の向上に資することを目的として掲げている（裁員1条）。市民参加型の裁判を受けることを被告人の権利として位置付けている英米の陪審制度とは違い、被告人には裁判員裁判か裁判官裁判かの選択権はない。裁判員裁判の対象事件は、①法定刑に死刑または無期刑を含む事件および②法定合議事件のうち、故意の犯罪行為により被害者を死亡させた事件であり、一定の重大な

事件に限定されている（裁員２条１項）。これらの事件は、刑事通常第１審事件の２％程度である。ただし、これらの対象事件に当たる場合であっても、裁判員やその親族等に危害が加えられるなどのおそれがある場合、また、審理に著しく長期間（１年以上）を要するなどの場合には、検察官、被告人もしくは弁護人の請求により、または職権で、裁判員裁判の対象から除外することができる（裁員３条・３条の２）。裁判員制度は１審においてのみ適用される。

最高裁判所は、裁判員裁判においても、公平な裁判所における法と証拠に基づいた適正な裁判が行われることは制度的に十分に保障されているとして、裁判員裁判の合憲性を認めている（最大判平23・11・16刑集65巻８号1285頁）。

裁判員裁判における裁判体は、原則として、裁判官３人、裁判員６人の合議体である（裁員２条２項）。自白事件で争点も複雑でなければ、裁判官１人と裁判員４人の合議体も認められている（裁員２条２項但書・３項）。しかし、後者のいわば「ミニ合議体」は制度施行以来まだ１件も適用がない。

（３）裁判員の選任

裁判員選任手続は、裁判官、裁判所書記官、検察官および弁護人が出席して開かれる。選任手続は非公開である。裁判所は、必要と認めるときは、被告人を出席させることができる（裁員32-33条）。裁判員は衆議院議員選挙権を有する国民の中から無作為に選ばれる（裁員13条）。欠格事由（裁員13条）、就職禁止事由（裁員15条）があれば裁判員になることはできない。また、辞退事由（裁員16条）のある者は辞退の申出をすることができる。近年、選任手続への出席率低下が問題となっている（WEB 資料２-４❽）。制度の意義を市民にどう理解してもらうかは、裁判員制度が今後発展していくための鍵を握っている。

（４）裁判員裁判と公判手続

裁判員裁判では、裁判員である市民の協力を得るためにも、審理が計画通り円滑に進められることは特に重要である。裁判員裁判対象事件は**公判前整理手続**に必ず付されなければならない（裁員49条）。検察官や弁護人は、冒頭陳述をする際に、公判前整理手続における争点および証拠の整理の結果に基づき、証拠との関係を具体的に明示しなければならない（裁員55条）。特に裁判員裁判では審理は迅速でわかりやすいものであることが求められる（裁員51条）。

裁判員と裁判官は、実体裁判における**事実の認定**、**法令の適用**、**刑の量定**を行う（裁員６条１項）。一方、法令の解釈、訴訟手続に関する判断等は裁判官ののみの合議による（裁員６条２項）。裁判員は裁判官とともに**評議**を行い、出席して意見を述べなければならない（裁員66条１－２項）。**評決**は、裁判官および裁判員の双方の意見を含む合議体の員数の過半数の意見による（裁員67条１項）。また、量刑について意見が分かれた場合は、構成裁判官および裁判員の双方の意見を含む合議体の員数が過半数になるまで、被告人に最も不利益な意見の数を順次利益な意見の数に加え、その中で最も利益な意見による（裁員67条２項）。

ところで、裁判員裁判で無罪となり、控訴審で有罪となった事件の上告審判決において最高裁は、「控訴審が第一審判決に事実誤認があるというためには、第一審判決の事実認定が論理則、経験則等に照らして不合理であることを具体的に示すことが必要である」としている（最判平24・２・13刑集66巻４号482頁）。

（５）裁判員の義務とその負担への配慮

裁判員は、評議の秘密その他の職務上知り得た秘密を漏らしてはいけないという**守秘義務**を負う。違反すれば、６月以下の懲役または100万円以下の罰金に処せられる（裁員108条）。このうち、「**評議の秘密**」には評議の経過や、評議で出された意見やその数、多数決の人数などを含むと解されている。しかし、何が「評議の秘密」に当たるかは必ずしも明快でない。裁判員経験者には、曖昧で厳しい守秘義務が一生課されることで、裁判員を経験したことについての単なる感想は別として、ほとんど話せなくなってしまっているのではないかという懸念もある。裁判員経験者による知見が、社会に還元されなければ、この制度が社会に根付き、今後も長年にわたって発展していくことは難しいのではないだろうか。

ところで、裁判員がその任務を果たすために仕事を休んだ場合、雇用先はそのことを理由に不利益な扱いをしてはならない（裁員100条）。また、裁判員の氏名、住所その他の個人を特定するに足りる情報は公にしてはならない（裁員101条１項）。

（6）裁判員裁判と区分審理、部分判決制度

1人の被告人が裁判員対象事件を含む複数の事件で起訴され、その弁論を併合した場合には、併合した事件のうちの一部を区分して順次審理する旨の決定をすることができる（裁員71条1項）。これを**区分審理**と言う。この場合、合議体を構成する裁判官は変わらないが、それぞれ区分された事件の審理ごとに裁判員が選任され、事実認定に関してのみ部分判決を順次言い渡す（裁員84条1項）。最後の区分事件の審理を担当する合議体が、すべての事件の情状について審理し、併合された事件全体について終局判決を下すことになる（裁員86条）。

Ⅵ　簡易な手続

これまでは通常の公判手続について述べてきたが、わが国では、このほかにもいくつかの簡易な手続を規定している。これは、軽微な自白事件についてはその処理手続を簡易・迅速に行う一方、争いのある事件や複雑な事件、また裁判員裁判対象事件の捜査・公判手続に重点的に資源を配分しようとする狙いもあるからである。ここでは、これらの簡易な手続について見てみよう。

（1）略式手続

通常の公訴提起の方式については第3章において説明されているが、法はこのほかに、簡易裁判所が検察官の請求によって、公判手続によらず、書面審理のみで被告人に100万円以下の罰金または科料を科する裁判（**略式命令**）をする手続を認めている（461条）。略式命令の請求は、検察官が起訴前に被疑者に対し略式手続の内容について説明し、通常の公判手続を選択することができる旨を告げ、略式手続によることに異議がないかどうかを確認した上で、異議のないことを示す被疑者作成の書面を起訴状に添付し（461条の2第1項）、証拠書類・証拠物とともに簡易裁判所に提出して行われる（規289条）。ゆえに、これは起訴状一本主義（→3章Ⅱ節（3））の例外である。

略式手続は非公開で行われ、書面審理で行われることから、被告人にとっても負担の軽いものである一方、裁判の公開（憲82条1項）や証人審問権（憲37条2項）の権利が十分に保障されないおそれもあり、被告人に異議がない場合の

みこの略式手続によることになる。また、略式命令が発せられても、被告人また検察官は、告知を受けた日から14日以内に、略式命令をした裁判所に対して正式裁判の申立てをして通常の公判手続による裁判を受けることができる（465条）。このことから、略式命令手続は、被告人の公平な裁判所の迅速な公開裁判を受ける権利や、証人審問権を害しているとは言えないとの理由から、憲法に違反した手続ではない、とされている（最判昭37・2・22刑集16巻2号203頁）。

検察庁終局処理人員のうち約4分の1は略式命令請求となる。また、起訴される被疑者のうち約4分の3は略式命令請求であり、起訴の大部分を占めている。

（2）簡易公判手続

裁判所は、冒頭手続で被告人が起訴状に記載された訴因について有罪である旨の陳述（単に訴因事実について認める旨の陳述では足りず、違法性阻却事由および責任阻却事由が存在しないことについても認めていることが必要）を行った場合、検察官、被告人および弁護人の意見を聴いた上で、その訴因に関して**簡易公判手続**によって審判する旨の決定を行うことができる（291条の2、規197条の2）。対象は比較的軽微な事件に限定され、法定合議事件は対象から外される。この決定がなされると証拠調べ手続は簡略化され、正式な公判手続で必要とされる証拠調べに関する規定は適用されず、「適当と認める方法」で行うことができる（307条の2）。また、当事者が異議を述べない限り、伝聞法則（→第5章Ⅶ節）も適用されない（320条2項）。

簡易公判手続は、被告人自身に自己処分権を認めている英米の**アレインメント**（罪状認否）と類似する部分もあるが、証拠調べ手続が簡略化されるにすぎず、また自白補強法則（憲38条3項、刑訴319条2-3項）も不要とされるわけではない点が大きく違う。

簡易公判手続が利用される場合でも、捜査、公訴の提起、また公判準備は通常どおり行われるわけであるし、しかも公判開始後冒頭手続まではこの手続が実施されるかはわからない。証拠調べ手続が簡略化される以外はあまり大きなメリットがないとも言え、利用率は低い。対象となる自白事件の被告人のうち、簡易公判手続を利用するのは地裁では1～2％程度、簡裁でも10数％程度である。

（3）即決裁判手続

検察官は、公訴を提起しようとする事件について、事実関係に争いが無く、事案が明白かつ軽微であり、相当と認めるときは、被疑者の同意を得た上で、地方裁判所または簡易裁判所に対して公訴の提起と同時に書面で**即決裁判手続**の申立てをすることができる（350の16第1－3項）。法定合議事件はこの手続の対象とすることができない（350条の16第1項但書）。裁判所は、弁護人に対してできるだけ速やかに、この手続によることの同意あるいは意見の留保を確認しなければならない（350条の16第4項）。被告人の権利保護の観点から、弁護人が選任されていなければ、即決裁判手続に係る公判期日を開くことはできない（350条の23）。裁判長は公訴が提起された日からできる限り早い時期（公訴が提起された日から14日以内）に公判期日を開かねばならない（350条の21、規222条の18）。冒頭手続で被告人が有罪である旨の陳述を行った際には、事件が即決裁判手続によることが相当でないと認めるとき等を除き、同手続によって審判する旨の決定をする（350条の22）。判決が言い渡されるまでに被告人または弁護人が同意を撤回したときには同決定を取り消さなければならない（350条の25）。裁判所は適当と認める簡易な方法による証拠調べを行った上（350条の24）、原則として即日判決を言い渡す（350条の28）。当事者が異議を述べない限り、伝聞法則は適用されない（350条の27）。

裁判所は、懲役または禁錮の言渡しをする場合には、必ず執行猶予をつけなければならない（350条の29）が、罰金刑の場合は執行猶予をつけなくてもいい。即決裁判手続の意義は手続の迅速化にあることから、判決で示された罪となるべき事実の誤認を理由とする上訴は許されない（403条の2・413条の2）。判例は、検察官が即決裁判手続を申し立てるには被疑者の同意に加え、弁護人の同意あるいは意見の留保を必要としており、また判決が言い渡されるまでは被告人はその同意を撤回し、正式な公判手続による審判を受けることができるわけであるから、即決裁判手続において事実誤認を理由とする控訴を制限することは憲法32条には違反せず、また、即決裁判手続の制度自体が自白を誘発するものとは言えず、したがって憲法38条2項にも反しないとしている（最判平21・7・

14刑集63巻6号623頁）。

即決裁判手続は捜査や公判における負担を合理化し、手続を効率化する目的で2004年刑訴法改正により導入された。即決裁判手続で審判することが決定されても、その後、被告人がその同意を撤回したり、否認に転じると通常の公判手続となる。その際に、自白以外に有力な証拠がないと、検察官の立証が困難になることから、検察は念のためにそれに備えた捜査を行わなければならず、負担の十分な軽減になっていないという問題も指摘されてきた。この点、2016年刑訴法改正により、被告人が否認に転じるなどして即決裁判手続によらなくなった場合、検察官はその公訴を取り消し、再捜査をした上で、再起訴ができることになった（350条の26）。これは、いったん公訴を取り消した場合には新証拠がない限りは再起訴できないという原則（340条・338条2号）の例外として位置付けられる。

第5章　証　拠

I　証拠の基本原則

（1）証拠裁判主義

刑訴法317条は、「事実の認定は、証拠による」と**証拠裁判主義**を規定している。非常に簡潔ではあるが、証拠と事実の認定について重要な意味が込められている。

近代以前には広く神判と言われる審理方法が行われていた。神判とは、神の意思による審判であり、例えば被告人の手足を拘束して川などに投げ入れ、沈めば無罪・浮かべば有罪という水の神判などが実施され、西洋では13世紀初めに実質的に禁止されるまで広く行われていたと言う。

明治初期の日本においては、自白を中心とした裁判が実施されていたところ、1873（明治6）年の改定律例318条には「凡罪ヲ断スルハ口供結案ニ依ル」と規定し、自白による断罪を定めていたが、自白に依存する事実認定はこれを獲得するための拷問と密接に結びついていた。自白と拷問との密接な関連は日本に限らず、洋の東西を問わず、同様の関係が見られた。その後、日本では、1876（明治9）年に、上記規定が「凡罪ヲ断スルハ証ニ依ル」と改正され、さらに、同種の明文規定の不在期間もあったが、旧刑訴法に「事実ノ認定ハ証拠ニ依ル」と証拠裁判主義の規定が置かれるに至り、現行法はこれを引き継いでいると言える。こうして、かつての非合理的な審理と決別し、客観的証拠による合理的推論に基づく審理が行われなければならないということが明確にされている。

317条には、このような歴史的背景があり、不合理な認定方法や自白に専ら依存した認定方法を否定するという意義があると解されるだけでなく、後に述べるように、本条の「証拠」とはあらゆる「証拠」を指すのではなく、公判において使用する資格のある証拠を意味し、「事実の認定」についても適正かつ合理的な認定の手続を要請していると解するのが妥当である。

（2）証拠の意義と種類

図表5－1　直接証拠と間接証拠／実質証拠と補助証拠

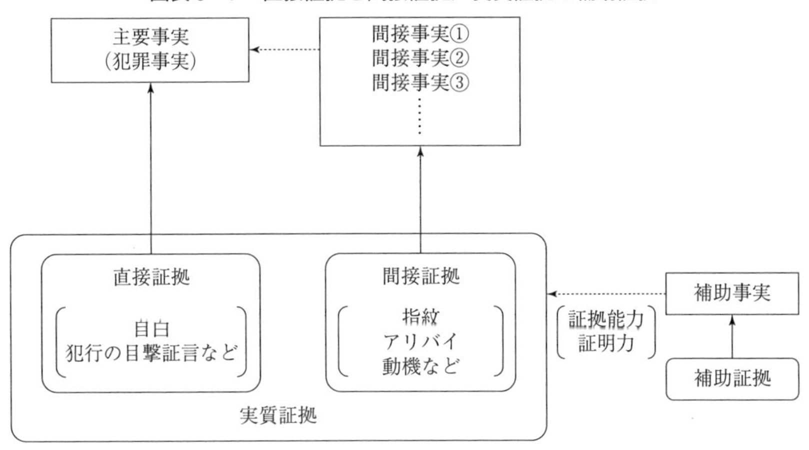

出典：筆者作成

証拠とは、裁判において事実認定の手段・根拠となる資料を言う。証拠の概念は多義的であり、証拠の性質によって、その種類を分類することが可能である。例えば、公判で証拠がどのように使用されるのか、その視点が変われば、証拠の特徴が鮮明になり、同一の証拠でも見方が変わることで複数の特徴を有していることがわかる。

【事例】では、冨田順子が公判証人として、「大声で言い争う声を聞いた」という趣旨の供述をしている。この供述を以下の視点から見てみると、それぞれ、（ⅰ）間接証拠、（ⅱ）実質証拠、（ⅲ）供述証拠、（ⅳ）人的証拠、（ⅴ）人証に分類することができる。これらを順次見ていく。

（ⅰ）直接証拠と間接証拠

ある証拠が、**主要事実**（犯罪事実）とはどのような関係にあるのか、という視点から証拠を見た場合、直接証拠と間接証拠に分類することができる。**直接**

証拠とは、主要事実を直接に証明する証拠を言う。自白や犯行を目撃した証人の証言などがこれに相当する。これに対して**間接証拠**は、主要事実を間接的に推認させる事実（**間接事実**）を証明する証拠のことであり、**情況証拠**とも呼ばれる（情況証拠という用語について、間接証拠だけでなく間接事実を指すものとして使用されることもあるので注意を要する）。指紋やアリバイ証言などがこれに相当する。例えば、住居侵入事件の犯行現場のドアに付着していた指紋が被告人のものであったということから、被告人が現場ドアに触れたことがある（犯行現場にいた）という事実（間接事実）が証明され、犯行現場への侵入の事実（主要事実）を推認する証拠の１つとして使用するような場合、指紋は間接事実を証明する間接証拠である。もっとも、間接証拠や間接事実のみで、直ちに主要事実が推認できるわけではなく、直接証拠がない場合には、特に主要事実の証明には慎重な検討が必要である。

【事例】の主要事実は、「被害者を崖から突き飛ばして、死亡させた」事実であるが、冨田供述は犯行を直接目撃した（犯行状況を直接聞いた）という内容ではなく、主要事実を直接立証することはできないので、直接証拠ではない。冨田供述により、犯行直前に両者が言い争っていた事実（間接事実）を立証し、主要事実を推認する証拠の１つとして使用することが考えられる。よって、冨田供述は、「間接証拠」である。

（ii）実質証拠と補助証拠

ある証拠により、何を立証するのか（証明対象となる事項は何か）、という視点から証拠を見た場合、実質証拠と補助証拠に分類することができる。**実質証拠**とは、主要事実や間接事実の存否を証明するために用いられる証拠のことを言い、**補助証拠**とは、実質証拠の証拠能力の有無や証明力に影響を与える事実（これを**補助事実**と言う）を証明するために用いられる証拠を言う。前記の直接証拠や間接証拠は事実の存否を立証するために用いられるので、いずれも実質証拠に相当する。これに対して、自白の任意性（証拠能力）に関する事実や目撃証言者の視力（目撃証言の信用性・証明力）などを証明するために用いられる証拠は補助証拠に相当する。なお、補助証拠のうち、証明力を低下させるような証拠（目撃証言者の視力が低いという事実を証明する証拠など）を特に**弾劾証拠**と呼ぶ。また、証明力を高める証拠を**増強証拠**、一度証明力が低下させられた証拠の証明力を再度高めて回復させる証拠を**回復証拠**と呼ぶ（→本章Ⅶ節）。

【事例】では、冨田供述は、上述のとおり、間接事実の存否を証明するために用いられる間接証拠なので、「実質証拠」である。

（ⅲ）供述証拠と非供述証拠

ある証拠が、後述の**伝聞法則**適用の対象になりうるのか（→本章Ⅶ節）、という視点から証拠を見た場合、供述証拠と非供述証拠に分類することができる。**供述証拠**とは、人の言語によって表現された供述でその供述内容どおりの事実を立証するために用いる証拠を言う。それ以外の証拠を**非供述証拠**と言う。凶器や指紋などは非供述証拠に相当する。いわゆる科学的証拠も非供述証拠であるが、これについては後述する（→本章Ⅲ節）。

供述証拠の特徴として、供述内容が公判廷に証拠として提出されるまでに、知覚（犯行を目撃する）、記憶（目撃した内容を記憶する）、表現、叙述（公判証人であれば、目撃内容につき、記憶に従って、言語的表現を用いて、その内容を伝える）という過程を辿る。こうして供述された内容どおりの事実の存否について、すなわち、その供述内容の真実性を立証するために用いられる証拠が供述証拠である。したがって、人の発言であったとしても、その意味内容の真実性とは無関係に用いられる場合は供述証拠ではなく、発言の「存在自体」を証拠とする場合などは非供述証拠に相当する。

この分類が証拠法上重要であるのは、供述証拠には伝聞法則の適用があるのに対して、非供述証拠にはその適用はない、ということである。人の発言であったとしても、この証拠で何を立証することになるのかということ（**要証事実・立証事項**）により、**供述証拠**（**伝聞証拠**）か**非供述証拠**（**非伝聞証拠**）かということを分類し、検討することが重要になってくる。

【事例】では、冨田供述により、「言い争っていた」という事実（これを要証事実・立証事項と言う）を証明する場合、供述内容どおりの事実、すなわち、供述内容の真実性（本当に言い争っていたのか否か）を立証するために用いることになる。よって、冨田供述は、「供述証拠」である。

（ⅳ）人的証拠と物的証拠

ある証拠が、どのように公判廷に顕出されるのか、証拠収集の方法という視点から証拠を見た場合、人的証拠と物的証拠に分類することができる。**人的証**

拠は人が証拠となる場合であり、証人などが典型であるが、これを得る強制的な手段として召喚や勾引という方法が用いられる。人的証拠以外の**物的証拠**は押収や検証によって強制的に証拠が収集される。

【事例】では、冨田から、供述という証拠を得ようとしているので、冨田は「人的証拠」である。

（ｖ）人証・物証・書証

ある証拠を、公判廷でどのように取り調べるのか、証拠調べの方法（→本章Ⅱ節）という視点から証拠を見た場合、人証・物証・書証に分類することができる。証人など、人の供述が証拠となる**人証**は**尋問**により、書面の記載内容が証拠となる**書証**は**朗読**により、物の存在や状態が証拠となる**物証**は**展示**により、証拠調べを行う。なお、物証と書証の性質をあわせ持つような「**証拠物中書面の意義が証拠となるもの**」は**展示**と**朗読**により証拠調べを行う。

【事例】では、冨田は、証人として尋問により証拠調べが実施されるので、冨田は「人証」である。

（３）証拠能力と証明力

公判において使用することのできる証拠を**証拠能力**のある証拠と言い、証拠として事実を立証する力（価値）がどのくらいあるのかということを**証明力**と言う。基本的に、証拠能力は、公判廷において事実認定の証拠として使用するための法的資格であり、その「有無」が問題になる。これに対して、証明力は、証拠として事実を推認する程度について、その「高低」が問題になる。そこで、事実認定においては、まずは証拠能力を検討し、証拠能力のある証拠についてのみ、証明力を評価することで事実の認定に用いることになる。

証拠の証拠能力について、いかなる証拠でも公判で使用可能ということになると、出所の不明な証拠などを用いることで、正しい事実認定が脅かされ、誤判の危険が生じる可能性が高まると言える。仮に、正しい事実認定に役立ちうるとしても、その証拠収集過程で不法に収集された証拠を用いると、捜査手続における不法な活動（拷問や違法捜査など）を事実上、追認し、助長することになりかねない。そこで、事実の認定は適正な証拠によらなければならず、公判廷で使用する証拠にはその資格としての証拠能力がなければならないのである。

このような証拠としての資格、証拠能力を判断する際の観点について、講学上、**自然的関連性**及び**法律的関連性**が有り、**証拠禁止**（違法収集証拠排除法則→本章Ⅳ節）に当たらない証拠は証拠能力が認められる、と考えられている。もっとも、常に証拠の関連性と証拠禁止について吟味する必要があると言うわけではない。

証拠の証明力について、前述の中世における神判が禁止されたのち、証拠を誰がどのように評価するのかということは重大な問題であったであろう。その後の歴史の中で、一方では、ある証拠から証明しうる事項をあらかじめ定めておくという方法が、また他方で、人（事実認定者）が証拠の価値を評価するという方法が採用されてきた。前者を法定証拠主義、後者を自由心証主義と言う。日本では、証拠の評価については、後述のとおり（→本節（7））、自由心証主義を採用している。

（4）証拠の関連性

証拠の関連性については、自然的関連性および法律的関連性と言う観点から検討される。**自然的関連性**とは、ある証拠が立証対象となる事実の存否を推認させる最小限度の証明力を有しているかどうかということである。そもそも事実の存否を推認させるだけの価値のない証拠は、公判で取り調べたとしても意味がない。そこで、このような証拠を最初から排除することにより、公判手続の無駄を省き、事実認定への不当な影響を避けるために、証拠能力を認めないという規制方法である。自然的関連性のない証拠としては、風聞（うわさ話）などが相当する。また、いわゆる科学的証拠について自然的関連性が問題になることがある。

法律的関連性とは、自然的関連性が認められたとしても、ある証拠が事実認定者への不当な予断や偏見などにより、争点を混乱させ、事実認定を誤らせるなどの危険があるかどうかということである。伝聞証拠、不任意自白（自白排除の解釈による）、悪性格立証などがこれに相当する。

悪性格立証に関して、前科立証が許されるかという問題がある。例えば、【事例】の被告人・前山哲也が、かつて知人への傷害の罪で有罪判決を受けたことがあるとする。前山のこのような同種前科により、前山の悪性格（被告人は暴力的な犯罪性向のある人物である、など）を立証し、そこから本件の犯人性を推認しようとする場合、このような立証方法は、どのような推認過程を経るのであろうか。前刑の存在から前山の暴力的性向が当然に推認できるとは言い難く、ましてや、前刑と今回の犯罪との関連が認められない場合、本件の犯人性を推認することは、行き過ぎた人格的評価と「不合理な推論」が含まれていると言える。このような不合理な推論が含まれた過程を経た事実の認定には誤りの危険が生じるため、前科証拠を上述のように使用する場合、法律的関連性がないため、証拠能力は認められないと考えられる。

同種前科の立証について、最判平24・9・7刑集66巻9号907頁は、住居侵入、窃盗、現住建造物等放火被告事件において、検察官から請求のあった、前科である前刑放火の証拠調べに対して、「（前科証拠を被告人の犯人性の立証に用いることは、）前刑放火の事実から被告人に対して放火を行う犯罪性向があるという人格的評価を加え、これをもとに被告人が本件放火に及んだという合理性に乏しい推論をすることに等しく、このような立証は許されない」とした（なお、最決平25・2・20刑集67巻2号1頁も参照）。

しかし、前掲・判例は、同種前科による犯人性の立証が例外的に許される場合があることを認めている。すなわち、「前科に係る犯罪事実が顕著な特徴を有し、かつ、それが起訴に係る犯罪事実と相当程度類似する」場合である。この場合、顕著な特徴を有している犯罪であれば、同種犯罪の犯人は極めて限定されると推量されるので、前科と公訴犯罪事実とが相当程度に類似していれば、それらの犯罪は同一人による犯行と推認することができる、と考えられる。このような立証方法は、前科における犯罪の特殊性と公訴事実の特殊性との類似性を立証することで、被告人の犯人性を推認するものであり、犯罪性向や人格的評価という不合理な推論を挟まない推認過程と言える。なお、「顕著な特徴」や「相当程度の類似」がどの程度であるべきか、ということについては、犯人性の立証であることから考えると、厳格に解すべきであろう。

（5）厳格な証明と自由な証明

裁判では、証拠能力のある証拠によって事実が証明されなければならないが、すべての範囲の事実を同じように証明すべきというわけではない。どのような証明方法により、いかなる範囲の事実を、どの程度、証明すべきなのであろうか。

証拠による証明の方法として、証拠能力のある証拠によって適式な証拠調べ手続を経た証明の方法を**厳格な証明**と言い、それ以外の証明方法を**自由な証明**と言う。

証拠裁判主義を規定した317条は、原則として、犯罪事実の認定は、厳格な証明によらなければならないことを規定したものと考えられている。厳格な証明の対象となる事実の範囲については、構成要件に該当する事実や違法性・有責性を基礎付ける事実（犯罪事実）を立証する場合や法律上の刑の加重事由など刑罰権の存否やその範囲について立証する場合には、厳格な証明が必要と解されている。また、これら以外の事実であっても犯罪事実に関連する事実（例えば、量刑に関する事実のうち、犯罪の動機や態様、被害の程度などのいわゆる**犯情**）も同様に厳格な証明が必要と考えられる。

これに対して、**量刑の資料**のうち、被告人の経歴や性格、犯行後の状況などの情状に関する事実は自由な証明で足りると解されている。もっとも、量刑や情状などは多義的で、これらを証明する事実が広範囲にわたることがあり、厳格な証明と自由な証明の対象を明確に区別することが困難な事実も少なくない。現在の実務においては、慎重を期して、厳格な証明による運用の対象が広範になる傾向があると言われている。

また、**訴訟法上の事実**については、自由な証明で足りると考えられている。訴訟法上の事実とは、訴訟法を適用する上での要件となる事実、すなわち、訴訟条件、訴訟能力、証拠能力などを判断するための事実を言う。もっとも、訴訟法上の事実であっても犯罪事実の成否と密接に関わる事実（自白の任意性や違法収集証拠の判断に関わる事実など）は厳格な証明が必要との学説が有力であり、実務もそのように運用されているようである。

（6）証明の程度

証明の程度について、有罪を立証するためにはどの程度の証明が必要なのか、言い換えれば、事実認定者はどの程度の心証により有罪と判断することができるのであろうか。人の生命・身体・財産を強制的に奪いうる刑罰の根拠となる立証には極めて高度の有罪立証が求められる。証明の程度について、近時は「**合理的疑いを超える証明**」が必要と表現される。これは、英米法に由来する「beyond a reasonable doubt」からの表現で、陪審制度の母国であるイギリスでは合理的人物（reasonable person すなわち陪審員＝通常人）の抱く有罪への疑問を払拭する程度の立証（心証）と考えられてきた。近年、最決平19・10・16刑集61巻7号677頁は、「刑事裁判における有罪の認定に当たっては、合理的な疑いを差し挟む余地のない程度の立証が必要である」として「合理的疑いを差し挟む余地がないと言うのは、反対事実が存在する疑いを全く残さない場合をいうものではなく、抽象的な可能性としては反対事実が存在するとの疑いをいれる余地があっても、健全な社会常識に照らして、その疑いに合理性がないと一般的に判断される場合には、有罪を可能とする趣旨である」と判示した（なお、最判平22・4・27刑集64巻3号233頁も参照）。健全な社会常識を有すると思われる「合理的」人物の抱く疑いには「合理性」があるということであれば、両者はほぼ同内容の基準だと考えられる。以上のように、証拠と証拠とを比較してその優劣を判断する「証拠の優越」の程度では、有罪の立証（心証）としては認められず、証拠による高度の有罪立証が要求され、この立証の程度に至らなかった場合には、被告人は無罪とされなければならない。このような、合理的疑いを超えて有罪が証明されなかった場合に負う負担を挙証責任と言うが、これについては後述する（→本節（8））。

（7）自由心証主義

証拠から事実を推認する際、誰がその証拠の価値（証明力）を評価するべきであろうか。法は318条で、「証拠の証明力は、裁判官の自由な判断に委ねる」と規定する（裁判員裁判では、裁員62条に「裁判員の関与する判断に関しては、証拠の証明力は、それぞれの裁判官及び裁判員の自由な判断にゆだねる」とある）。このように証拠の証明力の評価を事実認定者の自由な判断に委ねる原則を**自由心証主義**と言う。この反対概念（原則）に**法定証拠主義**がある。**法定証拠主義**とは、証拠の証明力を評価する方法や内容をあらかじめ法定しておくものである。典型的な例としては、「自白」があれば被告人を有罪とするなど不利益な事実を認定する、というものである。法定証拠主義の下では、事実の認定が定型的で一定しやすい反面、硬直的な認定になるのみならず、自白に基づく有罪認定が典型的であったことから、自白を獲得するための手段としての拷問など、不当な証拠の獲得手段と必然的に結びつきやすかった。そこで、現行法では、裁判官（事実認定者）の合理的判断に信頼を置く**自由心証主義**が採用されている。

他方で、自由心証主義は、「自由気ままに」証拠評価を行うことを認めているわけではなく、適正な自由心証のために、**経験則**や**論理則**が必要と考えられている。さらに、自由心証主義を合理的に機能させるための種々の担保も必要と考えられる。裁判官の予断など、不公平な裁判のおそれなどを避けるための除斥・忌避・回避（20条以下）、起訴状一本主義（256条6項）、証拠能力の制限（319条1項・320条など）、有罪判決における理由の記載（335条）、上訴審による審査などは、自由心証主義の抑制手段として機能しうる。また、自白の補強法則（→第6章）も自由心証主義の例外と位置付けることが可能である。

（8）挙証責任と推定

（i）実質的挙証責任と形式的挙証責任

事実を証明する際に、立証の負担を負う当事者の責任を**挙証責任**と言う。挙証責任には**実質的挙証責任**と**形式的挙証責任**の2つの側面がある。

336条は「被告事件について犯罪の証明がないときは、判決で無罪の言渡をしなければならない」と規定しており、本規定から実質的挙証責任に関する原則が導かれる。実質的挙証責任とは、有罪であると認定するためには合理的疑いを超える有罪の立証が必要であるところ、その程度の立証に至らなかった場合や有罪・無罪のいずれの心証にも至らなかった場合（真偽不明）における責任負担のことである。刑事手続においては、有罪を主張する検察官がその負担を負うべきとされ、有罪の立証に至らなかった場合は、無罪とされなければならない。このように有罪を主張する検察官の不利益に、そして被告人側の利益に判断することを求める原則を、「**疑わしきは被告人の利益に**」（in dubio pro reo）の**原則**（**利益原則**）と言う。また、犯罪事実の存否が不明であった場合に被告人を無罪にすべきことを表す「**無罪推定の原則**」も同趣旨の原則と言えよう。「無罪推定の原則」は、有罪の心証にまでは至らず、さらに、無罪（無実）

の立証もなされなかった場合であったとしても無罪とすべき、ということである。ときとして、「灰色」無罪という語が用いられることがあるが、刑事手続上は「有罪ではない＝白」であり、これ以上の「色」を問題にする余地はまったくない。なお、無罪推定の原則は、被疑者・被告人は有罪が確定するまでは無罪の者すなわち一般市民と同様に扱われなければならないということの意味で用いられることもある。

形式的挙証責任とは、実質的挙証責任に基づいて立証を行う負担やその必要ということである。刑事手続上、実質的挙証責任を負うのは検察官であるので、形式的挙証責任も原則として検察官が負うものの、立証の必要は、訴訟経過により被告人側にも生じることがある。こうした場合に被告人側が負う立証の必要ないし負担も形式的挙証責任と呼ばれる。要するに、訴訟の進行状況に応じて、事実上、立証の必要が双方当事者に生じる、という形で形式的挙証責任を負う者が変化するので、「挙証責任」として、独立して論じる重要性は高くないという指摘もある（以下では、特に断らない限り、実質的挙証責任を単に「挙証責任」と言う）。

（ii）挙証責任の範囲・対象

検察官が原則として挙証責任を負うとしても、それはどのような範囲・対象であろうか。検察官は、合理的疑いを超えて、犯罪事実を立証する責任があることから、その範囲・対象は、いわゆる犯罪事実とこれを直接的に基礎付ける事実に対して挙証責任を負う。すなわち、構成要件該当事実や故意・過失などの主観的要素、違法性阻却事由・責任阻却事由に該当する事実、処罰条件など刑罰権の存否に関わる事実は、検察官が挙証責任を負う。もっとも、阻却事由については、検察官がその不存在を常に積極的に立証する必要があるわけではなく、被告人側から、阻却事由に該当する事実の存在を示す「一応の証拠」が提出された場合に、検察官がその不存在を立証する必要が生じる、と解する見解が有力である。このような阻却事由の存在を示す被告人側の負担について、**証拠提出責任**、**争点形成責任**、**主張責任**などと呼ばれることがあるが、もちろん、実質的挙証責任を負うわけではない。

以上に対して、訴訟法上の事実は、犯罪事実の認定と直接関わる事実とは言えず、基本的には、これを主張する側が挙証責任を負うと考えられているが、個々の対象については、学説上、種々の見解が主張されているところである。

(iii) 挙証責任の転換

前述のとおり、挙証責任は検察官が負うのが原則であるが、法律上、被告人側に挙証責任が転換されているかのような規定がある。このような「**挙証責任の転換**」の規定は、例えば、刑法207条の同時傷害の推定規定や刑法203条の2の名誉毀損罪における真実性の証明などがこれに相当する。このような挙証責任の転換が許容されるとすれば、利益原則に反し、憲法31条違反であるとの疑念が生じる。そこで、仮に許容されるのであれば、それは利益原則の例外に当たることから、条件を付して抑制すべきであると考えられている。その条件として、挙証責任を転換する必要性が高いこと、被告人が立証する事実が検察官の立証するその他の事実から合理的に推認されること、被告人にとって立証が容易であること、被告人の立証すべき事実を除いても犯罪としての可罰性が高いこと、などが主張されている。もっとも、これらの条件により、挙証責任が転換されるとしても、利益原則の例外であることにはかわりなく、厳格にその要件を判断する必要がある。

(iv) 推　定

事実認定において、証明されたある事実からさらに別の事実を認定することを**推定**と言う。推定には、**事実上の推定**と**法律上の推定**とがある。事実上の推定は、立証過程における通常の推認過程であり、事実認定者が経験則に基づき自由心証により推認することを言う。これに対して法律上の推定は、ある事実の存在から別の事実を推定することが法律上規定されている場合を指す。法律上の推定には、反証を許す法律上の推定と反証を許さない法律上の推定、「擬制」とがある。

反証を許す法律上の推定について、例えば、「人の健康に係る公害犯罪の処罰に関する法律（公害罪法）」5条やいわゆる「麻薬特例法」14条がこれに相当する。もっとも、このような推定は、被告人に挙証責任が転換されたと同様に不利益に働くため、挙証責任の転換の場合と同様の条件の有無とともに、推定規定を適用すべきか否かが厳格に判断されなければならない。

(v) 証明を要しない事実

公判において認定される事実の中には、証明が不要な事実もある。通常の一般人により共通に認識されている事実を「**公知の事実**」と言い、証明の必要がない。例えば、被告人が市長選に立候補して当選した事実など、社会的事実や歴史的事実などがこれに相当する。

また、裁判所が職務上知っている事実である「**裁判所に顕著な事実**」も証明を要しないとの判例がある（最判昭30・9・13刑集6巻10号2059頁）。しかし、刑事訴訟において、公知の事実に相当する場合は証明不要と認める余地はあるものの、公正な裁判という観点から、裁判所に顕著な事実一般を証明不要とすべきではないとの見解も有力である。

Ⅱ　証拠調べ手続

（1）証拠調べ手続の概要

第1審の公判手続における審理手続は、冒頭手続、証拠調べ手続、最終弁論手続から構成されている（291-293条）。証拠調べ手続は、冒頭手続の終了後に、検察官の冒頭陳述から始まり、検察官の証拠調べ請求、裁判所による証拠の採否の決定（証拠決定）、証拠調べが行われる。その後、被告人側から同様の手続が実施され、被告人質問、情状立証が行われる。

なお、証人尋問は証拠調べ手続の中で実施される手続ではあるが、後の項目（2）で詳細を論じる。

（i）冒頭陳述

検察官の冒頭陳述から証拠調べ手続が開始される（296条）。**冒頭陳述**で検察官は、事件の詳細を述べ、証拠によって証明すべき事実を明らかにしなければならない。ただし、裁判所に偏見または予断を生じさせるおそれのある事実を述べることはできない（296条但書）。冒頭陳述は、検察官が必ず行わなければならない手続であり、事実の詳細を述べるものではあるが、証拠と証明すべき事実との関係などについてまで詳細に明示するものではない。

他方、被告人側は、冒頭陳述の義務を負うものではなく、検察官の冒頭陳述の後、裁判所の許可により、冒頭陳述を行うことができる（規198条1項）。ただし、公判前審理手続に付された事件については、検察官の冒頭陳述に引き続き、被告人側も冒頭陳述を行わなければならない（316条の30）。

なお、裁判員裁判においては、両当事者は冒頭陳述において、証拠により証明すべき事実と証拠との関係を具体的に明示しなければならない（裁員55条）。

（ⅱ）証拠調べ請求および証拠決定

現行法における証拠調べは、当事者主義に則り、当事者が請求した証拠に基づいて行われる。298条によれば、検察官と被告人およびその弁護人から**証拠調べ請求**ができることを基本とし、裁判所による職権での証拠調べは必要と認めるときに行われる。そして、証拠調べ請求する際には、証拠と証明すべき事実との関係を具体的に明示し（規189条１項：**立証趣旨の明示**）、証明すべき事実の立証に必要な証拠を厳選して（規189条の２：**証拠の厳選**）これを行わなければならない。

当事者が取調べ請求した証拠に対して、裁判所は各当事者の意見を聴いて、証拠の採否を決定により行わなければならない（規190条１項）。これを**証拠決定**と言う。証拠決定の基準は特に法定されてはいないが、当事者主義の下では、当事者の請求した証拠はすべて採用して取り調べるべきとも考えられる。しかし、証拠能力のない証拠や事件と関連のない証拠など証拠調べの必要のない証拠などは却下の決定をするべきである。

証拠調べの順序は、まず、検察官が事件の審判に必要と認めるすべての証拠の取調べを必ず請求し、その請求が終わった後、被告人側は必要と認める証拠の取調べを請求することができる（規193条）。

証拠調べを請求できる時期は、原則的には公判期日に行われるが、第１回の公判期日前に証拠調べ請求できるのは、公判前整理手続（→第４章）において行う場合に限られる（規188条）。なお、公判前整理手続においては、証拠調べ請求、証拠意見、証拠決定等の手続が行われるため（316条の５）、公判前整理手続の趣旨に鑑みて、同手続終了後の公判手続では、原則として証拠調べの請求は制限される（316条の32）。

（ⅲ）証拠調べと異議申立て

証拠調べに関して不服がある場合、当事者は異議を申し立てることができる（309条１項）。この場合、法令違反を理由として（規205条１項）、個々の決定ごとに、簡潔にその理由を示して、直ちに異議を申し立てなければならず（規205条の２）、異議申立てについては、遅滞なく決定がなされなければならない

（規205条の３）。また、異議申立てについて決定があったときは、同一の事項について重ねて異議を申し立てることはできない（規206条）。

（iv）証拠書類・証拠物の取調べ

証拠書類の取調べは、証拠の分類でも述べたとおり、**朗読**により行われる（305条）。裁判長は、証拠書類の取調べを請求した者にこれを朗読させなければならないが、裁判長自ら朗読し、または陪席裁判官もしくは裁判所書記官に朗読させることもできる。ただし、裁判長は、訴訟関係人の意見を聴き、相当と認めるときは、朗読に代えて、取調べを請求した者、陪席裁判官もしくは裁判所書記官に要旨を告げさせ、または裁判長自らこれを告げることができる（規203条の２）。これを**要旨の告知**と言う。

証拠物の取調べは、**展示**により行われる（306条）。なお、書面の意義が証拠となる証拠物の取調べは、**展示と朗読**により行われる（307条）。録音・録画されたテープ等の記録媒体は、展示し、かつ、再生する方法で行われる（最決昭35・３・24刑集14巻４号462頁）。

（v）被告人質問

被告人には黙秘権があり、終始沈黙し、または個々の質問に対し、供述を拒むことができる。しかし、被告人が任意に供述をする場合には、裁判長は、いつでも必要とする事項につき供述を求めることができる。また、陪席裁判官、検察官、弁護人、共同被告人またはその弁護人も、被告人に供述を求めることができる（311条）。このように、被告人が任意に供述する際に実施される質問が**被告人質問**である。被告人は後述の証人とは異なる地位にあり、被告人に対する問いは、「尋問」ではなく「質問」と呼ばれる。被告人の任意の供述は証拠とすることができる（規197条１項）。

（vi）被害者による意見陳述等（→第４章Ⅳ節）

以前は、被害者等は公判手続に直接的に関与することは決して多くはなかった。しかし、被害者等への配慮や保護をより一層求める機運が高まり、2000年以降、被害者等への配慮や保護を図る制度がいくつか新設されるに至った。

その１つが2000年に新設された**被害者による陳述**である（【事例】の被害者遺族である坂井の妻は、この意見陳述と後述の被害者参加を申し出たのである）。被害者等から、被害に関する心情その他の被告事件に関する意見陳述の申出があるとき、裁判所は、公判期日において、その意見を陳述させる（292条の２）というものである。被害者等による意見陳述の申出は、あらかじめ検察官に対して行われなければならず、この場合、検察官は、意見を付して、これを裁判所に通知する（292条の２第２項）。これにより、被害者等は主体的に公判手続において意見を陳述する機会を得ることになるが、この意見陳述は証人尋問によって行われる「証言」ではなく、厳格な証明の対象である犯罪事実を認定するための証拠とすることはできない（292条の２第９項）。

また、2008年に新設された**被害者参加制度**は、被害者等がさらに積極的に直接公判手続に参加する制度である。同制度は、特定の対象事件の被害者等やその代理人等から手続参加の申出があるとき、裁判所は、相当と認めるときに、決定により手続参加を認めるものである（316条の33）。被害者参加の対象となる事件は、故意の犯罪行為により人を死傷させた罪、強制わいせつおよび強制性交等の罪、業務上過失致死傷等の罪、逮捕監禁・略取誘拐・人身売買の罪、自動車過失運転致死傷等の罪に係る被告事件である（316条の33第１項）。被害者等は、あらかじめ、検察官に参加を申し出て、検察官は、意見を付して、これを裁判所に通知する（316条の33第２項）。

参加を許可された**被害者参加人**等は、公判期日に出席し（316条の34）、検察官に対して検察官の権限の行使に関して、意見を述べることができる（316条の35）。また、被害者参加人等から証人尋問の申出があるとき、被告人または弁護人の意見を聴き、裁判所が相当と認めるときに、犯罪事実に関するものを除いた、情状に関する事項についての証人の供述の証明力を争うために必要な事項について、尋問を行うことができる（316条の36）。被害者参加人等は、前条の要件に加えて、意見の陳述をするために必要と認める場合、裁判所が相当と認めるときに、被告人質問を行うこともできる（316条の37）。さらに、被害者参加人等が事実または法律の適用について意見を陳述することを申し出た場合、裁判所が相当と認めるときに、検察官の意見陳述（いわゆる論告・求刑）の後に、訴因として特定された事実の範囲内で意見を陳述することができる（316条の38：弁論としての意見陳述）。なお、この意見陳述は、前述の意見陳述と同様に、「証拠」とはならない（316条の38第４項）。

以上のように、被害者参加人等は、公判期日に参加した上で、検察官の権限行使に関する意見を述べるほか、証人尋問、被告人質問、弁論としての意見陳述を行うことができる。なお、被害者参加人には付き添い人を付すこと、被害者参加人が在廷し、尋問、質問または陳述をするときに遮蔽措置をとることができる（316条の39）。

このように、直接的な被害者関与の制度については、主に、刑事手続とは別途被害者等への保護や配慮を充実させるべきであるとする立場から、刑事手続の原則的な当事者構造を修正することにならないか、すなわち、刑事手続への被害者参加により、被害者対被告人（「加害者」）という対決構造を刑事手続に持ち込むことになり、無罪推定の原則等の諸原則を軽視することにつながりはしないか、などの懸念も示されてきた。もっとも、被害者参加人は、刑事手続における新たな「当事者」ではなく、参加人による各行為の申出は検察官に対して行われ、検察官から裁判所にこれを通知し、裁判所の許可により実現するものであり、意見陳述は前述のとおり、「証拠」として扱われるわけではない。このように、当事者主義という基本的な構造を変更するものではないものの、この基本構造に疑念が生じないような解釈・運用が必要である。

（2）証人尋問

人的証拠に対する証拠調べの方式として、**証人尋問**が行われる。証人は、裁判所に対して自己の体験した事実について供述するものである。

（i）公判期日における証人尋問

証人尋問では、証人の人定尋問（規115条）の後、証人尋問の前に、証人は、宣誓書により、「良心に従って、真実を述べ何事も隠さず、また何事も付け加えないことを誓う」旨の宣誓を行う（154条、規118条）。また、証人に対しては、偽証の警告と証言拒絶に関する告知等が行われる（規120-122条）。

（a）証人尋問手続

証人尋問の順序は、実際には304条１項の規定とは異なり、当事者の尋問の後に裁判長または陪席裁判官が証人尋問を行っているようである（304条３項）。また、証人尋問の実施形式は**交互尋問**により行われる。すなわち、まずは証人尋問を請求した者が尋問し（**主尋問**）、次に反対当事者が尋問する（**反対尋問**）、さらに証人尋問を請求した者が再度尋問する（**再主尋問**）という形で進行する（規

199条の２）。主尋問では、立証すべき事項およびこれに関連する事項について尋問を行うが、原則として**誘導尋問**をすることはできない（規199条の３第３項）。誘導尋問とは、「はい」または「いいえ」で答えられる問いとも言われ、尋問者の意図に沿った回答を導くような問いが含まれている場合、証人自身の体験した事実を主体的に証言することが妨げられることになりかねない。とりわけ、主尋問の場合、尋問者と証人とは友好的な関係にあることが多く、証人が尋問者に迎合的な証言をする危険が高いと考えられる。

反対尋問は、主尋問の終了後直ちに行われ、主尋問に現れた事項およびこれに関連する事項並びに証人の供述の証明力を争うために必要な事項について行うが、必要がある時は、誘導尋問をすることができる（規199条の４）。反対尋問において誘導尋問が認められるのは、前記のような尋問者に迎合的な証言の危険が少ないからと考えられている。また、反対尋問の尋問者は、反対尋問の機会に、自己の主張を支持する新たな事項についても尋問することができるが、この場合、その新たな事項についての主尋問とみなされることになる（規199条の５）。

証人尋問を行う場合に注意すべきことがいくつかある。まず、できる限り個別的かつ具体的で簡潔な尋問を行わなければならず、威嚇的または侮辱的な尋問をしてはならない。また、重複する尋問、意見を求めまたは議論にわたる尋問、証人が直接経験しなかった事実についての尋問も正当な理由がない限りしてはならない（規199条の13）。なお、訴訟関係人は、立証すべき事項または主尋問もしくは反対尋問に現れた事項に関連する事項について尋問する場合には、その関連性が明らかになるような尋問をするなどの方法により、裁判所にその関連性を明らかにしなければならず、訴訟の進行に資する制限（295条）と同旨の対応を求められている（規199条の14）。

証人尋問に際して、訴訟関係人は書面または物を示して尋問を行うことができる（規199条の10）。ただし、証人の記憶を喚起するために書面や物を示す場合、証人の供述を明確にするために図面等を利用する場合は、裁判長の許可を受けて行わなければならない（規199条の11-12）。これは、書面等の内容が証人の供述に不当な影響を及ぼす危険があるため、裁判長の許可が必要とされているのである。なお、書面であっても、供述を録取した書面を示して尋問することはできない（規199条の11第1項)。これは、書面の記載「内容」が証人の供述に与える影響が強く、不当な影響を及ぼす危険が大きいからと考えられている。

（b）証人尋問と証人の保護

証人尋問における証人等への十分な配慮や保護が必要になる場合がある。証人等やこれらの親族の身体もしくは財産に害を加えまたはこれらの者を畏怖させもしくは困惑させる行為がなされるおそれがあり、これらの者の所在などが特定される事項が明らかにされると、証人等が十分な供述をすることができないと認めるとき（295条2項)、被害者特定事項（290条の2）および証人等特定事項（290条の3）を公開の法廷で明らかにしない旨の決定があった場合（295条3-4項)、裁判長により、証人尋問が制限されることがある。また、裁判所の判断により、証人には**付き添い人**を付することが認められる場合があるほか、遮蔽措置やビデオリンク方式による証人尋問が行われることがある（157条の4-6)。**遮蔽措置**は、被告人と証人との間で、一方からまたは相互に相手の状態を認識することができないような方法で、また、傍聴人と証人との間でも、相互に相手の状態を認識することができないような方法で行われる。**ビデオリンク方式**は、裁判官および訴訟関係人が在席する場所と同一構内だけでなく、同一構内以外に証人を在席させて、映像と音声の送受信により相手の状態を相互に認識しながら通話をすることができる方法によって行われる。

さらに、裁判長は、証人等が特定の傍聴人の面前で十分な供述をすることができないと思料するときは、その供述をする間、その傍聴人を退廷させること（規202条)、被告人の面前においては圧迫を受け十分な供述をすることができないと認めるときは、その証人の供述中被告人を退廷させることができる（304条の2・281条の2)。ただし、被告人の退廷については、弁護人が出頭している場合に限り、検察官および弁護人の意見を聴いた上で退廷させることができ、供述終了後には被告人を入廷させ、証言の要旨を告知し、その証人を尋問する機会を与えなければならない。

（ii）公判期日外の証人尋問

証人尋問は、原則として公判期日に公判廷において実施される。しかし、裁判所は、証人の重要性、年齢、職業、健康状態その他の事情と事案の軽重を考慮した上、訴訟当事者の意見を聴き、必要と認めるときに、公判期日外に、裁判所内または裁判所外で証人尋問を行うことができる（158条1項・281条）。

公判期日外における証人尋問は、証拠調べそのものではなく、公判準備において実施した証人尋問として、尋問の結果を記載した書面は後の公判期日において、取り調べられなければならない（303条）。なお、裁判所外で証人尋問を行う場合、訴訟当事者の立会いは必ずしも実施要件ではないが、証人の供述内容を知る機会を与えなければならず、証人の供述が予期しなかった著しい不利益なものである場合には、被告人または弁護人は、さらに必要な事項の尋問を請求することができる（159条）。

（ⅲ）鑑定人・通訳人等の尋問

裁判において、専門的事項が重要な論点となることも少なくないが、裁判所の知識のみでは判断が困難になることもありうるため、専門的知識に基づいた判断により裁判所の知識を補いつつ適切な判断に資するような手続が必要になることがある。専門的な知識・経験やその知識・経験に基づいて行った判断を裁判所に報告させることを**鑑定**と言い、裁判所は、特定の知識・経験を持つ者の鑑定を求めることができる（165条）。鑑定の経過および結果は、鑑定書または口頭により、報告する（規129条1項）。口頭により報告することを、**鑑定人尋問**といい、公判廷において尋問が行われる（304条）。また、**鑑定書**により報告する場合であっても、公判期日において尋問を受けることがある（規129条3項）。

裁判所では、**日本語**を用いることとなっているので（裁74条）、日本語を話さない者に陳述をさせる場合には、通訳人に**通訳**をさせなければならない（175条）。また、耳の聞こえない者または口のきけない者に陳述をさせる場合には、通訳人に通訳をさせること、日本語でない文字または符号は、日本語に**翻訳**させることができる（176-177条）。通訳や翻訳は特定の専門知識に基づくものと言えるため、鑑定の規定が準用される（178条）。

（3）証人適格と証言拒絶権

（ⅰ）証人適格

原則として、証人は誰でもなることができる（143条）。これを**証人適格**と言う。ただし、法律上あるいは理論上、証人適格が制限されることがある。

法律上、公務員や衆議院・参議院議員、内閣総理大臣その他の大臣等が知り得た事実について、職務上の秘密に関するものである場合、証人適格が制限されることがある（144-145条）。証人は、裁判所に自身の体験した事実を供述する第三者であるため、「第三者」とは言えない立場の者、当該事件の審理に関与する裁判官、裁判所書記官、検察官も事件を担当したままで証人になることはできない。

被告人もまた、「第三者」ではないため、証人適格がないと考えられている。被告人には**黙秘権**が保障されており、証人として証言の義務を負わせることはできないと考えられるので、前述のとおり、被告人の供述は証人尋問ではなく、被告人質問にとどまる。なお、共犯事件で共同被告人の証人適格についても、基本的には同様に考えられるが、弁論を分離（→第4章）した上で、他方の被告人の事件において、証人として尋問することができるとされている（最決昭29・6・3刑集8巻6号802頁）。この場合、形式的には自身の事件における被告人という立場を離れて、他の被告人との関係において証人になる、ということで証人尋問が認められることになるのだが、実質的に被告人としての地位が完全に失われるわけではなく、便宜的にすぎるとの批判もなされている。

（ii）証言能力と年少者の証言

証人適格はあるが、証人として裁判所に供述する能力（証言能力）の有無が問題になることがある（著しく証言能力を欠くという理由で、証人適格が否定されることもある）。

幼児の証言能力に関する事案において、証言能力を、「証人が、自己の過去において経験した事実を、その記憶にもとづいて供述しうる精神的な力」と表現し、「その証言能力については、個別具体的に裁判所の自由な判断に委ねられているものと解せられる」としたものがある（京都地判昭42・9・28下刑集9巻9号1214頁）。その上で、具体的な判断方法については、「その有無は単に供述者の年令だけによって決すべきではなく、供述の態度および内容等をも具体的に検討し、その経験した過去の出来事が、供述者のもつ理解力、判断力等によって弁識しうる範囲内に属するものかどうかを十分考慮に入れて判断する必要がある」としており、証言能力については、裁判所が事案ごとに個別具体的に判断することになる。なお、証言能力について判断し、これが否定された場合は、その供述の証拠能力が認められない。

（iii）証言拒絶権

証人適格や証言能力が問題にならないとしても、証人の権利として証言しないことが認められる場合がある。すなわち、**証言拒絶権**である。自分または自分の配偶者等が刑事訴追を受け、または有罪判決を受けるおそれのある証言を拒むことができる（146-147条）。また、特定の職にある者等は、業務上委託を受けたために知り得た事実で他人の秘密に関するものについては、証言を拒むことができる（149条）。もっとも、専ら自分自身の刑事訴追等に関わる証言拒絶権は黙秘権の保障に関わる権利であるのに対して、これ以外を理由とした証言拒絶には同様の保障はなく、一定の例外が規定されている。

なお、証言を拒む者は、これを拒む事由を示さなければならず、理由なく証言を拒む場合には、過料その他の制裁を受けることがある（160-161条、規122条）。

（iv）刑事免責制度

前述のとおり、146条により、証人自身の刑事訴追等に関わる供述は黙秘権に基づき、供述を拒む権利が保障されるが、この適用を除外する**刑事免責制度**が2016（平成28）年の法改正により導入された（施行日は、2018（平成30）年6月1日）。この刑事免責制度は、証人の供述等を本人の不利益に使用しないことを条件に、証人の証言拒絶権を行使させないことで、供述を強要する制度である（157の2-3条）。証言の強要が黙秘権保障に抵触するのではないか、ということが問題になりうるが、最大判平7・2・22刑集49巻2号1頁は、事件当時の刑事訴訟法は刑事免責制度を採用していないものの、憲法は同「制度の導入を否定しているものとまでは解されない」と判断した。

刑事免責の規定では、証人尋問前においては、証人が刑事訴追を受け、または有罪判決を受けるおそれのある事項についての尋問を予定している場合に、また、証人尋問開始後においては、同様の事項について証言を拒んだと認められる場合に、当該事項についての証言の重要性、関係する犯罪の軽重および情状その他の事情を考慮して、必要と認めるときに、検察官が請求し、裁判所が免責の決定をする。この決定では、証人の供述およびこれに基づいて得られた証拠を、証人に不利益な証拠とすることができないこと、証人は、自分が刑事訴追を受け、または有罪を受けるおそれのある証言を拒むことができないことを条件に、裁判所が証人尋問を行う決定をするものである。この免責決定により、証人は黙秘権を放棄して供述を行うことになる。

Ⅲ　非供述証拠：科学的証拠を中心に

（1）非供述証拠と科学的証拠の関連性

本章Ⅰ節（2）（iii）で述べたとおり、人の言語によって表現された供述で、その供述内容どおりの事実を立証するために用いる証拠である供述証拠以外の証拠のことを「**非供述証拠**」と言う。非供述証拠の証拠能力について、特別の規定はないが、講学上、自然的関連性・法律的関連性があり、証拠禁止に当たらないということが証拠能力を検討する際の観点であることは既に述べた。捜査活動において、科学的知識や技術を活用する**科学的捜査**が、科学技術等の進歩によりその活用の場面が拡大し、その結果得られた証拠の重要性も拡大してきていると言える。こうした科学的捜査を用いて得られた証拠である科学的証拠についても、上述と同様の観点から検討する必要があるが、「科学的」装いにより、証拠評価を誤らせる危険も指摘されており、その証拠能力の評価について慎重でなければならない。そのために注意すべきことがある。

まず、「**科学的証拠**」の定義は必ずしも明確ではなく、多義的とも言える。科学的証拠の意義については、「一定の事象・作用につき、通常の五感の認識を超える手段、方法を用いて認知・分析した判断結果」と判断した、東京高判平８・５・９高刑集49巻２号181頁（足利事件：最決平12・７・17刑集54巻６号550頁の控訴審判決）がある。

次に、捜査において発見された物件等を証拠化する過程で、科学技術等が用いられる過程が複数考えられる。例えば、科学技術等がどのような過程で用いられて、獲得された証拠かということに関して、①証拠物件の発見・収集の過程において、科学技術等を用いて獲得した証拠（電話を盗聴して傍受した通話内容など）、②発見・収集した証拠物件が「何か」ということにつき、分析の過程で科学技術等を用いて、その判断結果として得られた証拠（現場に遺留された物質がヒトの体液であったことなど)、③発見・収集した証拠物件と被告人等との同一性などにつき、分析の過程で科学技術等を用いて、その判断結果として得られた証拠(現場に遺留された体液のDNA型と被告人のDNA型が一致したことなど)、などがある。刑事手続において、科学的証拠の証拠能力として、とりわけ問題になりうる重要な過程は、③であるので、以下では主に③を念頭に論じる。

さらに、科学的証拠の関連性を検討する際、判断結果として証拠そのものの関連性よりも(あるいはその前提として)、判断結果に至る過程の妥当性・信頼性が主要な争点になることがある。例えば、妥当性・信頼性のない理論・手段・方法(似非科学など)により得られた判断結果としての証拠は、最小限度の証明力を欠くとして、自然的関連性を否定すべきということになろう。このように、科学的証拠の問題は自然的関連性の問題として論じられることが多いが、妥当性・信頼性を吟味せずに実施した手段・方法により得られた判断結果を証拠として採用することは、法律的関連性の問題を生じうるとの見解もある。いずれにせよ、科学的証拠の関連性の検討は、通常の関連性の検討と基本的には同一とも考えられるが、判断結果に至る過程の妥当性などに対して、より一層吟味の必要性が増すのである。それゆえ、科学的証拠の関連性(自然的関連性・法律的関連性)を判断するためには、科学技術等の理論の正当性およびこれを用いた手法の妥当性・信頼性の検討を慎重に行う必要があると言える。

また、「科学的」という名称を用いた証拠の影響についても指摘されている。科学技術等を用いた手段・方法は、当該科学技術等の分野に明るくない者には理解が困難な内容であることが少なくない。いったん、証拠として許容されると、証明力の十分な吟味を経ることなく(あるいは吟味できず)、科学一般への抽象的な信頼性と相まって、証明力が過大評価されてしまう危険が指摘されている。

(2)科学的証拠の証拠能力

前述のとおり、科学的証拠に特有の問題点は、科学的証拠の証拠能力、とりわけ自然的関連性の評価方法や判断要件などであるが、一般的な証拠の関連性評価とどのような違いがあるだろうか。科学的証拠では、判断結果(証拠)に至る過程の検討が重要であることからすれば、その過程の妥当性・信頼性の吟味は不可欠と言える。

前掲・裁判例（「足利事件」控訴審判決）は、科学的証拠の証拠能力評価につき、「刑事裁判で証拠として許容されるためには、その認知・分析の基礎原理に科学的根拠があり、かつ、その手段、方法が妥当で、定型的に信頼性のあるものでなければならない」とし、同最高裁は、いわゆるMCT118型によるDNA型鑑定につき、「その科学的原理が理論的正確性を有し、具体的な実施の方法も、その技術を習得した者により、科学的に信頼される方法で行われたと認められる」として、その証拠能力を認めた。このように、科学的証拠の証拠能力を認めるためには、その科学的原理・法則の正確性、検査手法・技術の妥当性・信頼性などが一定程度要求されなければならないと考えられる。学説の中には、さらに厳格な要件を求める見解もあるが、科学的手法を用いる場合の証拠に至る過程については、その科学的手法等の特質に則して、慎重に評価し、その証拠能力を判断する必要がある。

（i）警察犬による臭気選別

犯罪現場に遺留された物の臭いを警察犬に嗅がせて、被疑者・被告人の臭いとの同一性を確認する、**警察犬による臭気選別**という方法も科学的証拠の１つとして検討される。このような臭気選別結果の証拠能力について、最決昭62・３・３刑集41巻２号60頁は、「選別につき専門的な知識と経験を有する指導手が、臭気選別能力が優れ、選別時において体調等も良好でその能力がよく保持されている警察犬を使用して実施したものであるとともに、臭気の採取、保管の過程や臭気選別の方法に不適切な点のないことが認められる」として、その証拠能力を認めた。

しかしながら、警察犬の臭気選別については、警察犬の嗅覚メカニズムや人の体臭の不同一性・不変性など、その科学的原理や法則の正確性が確立されていると言えるのか疑問があり、判断結果に至る過程の妥当性・信頼性を認めることはできず、臭気選別結果は証拠として許容しうるほどの科学性を備えていないとの見解が有力である。

（ii）ポリグラフ検査

ポリグラフ検査とは、質問に回答する被検査者の複数の生理的反応（呼吸・

心拍・皮膚電気活動など）について、ポリグラフ装置を用いて同時に測定して、その結果から、犯人しか知らない犯罪に関する事実についての認識を判定する検査手法を言う。

最決昭43・2・8刑集22巻2号55頁は、ポリグラフ検査回答書に同意があったことを理由に、その証拠能力を肯定し、その原審も、「ポリグラフ検査結果の確実性は、未だ科学的に承認されたものということはできず、その正確性に対する（第三者の）判定もまた困難であるから、軽々にこれに証拠能力を認めるのは相当でない」としつつ、「検査者は検査に必要な技術と経験とを有する適格者であつたこと、各検査に使用された器具の性能及び操作技術から見て、その検査結果は信頼性あるものであることが窺われ」るとして、その証拠能力を認めていた。

これに対して、学説は、ポリグラフ検査結果の証拠能力について、見解が分かれており、ポリグラフ検査の前提となる科学的原理や装置の正確性への疑問も示されている。前掲・判例の原審では、「検査結果の確実性は、未だ科学的に承認されたものということはでき」ないとしつつも、検査者の適格性、器具の正確性を肯定した上で、「一種の心理検査若しくは心理鑑定」として、その結果の信頼性を認めて証拠能力を肯定しており、必ずしも、科学的原理の正確性を証拠能力評価の不可欠の前提としていない（少なくとも、科学的正確性の程度を高度に求めてはない）。しかし、判断結果に至る過程の妥当性・信頼性を重視するのであれば、ポリグラフ検査において、まずは科学的原理や法則の内容を吟味し、その正確性をどの程度求めるのかということを慎重に検討する必要があると思われる。

なお、ポリグラフ検査については、科学的証拠の証拠能力という観点のみならず、生理的反応から人の認識を判断するという過程が、被検査者の包括的黙秘権の保障に抵触する、あるいは内心への侵襲に当たるのではないかという懸念も示されているところである。

（ⅲ）DNA型鑑定

DNA型鑑定とは、ヒトのDNA（デオキシリボ核酸）内にある塩基配列の個体差に着目して個人識別を行う方法である。DNA型鑑定は、イギリスで開発されたDNA指紋（フィンガープリント）法として1985年に発表され、その後急速に進歩・拡大し、日本においても1989年以降、DNA 型鑑定法が実用化され、犯罪捜査にも導入されてきた。同鑑定は、DNA の特定の部位に現れる塩基配列の反復の型を測定する方法であるが、特定部位の検出方法や増幅方法などの違いから複数の鑑定方法が存在する。現在ではほとんど使用されない方法もあるが、MCT118法、HLADQ α 法、TH01法、STR 法などがある。

DNA 型鑑定の証拠能力について、前掲・判例「足利事件」は、前述のとおり、証拠能力を認めたが、 その科学的原理の理論的正確性およびこれを用いた具体的実施方法の妥当性・信頼性についてはどうだろうか。まず、DNA の塩基配列の個体差に着目して、特定の部位に現れる塩基配列の反復の型（多型性）を利用した個人識別を行う、という DNA 型鑑定の科学的原理は、了承されていると言えよう。

次に、日本に導入当初の鑑定法に対しては、確かに、今日では疑念が示されており、DNA 型鑑定の証拠能力を最高裁として初めて許容した前掲・判例「足利事件」では、後の再審で、鑑定当時の MCT118型による鑑定について、同判例のいう「『具体的な実施の方法も、その技術を習得した者により、科学的に信頼される方法で行われた』と認めるにはなお疑いが残るといわざるを得ない」として、本件 DNA 型鑑定の証拠能力（「証明力」ではない）を否定するなどして、被告人に無罪を言い渡した（宇都宮地判平22・3・26判時2084号157頁）。しかしながら、現在実施されている具体的実施方法について、その妥当性も確立されてきていると考えられる。こうしたことから、前述の警察犬による臭気選別やポリグラフ検査に比して、主に問題とすべき場面が異なってくると言える。

DNA 型鑑定においては、鑑定資料の管理・保管、鑑定実施者の知識・技能、実際の鑑定手法・手順などについて、妥当性・信頼性を損なう事情の有無も検討されなければならない。これらの検討は、個々の事案ごとに行われることになるが、著しく妥当性・信頼性を損なう事情が認められれば、自然的関連性を否定して、証拠能力を認めることはできないであろう。

最先端技術を用いた科学的証拠は捜査の効率を高め、公判においては事実認定に大いに資することになることは疑いない。しかし、前述の課題を慎重に検討するだけではなく、最先端の科学技術であるがゆえに、同一分野における新たな理論・手法等の登場により、これまでの理論・手法等の妥当性・信頼性への疑念が生じる可能性についても留意すべきであろう。仮に、証拠能力を否定するほどの事情が認められなかったとしても、後述の信用性を低下させる事情になりうる。

（3）科学的証拠の証明力

前述のとおり、いったん、科学的証拠の証拠能力が認められると、「科学的」であるがゆえに、その証明力が過大に評価される危険が指摘されている。科学的証拠の証拠能力評価では、判断結果（証拠）に至る過程、すなわち、科学技術等の理論の正当性およびこれを用いた手法の妥当性・信頼性が重要であるが、科学理論が正しかったとしても、結論に至る手法に問題があれば、証拠能力を否定するほどの誤謬ではなかったとしても、証明力の評価に影響を及ぼす。例えば、警察犬の臭気選別に証拠能力が認められるとしても、警察犬による臭気選別結果について、証明力が高いとは言えず、被告人の犯人性の根拠とすることはできないとした裁判例として、大阪高判平13・9・28裁判所ウェブサイトがある。また、DNA 型鑑定においても、証拠能力が認められたとしても、鑑定実施の際における誤謬等は証明力に影響を及ぼしうる（鑑定書の信用性を否定した裁判例として、大分みどり荘事件：福岡高判平7・6・30判タ900号275頁）。このように、科学的証拠の過大評価の危険性を考えると、証明力に及ぼしうる影響についても慎重に検討されなければならない。科学的鑑定の不一致を被告人に有利な方向で用いることに異論はないが、この一致を唯一の証拠として被告人の犯人性を認定することには慎重であるべき、という見解が有力に主張されていることには十分な理由があると言えよう。

なお、DNA 型鑑定の一致を唯一の証拠として被告人の犯人性を認定した裁判例として、横浜地判平24・7・20判タ1386号379頁があり、実施されたDNA型鑑定の精度や信頼性の高さが、本判決の前提の1つになっていると思われる。しかしながら、他の証拠との総合認定が常に不可欠とまでは言えないとしても、科学的証拠の「科学性」のみを高度に認めて、慎重な吟味を阻害する要因になってはならない。

Ⅳ　違法収集証拠の排除法則

（1）総　　説

（i）違法収集証拠の排除法則とは

違法収集証拠の排除法則とは、捜査機関により違法に獲得された証拠について、その証拠能力を否定し、事実認定（有罪認定）の資料から排除する考え方のことである。

それでは、【事例】の中で違法収集証拠の排除法則が問題となるのは、どのような場面であろうか。それは、巡査部長が前山に対して違法な所持品検査を行い（→どのような行為が違法となるかについては、第２章Ⅱ節（3）を参照）、その結果として獲得されたリュックサックおよび所持品等を用いて、裁判官が事実認定をしようとする場面である。事実認定は証拠に基づいて行われるが、裁判官は心証形成のためにどのような証拠でも使用してよいのだろうか。

（ii）違法収集証拠の排除法則の特徴

図表５－２　捜査機関により獲得される「供述」と「証拠物」の違い

	供述	証拠物
証拠としての価値	虚偽の供述のおそれ →証拠価値×	性質や形状に変化なし →証拠価値○

出典：筆者作成

違法収集証拠の排除法則の特徴について、「供述」と「証拠物」の性質を比較することで明らかにしてみたい。

捜査機関が取調べにおいて、「供述」を獲得しようとするとき、そこには虚偽供述が含まれるおそれが生じる。例えば、警察官による取調べにおいて、被疑者が暴行を受けた結果、恐怖のあまり、自分のやっていない犯行を認める供述を行ったというようなケースを想像してほしい。こうした場合には、供述証拠の内容に虚偽供述が含まれるおそれがあるため、証拠としての価値は失われる。

他方で、「証拠物」の場合はどうであろうか。例えば、警察官による職務質問において、対象者が暴行を受けた結果、恐怖のあまり、所持品を提出せざるを得なかったというケースがあったとしよう。この場合には、違法な手段で証拠物が獲得されたものと評価できるが、対象者が提出した所持品の性質や形状に何らかの変化が生じることはなく、証拠としての価値は失われない。つまり、警察官が違法な所持品検査を行った場合でも、当初「覚醒剤」だったものが「覚醒剤以外の物」に変化するということはないのである。そこで、捜査機関により違法に獲得された「証拠物」の証拠能力に関して、証拠価値は変わらないのであるから、証拠能力を認めてよいのかが問題となるのである。

なお、違法収集証拠の排除法則の問題が端的に表れるのは、捜査機関により違法に「証拠物」が獲得されたケースであるため、ここでは「証拠物」のケースを念頭に話を進めた。ただし、違法収集証拠の排除法則は、違法に獲得された「証拠物」だけでなく、違法に獲得された「供述」についても適用されうる(→本章Ⅵ節（3）を参照)。

（ⅲ）人権保障と真相究明の調和

違法収集証拠の証拠能力の問題を解決する際に重要となるのは、刑訴法１条に規定される「**基本的人権の保障**」と「**事案の真相究明**」とのバランスである。

捜査機関には、刑訴法や警職法等の規定に従って証拠収集活動を行い、被告人に対する「人権保障」を適切に図るべきとの要請が働いている。被告人の立場から見れば、警察官により違法に獲得された証拠を用いて、自分自身の罪が裁かれると疑問を抱くであろう。

他方で、たとえ捜査機関による証拠収集活動自体に違法が存在したとしても、証拠物は証拠としての価値を失わないのも事実であり、当該証拠が存在する以上、それによって「真相究明」を図るべきとの要請も働いている。捜査機関の立場から見れば、違法な証拠収集活動を反省し以後改善すべきではあるが、当該証拠が被告人の有罪を推認させるのであれば、それを公判で用いて真実を明らかにしたいとの思いを抱くであろう。

捜査機関により違法に獲得された証拠の取扱いに関しては、「基本的人権の保障」と「事案の真相究明」という２つの利益が相反するが、どのように両者の調和を図り、妥協点を見いだすかが問われている。刑訴法の目的と関係する本質的な問いである。

（2）違法収集証拠の排除法則の根拠

捜査機関により違法に獲得された証拠の証拠能力については、明文の規定が存在しない。そのため、従来は証拠能力に関して積極的な考え方がとられていたが、現在では証拠能力に関して消極的な考え方をとるのが判例・通説となっている。では、それぞれの見解が、違法収集証拠の証拠能力に関して積極・消極とする根拠は何であろうか。

（i）証拠能力に関しての積極的根拠

捜査機関により違法に獲得された証拠について、積極の根拠は、主に以下の3点である。

まず、①証拠価値が変化しないという点である。図表5-2のとおり、捜査機関による違法な証拠収集活動により証拠物が発見されたとしても、当該証拠の証拠価値には変化がない（適法に証拠が獲得された場合と比較して、同一の証拠物が発見できる）。そのため、証拠能力を否定する必要はないということである。

次に、②実体的真実主義の重視という点である。証拠価値のある証拠が存在するにもかかわらず、それに基づいて有罪認定を行えない（処罰を行えない）のは、真相究明という観点からは妥当ではない。例えば、殺人事件の被告人を有罪と示す決定的な証拠の採取過程において、警察官の違法行為が介在したとき、当該証拠の証拠能力を否定することで被告人を無罪放免とすべきではないという考えである。

そして、③捜査機関の違法捜査には証拠排除以外の救済方法が存在するという点である。例えば、違法な証拠収集活動を行った警察官には、国家賠償責任や刑事責任を追及するほか、警察内部での懲罰を加えることによって救済・処理を図ることもできる。したがって、捜査手続の違法について、公判手続における証拠能力を否定することで解決する必要はないというのである。

（ii）証拠能力に関しての消極的根拠

違法収集証拠の証拠能力について、消極の根拠は、主に以下の3つの観点がある。

まず、①**適正手続の保障**という観点である。違法収集証拠を用いて被告人を処罰することは、適正手続の保障（憲31条）を害し、手続的な正義に反することになるという立場である。加えて、憲法35条1項は捜索および押収は令状によるという証拠収集のルールを明記しているが、その実効性を担保するためにも、同規定に違反して獲得された証拠の使用を禁ずるべきとするのである。

次に、②**違法捜査の抑止**という観点である。違法収集証拠の使用を禁止することで、将来における捜査機関による違法な証拠収集活動を抑止するという立場である。裁判において証拠として使用できないのであれば、捜査機関にとって違法な捜査を行ってまで証拠を獲得する意味がなくなるため、結果として違法捜査の抑止につながる。もちろん、国家賠償による責任追及や内部的な懲罰によっても違法捜査を抑止することは可能と言えるが、証拠としての使用そのものを否定することで違法捜査を抑止できる選択肢を残す価値はあるというのである。

それから、③**司法の廉潔性**という観点である。裁判所は違法収集証拠という「汚れた証拠」を手にすることで、自らの手を汚してはいけないとする立場である。違法収集証拠を使用して処罰を行うと、裁判所に対する国民の信頼が損なわれ、司法に対する不信感をもたらすことから、違法収集証拠を排除しようとするのである。

これら3つの観点は、いずれも説得的な理由を含んでおり、互いに排斥する関係にあるものでもない。そのため、いずれか1つの観点のみに絞り込む必要はなく、違法収集証拠を排除する根拠としてそれぞれ支え合っていると理解できる。

ただし、各観点には次のような批判も加えられている。①適正手続の保障の観点に対しては、憲法の規定を守ることに重きを置くことで、犯人が無罪放免となることがあれば、それは理にかなっていないとの批判がある。②違法捜査の抑止の観点に対しては、証拠排除に違法捜査を抑止する効果があるのかについて、実証的に明らかにすることは困難ではないかとの批判がある。③司法の廉潔性の観点に対しては、国民の信頼という点を強調するのであれば、目の前に有罪を推認させる証拠があるにもかかわらず、当該証拠の証拠能力を否定して処罰できなくすることの方が真実発見を望む国民の信頼を害するのではないかとの批判がある。こうした根拠論の議論（特に①・③の批判点）から、違法収集証拠の排除法則を適用するとしても、排除を行うのは一定の場合に限定するという調整が行われることになろう（→本章Ⅳ節（3）（i）を参照）。

（iii）判例の動向

判例に目を向けてみると、かつて最判昭24・12・13集刑15号349頁は、「押収物は押収手続が違法であつても物其自体の性質、形状に変異を来す筈がないから其形状等に関する証拠たる価値に変りはない」として、違法収集証拠の証拠としての採否は裁判所の専権事項であるとした。このように判例は、捜査過程の違法に着目して証拠能力を否定することには消極的であったことがわかる。

その後、下級審においては次第に捜査過程の違法に着目して証拠能力を否定する判断が示されるようになる（例えば、大阪高判昭31・6・19高刑裁判特報3巻12号631頁）。そして、最判昭53・9・7刑集32巻6号1672頁は、最高裁として初めて捜査過程の違法に着目して証拠能力を判断することを明示した（ただし、捜査過程の違法に着目して証拠能力の判断を行ったが、結論としては証拠排除を行わなかった。最高裁として初めて証拠排除を行ったのは、後述の平成15年判決である）。

昭和53年判決は「違法に収集された証拠物の証拠能力については、憲法及び刑訴法になんらの規定もおかれていないので、この問題は、刑訴法の解釈に委ねられているものと解するのが相当」であり、刑訴法1条の見地からの検討を要すると判示するものの、なぜ違法収集証拠の証拠能力が否定されるかという具体的な根拠については判文上では言及していない。

（3）排除法則の判断基準

捜査機関による証拠収集手続に違法があれば、その証拠能力が否定されうるという考え方が現在の判例・通説である。では、捜査機関の証拠収集手続に何らかの違法があれば、それにより獲得された証拠は常に証拠として使用できないとの結論が導かれるのであろうか。違法収集証拠の排除法則を適用するとすれば、どのような場合に証拠を排除するべきかという判断基準に目を向けてみたい。

（i）相対的排除

違法収集証拠の排除法則の判断基準として、捜査機関の証拠収集手続に何らかの違法があれば、常に証拠排除を導くとの考え方（**絶対的排除**）も成り立ちうる。しかし、もし絶対的排除の考え方を採用すれば、捜査機関が軽微な違法を犯した場合でも、違法があれば証拠排除すると即断することになる。これでは、あまりに柔軟さに欠け、刑訴法1条が事案の真相究明を目的としていることとの整合性からも、妥当な結論ではないであろう。また、証拠排除を行うかどうかという結論が先行し、それに応じて当該証拠収集手続の適法・違法を決するということにもなりかねない。そうすると、むしろ本来違法と評価されるべき手段であるにもかかわらず、証拠排除することを避けるために適法と評価される弊害が生じるおそれもある。

そのため、証拠収集過程に捜査機関の違法が介在していたとしても、適正手続の保障・違法捜査の抑止・司法の廉潔性といった各観点から、諸般の事情を考慮して当該証拠を排除するか否かを決定すべきとの考え方（**相対的排除**）が望ましい。すなわち、捜査機関の証拠収集手続に違法があれば、それにより獲得された証拠を排除するという結論に至るわけではなく、様々な要素を考慮して証拠排除をするか否か判断することになる。

（ii）判断の基準

それでは、相対的排除の考え方から、どのような判断基準を導き出すことができるだろうか。違法収集証拠の証拠能力を消極に解する3つの根拠から考えてみたい。まず、適正手続の保障の観点からは、違法収集証拠の使用により、手続の全体にわたって適正さが害される程度の違法（重大な違法）が存在するか否かが基準となる。例えば、証拠が令状主義に違反して獲得されたような場合には、手続全体の適正さが害される程度の違法に当たり、証拠排除が導かれやすい。

次に、違法捜査の抑止の観点からは、将来の同種の捜査を抑止すべきような違法行為が必要となる。その意味では、違法の大小にかかわらず、将来の違法捜査を抑止するべき違法が存在すればよいであろう。すなわち、違法捜査抑止という点から、排除の相当性を考慮する余地が生まれる。例えば、違法は軽微だが同種の違法が繰り返されていることから、相当性を考慮して証拠排除するということである。

さらに、司法の廉潔性の観点は、裁判所が違法収集証拠を使用して処罰を行うと国民の信頼が損なわれる反面、目の前に有罪を推認させる証拠があるにもかかわらず証拠排除を行ったため処罰できなくなることの方が国民の信頼が損なわれるという点を考慮する。その意味では、犯罪を処罰できなくなるという不利益を被っても仕方がないような程度の違法（重大な違法）が必要となろう。加えて、国民からの信頼という点から、証拠の重要性や事件の重大性といった排除の相当性を考慮する余地も生まれる。

こうした観点から判断の基準を総括すると、違法に獲得された証拠が排除されるのは、①重大な違法があり、排除の相当性も認められる場合（重大な違法がある場合に、排除の相当性が欠けるときは考えにくい）、②違法があり（重大ではなくても）、排除の相当性が認められる場合となる。

では、判例は、証拠排除を行うか否かをどのように判断しているだろうか。前述の昭和53年判決は「証拠物の押収等の手続に、憲法35条及びこれを受けた刑訴法218条1項等の所期する令状主義の精神を没却するような重大な違法があり、これを証拠として許容することが、将来における違法な捜査の抑制の見地からして相当でないと認められる」場合には、証拠能力が否定されるとする。

昭和53年判決をどのように理解するかについて、排除の根拠としては、「将来の違法な捜査の抑制の見地から」という表現がされており、違法捜査抑止の観点を考慮要素に含んでいる。また、排除の判断基準については、「令状主義の精神を没却するような重大な違法」と「将来の違法捜査抑制の見地からの排除相当性」を挙げている。前述の3つの根拠から排除すべきと考えられる違法を判文では「重大な違法」という言葉で表現していると解することができ、昭和53年判決の基準は相対的排除の考え方と同趣旨であるとも言える。

（ⅲ）具体的な考慮要素

それでは、違法の重大性と排除の相当性を判断基準とするとすれば、具体的にどのような事情を考慮するのであろうか。

第1に、違法の重大性に関しては、以下の点が主な考慮要素となる。①手続違反の程度である。本来求められている適法行為からどれぐらい外れているのか、侵害された法益の質はどのようなものかを考慮する。②手続違反の状況である。どのような状況下で手続違反が生じたのかを考慮する。③手続違反の有意性である。捜査官の主観面に着目するもので、わざと手続違反を行ったのか、単に選択を誤っただけなのかということである。また、違法行為後の捜査官の対応はどのようなものであったかを考慮する。

第2に、排除の相当性としては、以下の点が主な考慮要素となる。④手続違反の頻度である。同じような違反行為が繰り返される可能性が高いのか・低いのかを考慮する。例えば、今後も繰り返される可能性が高い違法行為であれば、将来の違法捜査抑止の点から排除の相当性が強く認められる（なお、同種の違法行為が以前から何度も繰り返されているという点を捉えるならば、違法の重大性の考慮要素とすることも可能であろう）。

⑤手続違反と当該証拠との因果関係である。違反行為があったから証拠が獲得できたと言えるのかを考慮する。例えば、証拠収集手続に違法があるといっても、適正な方法で証拠を獲得後に、その場にいた被疑者と警察官が口論になり、警察官が暴行を加えてしまったというケースもある。こうしたケースでは、違反行為は確かに生じていても、手続違反と当該証拠との因果関係は認められにくく、排除の相当性がないという方向に働きやすいであろう（なお、証拠獲得に結びつくような場面での違法であるという点を捉えるならば、違法の重大性の考慮要素とすることも可能であろう）。

⑥証拠の重要性である。証拠が重要なものであればあるほど、その証拠の排除は事案の真相解明や処罰の実現に対する大きな弊害になると言えるであろう。例えば、凶器のナイフが被告人を犯人だと示す唯一の証拠であるとすれば、その重要な証拠を排除するというのは、排除の相当性がないという方向に働きやすいであろう。

⑦事件の重大性である。重大な事件であればあるほど、真相究明・処罰の要請は高くなるため、証拠排除による弊害は大きくなり、証拠排除を抑制すべきであるとも言える。例えば、被告人に複数の殺人事件の嫌疑がかかっているとき、その凶器のナイフが違法な捜査により獲得されたとすると、証拠を排除すれば重大事件の被告人の処罰が困難になるため、排除の相当性がないという方向に働きやすいであろう（なお、重要な証拠、重大な事件に関する証拠であるがゆえに無理をしてでも獲得してしまったのではないかという点では、③の有意性が強く疑われ、そうすると違法の重大性が認められやすくなる）。

（4）派生的証拠の証拠能力

捜査機関による証拠収集活動は、当該証拠の獲得のみで意味がある場合と、獲得した証拠から新たな証拠の獲得につなげていくことに意味がある場合がある。例えば、警察官が違法な取調べにより獲得した自白（第一次証拠）をもとに、山中に隠されていた凶器（第二次証拠）を発見したというケースである。このような場合に、第一次証拠については当該証拠の証拠能力を否定しうる場合があるが、第二次証拠についてはどのように考えるべきであろうか。第一次証拠と同様に、当該証拠の証拠能力を否定（違法収集証拠の排除法則を適用）できるのであろうか。

（ｉ）毒樹の果実の理論

毒樹の果実の理論とは、違法な捜査によって収集された第一次証拠から第二次証拠を発見・獲得した場合に、第二次証拠の証拠能力も否定しうるとする考え方である。毒樹の果実の理論は、違法収集証拠の排除法則の実効性を担保するためのものである。というのも、違法捜査から直接獲得される第一次証拠のみに違法収集証拠の排除法則が適用されると仮定すると、捜査機関は第二次証拠が証拠として使えるのであれば、第一次証拠に関しては違法な手法で獲得しても構わないだろうと考え行動する場合もありうるからである。例えば、第一次証拠である自白の証拠能力が否定されることは見越した上で、他の物的証拠が見つかればよいという考えで捜査を行う場合である。そうしたことを防止し、違法収集証拠の排除法則の趣旨を貫徹させるために、毒樹の果実の理論という考え方が存在している。

第二次証拠の証拠能力の有無は、①第一次証拠の獲得方法の違法性の程度、②第一次証拠と第二次証拠との関連性の強さ、③排除の相当性から判断されることになる。

（ⅱ）判例の動向

違法に獲得された証拠に基づいて発見された他の証拠の証拠能力が争われた代表例が、最判昭61・4・25刑集40巻3号215頁である。本判決は、違法性を帯びる採尿手続により採取された尿についての鑑定書の証拠能力が争われた。最高裁は、「被告人宅への立ち入り、同所からの任意同行及び警察署への留め置きの一連の手続と採尿手続は、被告人に対する覚せい剤事犯の捜査という同一目的に向けられたものであるうえ、採尿手続は右一連の手続によりもたらされた状態を直接利用してなされていることにかんがみると、右採尿手続の適法違法については、採尿手続前の右一連の手続における違法の有無、程度をも十分考慮してこれを判断するのが相当である」と判示している。判例においても、先行する違法な手続と結果的に得られた証拠との関連性に着目している。

また、最判平15・2・14刑集57巻2号121頁は「本件逮捕手続の違法の程度は、令状主義の精神を潜脱し、没却するような重大なものであると評価されてもやむを得ないものといわざるを得ない。そして、このような違法な逮捕に密接に関連する証拠を許容することは、将来における違法捜査抑制の見地からも相当でないと認められるから、その証拠能力を否定すべきである」と判示している。

V　自己負罪拒否特権

(1) 総　説

自己負罪拒否特権とは、「自己に不利益な供述を強要されない」（憲38条1項）権利を言う。憲法上は、自己が刑事上の責任を問われるおそれのある事項について、供述を強要されないことを保障している（最判昭32・2・20刑集11巻2号802頁）。また、同権利は被疑者・被告人はもちろん、証人を含め「何人」にも保障される。こうした憲法で規定される自己負罪拒否特権を受け、刑訴法上では被疑者・被告人に保障される**黙秘権**とそれ以外の者（証人等）に保障される**証言拒絶権**を定めている。

(2) 黙 秘 権

【事例】では、司法警察職員が被疑者である前山を取り調べる前に黙秘権を告知し、実際に前山は黙秘権を行使していた。どのような理由から黙秘権は保障されているのか、またどのような内容を保障しようとしているのであろうか。

(i) 黙秘権の内容

刑訴法は当事者主義を採用し、捜査機関（捜査権を有する）と被疑者・被告人を対等な存在として主体的地位に置くために、被疑者・被告人にも防禦権を与えており、その1つが黙秘権である。

黙秘権とは「終始沈黙し、又は個々の質問に対し、供述を拒むことができる」（311条1項）権利を指す。そして、同条は黙秘権の主体を被告人としている。

一方で、被疑者には黙秘権を認める刑訴法上の直接の根拠規定は存在しないが、刑訴法198条２項が被疑者の取調べに際しては「あらかじめ、自己の意思に反して供述する必要がない旨を告げなければならない」としている。このように、被疑者に対する黙秘権の告知義務を捜査機関に課していることから、被疑者にも被告人と同様に包括的な黙秘権が認められると解されている。

憲法で保障される自己負罪拒否特権は自己の刑事責任を問われるおそれのある事項に限って供述を強要されないことを保障している。刑訴法は311条が「終始沈黙し」、198条２項が「自己の意思に反して」と規定しているように、自己の刑事責任を問われるおそれのある事項に限らず、包括的に供述を強要されないことを保障している。そのため、氏名や住所についても、刑訴法上は黙秘権の対象となる。他方、憲法38条１項の自己負罪拒否特権の保障が氏名や住所に及ぶかについて、判例は不利益な事項に該当せず、保障は及ばないとする（前掲・最判昭32・２・20）。

（ⅱ）黙秘権の告知

黙秘権の行使を確実なものとするためには、事前の権利告知が必要となる。そこで、被疑者には取調べ前に（198条２項）、被告人には公判の冒頭手続で、それぞれ黙秘権の告知を行わなければならない（291条４項）。

（ⅲ）黙秘権の意義

黙秘権の意義は、被疑者・被告人に対して、供述を強要してはならないと保障されていることである。また、供述をしないことに対して、何らかの刑罰や制裁を加えることは許されず、黙秘権を侵害して自白を獲得した場合には、その自白の証拠能力は否定される。

さらに、黙秘したことを理由に不利益に推認することは許されない。例えば、黙秘しているのは、後ろめたいことがあるからだという理由で、黙秘を被告人に不利な情況証拠の１つとすることはできない。

（３）証言拒絶権

証言拒絶権とは、被疑者や被告人以外の者には基本的に供述義務があることを前提としつつ、供述者にとって刑事上の不利益になる事項に関する証言を拒絶する権利のことを指す（146条）。

Ⅵ 自　　白

(1) 総　　説

自白とは、自分の犯罪事実の全部または重要部分を認める被告人の供述のことを言う。時期（被疑者の時点でも）および形式（口頭でも書面でも）を問わず、被告人の犯罪事実を認める供述を、被告人に対する証拠として使用すれば、その供述はすべて自白に当たる。

自白は「証拠の女王」と呼ばれるように、事実認定を行う上で重要な証拠となる。というのも、【事例】において、物的証拠の収集を進めたとしても、前山の心理状態を明らかにするには前山自身の供述に頼らざるを得ない面も少なからず出てくるからである。例えば、足払いをし転倒させて人を死亡させたという外形上の行為が同じであっても、殺意を持って行えば殺人罪、まさか転倒するとは思わず傷害の故意のみであれば傷害致死罪が成立するであろう。

このように自白は重要な証拠であるがゆえに、証拠能力および証明力、それぞれの点で制限を受ける。証拠能力に関しては、当該自白が任意にされたものでない疑いがある場合には、証拠能力が認められない（**自白の排除法則**）。また、証明力に関しては、任意になされた信用に値する自白があった（裁判官が自白のみで有罪との心証を形成した）としても、それのみでは有罪認定することを認めず、他の証拠による補強が必要である（**補強法則**）。

(2) 自白の証拠能力

(i) 自白の排除法則とは

自白の排除法則とは、ある一定の状況下で獲得された自白の証拠能力を否定する法則である。どのような場合かと言えば、憲法38条2項は「強制、拷問若しくは脅迫による自白又は不当に長く抑留若しくは拘禁された後の自白」を、刑訴法319条は「強制、拷問又は脅迫による自白、不当に長く抑留又は拘禁された後の自白その他任意にされたものでない疑のある自白」を証拠とすることができないと規定している。もっとも、憲法と刑訴法で文言は異なるが、「その他任意にされたものでない疑のある自白」にも憲法38条2項の保障は及んでおり、憲法と刑訴法で保障内容の違いは見られない。

【事例】において、自白の排除法則が問題となるのは、連日の過酷な取調べが行われ、警察官より虚偽の事実を告げられた結果として自白したという場面である。こうした取調べを経て獲得された自白は、「強制、拷問又は脅迫による自白、不当に長く抑留又は拘禁された後の自白その他任意にされたものでない疑のある自白」に該当し、証拠能力が否定されるのであろうか。

（ⅱ）自白の排除法則の根拠

刑訴法319条は「強制、拷問又は脅迫による自白、不当に長く抑留又は拘禁された後の自白その他任意にされたものでない疑のある自白」を証拠とすることができないと規定するが、なぜこのような自白は証拠として使用できないのだろうか。その根拠として、虚偽排除説、人権擁護説、違法排除説の３つの見解がある。

（ａ）虚偽排除説

虚偽排除説は、任意性のない自白について、虚偽自白のおそれがあるため、証拠として使用することはできないとする考え方である。この考え方は、裁判官が虚偽自白に基づいて事実認定することにより誤判を生むことを防止しようとしている。

自白を排除するかどうかの判断基準は、類型的に虚偽自白を招くようなおそれのある状況に置かれていたか否かである。類型的判断となるのは、ある被疑者が虚偽自白をするような心理状態かを外部から個別判断することは困難だからである。【事例】では、連日の過酷な取調べ状況および警察官による虚偽事実の告知という事情について、一般的に虚偽自白を招くおそれがある状況に置かれたと言えるか（実際に前山が虚偽の供述をする状況に置かれたかを個別具体的に検討するのではなく）を判断することとなる。

（ｂ）人権擁護説

人権擁護説は、被告人の基本的人権（とりわけ黙秘権）を保障するため、任意性のない自白の証拠能力を否定する考え方である。この考え方は、被告人の黙秘権保障を担保することを重視しており、供述の自由が侵害されるような心理状態にならないようにしようとするものである。

そのため、自白を排除するかどうかの判断基準は、類型的に黙秘権および供述の自由が奪われるような状況に置かれていたか否かである。ここでも類型的判断となるのは、ある被疑者の心理状態を外部から観察することは困難だからである。【事例】では、連日の過酷な取調べ状況および警察官による虚偽事実の告知という事情により、一般的に供述の自由が害されるような状況にあったと言えるかを判断することになる（ここでも、個別具体的に前山の供述の自由が侵害されたかを判断するわけではない）。

（c）任意性説

現在の通説は、**任意性説**であり、任意性のない自白が証拠として使用できない理由を（a）虚偽排除説と（b）人権擁護説の両見解から説明する考え方である。そのため自白排除するか否かの判断としては、類型的に虚偽自白を招くおそれのある状況に置かれたか、類型的に供述の自由が侵害される状況に置かれたかを基準とする。両基準の関係性としては、どちらかの状況に該当すれば、証拠排除を導くことになる。

（d）違法排除説

違法排除説とは、強制・拷問・脅迫等の行為が違法であることから、自白採取過程の手続の公正さを保障するため、その成果である自白も排除されるべきとの考え方である。この考え方は、手続の公正さの保障、すなわち、捜査機関が違法な手法で獲得した自白を使用してはいけないという点を重視している。憲法31条の適正手続の保障を自白の排除法則の根拠規定とし、憲法38条２項や刑訴法319条１項は憲法31条を確認したものであると理解する考え方である。

そのため自白排除するかどうかの判断基準は、捜査機関の証拠収集過程に着目（虚偽排除説および人権擁護説は被疑者の置かれた状況に着目）し、自白採取過程に違法が存在するか否かである。【事例】では、連日の過酷な取調べおよび警察官による虚偽事実の告知という捜査が違法と言えるのかが問われる。

違法排除説に対する主な批判として、３点ある。まず、違法収集証拠の排除法則が自白に適用できないとすれば、捜査手法に着目して自白排除を検討する意味はある。ただ、自白にも違法収集証拠の排除法則が適用されるとする判例・通説の考え方からは、違法排除説をとる必要性はないとの批判がある。また、虚偽排除説や人権擁護説が個別に被疑者の主観面（心理状態）に着目するというのであれば、捜査手法に着目する事で判断基準を客観化するという点で違法排除説には意味がある。ただ、虚偽排除説や人権擁護説も「類型的（一般的）に」判断するものであり、そうした違法排除説の優位な面も薄れてきているとの批判がある。最後に、そもそも被疑者の主観・心理に着目する条文の文言から乖離するとの批判もある。

（iii）自白の排除法則の判断基準

刑訴法319条１項の自白の排除法則により証拠の使用が禁じられるのは、①強制、拷問または脅迫による自白、②不当に長く抑留または拘禁された後の自白、③その他任意にされたものでない疑いのある自白の３種類である。上記の自白はなぜ証拠として使用できないとされるのか、虚偽排除説、人権擁護説、違法排除説から説明を試みたい。

（a）強制、拷問または脅迫による自白

強制・拷問・脅迫とは、肉体的・精神的な苦痛を与える強制行為を指す。こうした自白を排除することについて、各説は次のように根拠付ける。虚偽排除説からは、肉体的・精神的な苦痛を与える強制的な取調べを受けると、その場から逃れたいという思いから警察官の言いなりになってしまう等、虚偽自白を招くおそれが高い状況に置かれるからである。また、人権擁護説からは、強制的な取調べを受けると、話すという選択肢しか残されていないと感じさせ、供述の自由が失われる状況に置かれるからである。そして、違法排除説からは、強制・拷問・脅迫を使用した取調べ手法そのものが違法だからである。

（b）不当に長く抑留または拘禁された後の自白

抑留・拘禁とは、身体の拘束のことを言う。ここでは「不当に長く」という意味およびこうした自白を排除する根拠を各説から考えてみる。虚偽排除説からは、虚偽の供述をしてでも取調べから逃れたいと一般的に思う程度の長期間を指す。長期間にわたると、嘘でも何でも取調官の納得する答えを話そうとするように、虚偽を招くおそれのある状況に置かれるからである。また、人権擁護説からは、話したくないことも話さざるを得ないような状況に陥る程度の長期間である。長期間にわたると、もう話さないと帰れないというように、供述するかしないかの自由が失われる状況に置かれるからである。さらに、違法排除説からは、捜査手法として違法と評価されるような長期間の抑留・拘禁を意味する。

判例では、被告人を109日間拘禁し、その後に被告人がはじめて犯行を自白したもの（最大判昭23・7・19刑集2巻8号944頁）や、複雑な事件ではないにもかかわらず「逮捕されてから原審の公判が開かれるまで6ヶ月10日間引き続き拘禁」したもの（最判昭24・11・2刑集3巻11号1732頁）が不当に長い抑留・拘禁であるとされている。

（c）その他任意にされたものでない疑いのある自白

その他任意にされたものでない疑いのある自白とは、前述の（a）強制、拷問または脅迫による自白、（b）不当に長く抑留または拘禁された後の自白以外の不任意自白を指す。その代表例は（ア）約束による自白、（イ）偽計による自白であるが、どのような状況下での自白を意味するのであろうか。

（ア）約束による自白

約束による自白とは、捜査機関が取調べの対象者との間で何らかの約束を交わすことで、対象者にその約束を信じ込ませ、自白を引き出すことをいう。例えば、警察官が取調べの際に被疑者に「正直に話し、反省しているのであれば、釈放してやる」と告げ、それを信じた被疑者が自白を行うというような場合である。

約束による自白は、なぜ証拠として使用することができないのであろうか。虚偽排除説からすると、どうせ釈放されるのであれば、本当は犯罪と無関係であるが早く決着をつけるために虚偽自白してしまおうと考えうる状況に置かれるからである。次に、人権擁護説からは、本来、自白するかどうかは本人の自由意思によらなければならないが、約束により自白するか否かの選択権を狂わせるような状況に置かれるからである。さらに、違法排除説からは、取調べ段階で何らかの約束を交わすことが、直ちに違法とは評価されない。しかし、当事者対等を前提とする適正手続の保障（憲31条）に反するような、弱みにつけ込んで不正に採取した自白については、違法と認めることもできるからである。

判例に目を向けてみると、約束による自白の代表例は、最判昭41・7・1刑集20巻6号537頁である。被疑者が「自白すれば起訴猶予にする」との検察官の言葉を信じて自白したケースで、最高裁は「被疑者が、起訴不起訴の決定権をもつ検察官の、自白をすれば起訴猶予にする旨のことばを信じ、起訴猶予になることを期待してした自白は、任意性に疑いがある」とし、証拠能力を否定している。

（イ）偽計による自白

偽計による自白とは、捜査機関が取調べの対象者に何らかの虚偽事実を伝え、それをきっかけとして対象者から自白を引き出すことを言う。【事例】でも、この偽計による自白が問題となっている。具体的に言えば、鑑定結果では前山のリュックサックには被害者の毛髪が１本付いていただけであり、司法解剖でもリュックサックが頭部に当たったか否かは不明であった。それにもかかわらず、取調べにおいて警察官はリュックサックに被害者の血液が付いていた旨、リュックサックが頭部に当たった事が死因である旨の虚偽を伝えていた。これは偽計による自白に当たり、証拠として使用できないのだろうか。

まず、偽計による自白が証拠として使用できないのはどうしてか考えてみたい。虚偽排除説からは、警察官による偽計の内容に引っ張られることで、虚偽の自白をするおそれがある状況に置かれるからである。また、人権擁護説からは、偽計により困惑や戸惑いを覚えさせ正確な判断ができなくなる等、供述の自由を侵害するおそれのある状況に置かれるからである。さらに、違法排除説からは、偽計により錯誤に陥れ自白を獲得するような捜査手法は許されるものではなく、そうした手法自体が違法だからである。

判例を見てみると、偽計による自白の代表例は、最判昭45・11・25刑集24巻12号1670頁である。本判決は、拳銃不法所持事件につき、実際に妻は共謀関係を自白していないにもかかわらず、検察官は「妻が自供した」と夫である被告人に告げて、共謀関係を認める自白を獲得したというものである。最高裁は、「被疑者を取り調べるにあたり偽計を用いて被疑者を錯誤に陥れ自白を獲得するような尋問方法を厳に避けるべきであることはいうまでもないところであるが、もしも偽計によって被疑者が心理的強制を受け、その結果虚偽の自白が誘発されるおそれのある場合には、右の自白はその任意性に疑いがある」とし、証拠能力を否定すべきであると判示している。本判決は、偽計により、心理的強制を受け虚偽供述を誘発するおそれがあるとする。というのも、偽計により、夫が共謀の点を認めれば、夫のみが処罰され妻は処罰を免れることがあるかもしれない旨を暗示した疑いがあることが問題とされたのである。しかし、虚偽の事実を告げることが、どのような意味で心理的強制や虚偽供述の誘発の危険性を生じさせるのかは、必ずしも明確にはなっていない。

また【事例】と類似の裁判例として、警察官が「犯人のシューズ内から検出された分泌液が被告人のものと一致した」との虚偽事実を伝えた結果、犯行を自白した裁判例がある（東京地判昭62・12・16判時1275号35頁）。東京地裁は、警察官が強い心理的強制を与える性質のあざとい虚言を述べて自白を引き出した点が許されざる偽計を用いたと認定し、その影響下になされた自白はその任意性を肯定できないと判示している。

（3）自白と違法収集証拠の排除法則

自白の任意性に疑いがあれば、自白の排除法則を適用して証拠能力を否定することができる。では、任意性の問題とは別に、自白の採取過程に違法がある場合に、違法収集証拠の排除法則によって、証拠能力を否定することはできないであろうか。こうした点が争われる典型例は、違法な身柄拘束が行われたが、その後の取調べは適法に行われ、その結果自白が得られたというケースである。こうした自白について、違法収集証拠の排除法則を適用できるかが問題となる。

自白に違法収集証拠の排除法則が適用できるかについては、次の３つの考え方がある。①**違法排除一元論**は、自白の排除法則の根拠として違法排除説を採用し、任意性に疑いを生じさせるような違法な捜査手法により獲得された「自白」かどうかを基準に処理する（自白への違法収集証拠の排除法則の適用を認めない）。この見解は、違法収集証拠の排除法則の考え方を自白に適用したものが、刑訴法319条の自白の排除法則であると捉えている。捜査を受ける側の心理面に着目することはなく、自白であろうと証拠物であろうと、捜査の違法性という観点から解決を図ろうとするものである。違法排除一元論に立てば、前述の違法な身柄拘束中の自白について、違法収集証拠の排除法則は適用できないが、自白の排除法則（違法排除説の立場）を適用し、証拠排除しうる。ただし、自白の排除法則の根拠で述べたように、違法排除説への批判がここでも妥当する。

②**任意性一元論**は、自白の排除法則の根拠として任意性説を採用するため、「自白」については虚偽排除説と人権擁護説から処理する（自白への違法収集証

拠の排除法則の適用を認めない)。この見解からは、自白に違法収集証拠の排除法則を適用せず、明文規定である刑訴法319条を適用することとなる。自白については、専ら、捜査過程の違法には着目せず、自白を行った者がどのような状況に置かれたかという点に着目することになる。任意性一元論には、違法に獲得された自白について、任意性に問題はないが、採取過程の違法を根拠に証拠排除すべき場面もありうるのではないかとの批判が加えられている。例えば、前述の違法な身柄拘束中の自白について、違法収集証拠の排除法則は適用できず、また自白の任意性にも問題がないため、証拠排除することが困難となる。

③**二元論**は、違法に獲得された「自白」について、自白の排除法則により任意性に疑いのある自白を排除するが、それとは別個に、違法収集証拠の排除法則の適用も認める見解である。違法収集証拠の排除法則は、元来、証拠価値の変わらない「証拠物」を前提に議論が行われてきたことは確かである。しかし、違法収集証拠の排除法則が捜査手法を問題とする以上（さらに言えば、証拠価値が変わらない証拠物でさえ排除する以上)、対象が何であるかは無関係であり、自白への適用を妨げるものではない。前述の違法な身柄拘束中の自白については、違法収集証拠の排除法則を適用し、証拠排除しうる。この点について、判例も自白について、自白の排除法則と違法収集証拠の排除法則を重畳的に適用することを認めている（東京高判平14・9・4判時1808号144頁)。

（4）自白の証明力

（i）補強法則とは

自白の補強法則とは、被告人の自白以外に有罪を推認させる証拠がない場合は、たとえ自白の信用性が高くても（自白のみで裁判官が有罪の心証を形成したとしても)、自白だけで有罪認定することができないという法則である。憲法38条3項では「自己に不利益な唯一の証拠が本人の自白である場合」、刑訴法319条2項では「自白が自己に不利益な唯一の証拠である場合」には有罪とされないと規定している。

補強法則が問題となるのは、【事例】に即して考えれば、前山が有罪であることを推認させる証拠が他にない中で、前山が「私が殺した。前から嫌がらせを受けていて、いつか殺してやろうとタイミングを見計らっていた。」という自白を行ったような場合である。自白の内容自体がたとえ信用できるものだとしても、それだけでは前山を有罪とすることはできない。

(ⅱ) 補強法則の根拠

このように補強法則が存在するのはなぜであろうか。その主たる根拠としては、自白偏重による誤判の防止が挙げられる。すなわち、事実認定者が自白を過信・偏重することで、判断を誤ることを防ごうという考え方である。任意性の認められる供述であっても、そこに虚偽が混じる可能性はありうる。そこで、自白偏重による誤判の危険に対して、自白以外の証拠があることを有罪認定する際の条件とすることで、それを防止しようとするのである。

(ⅲ) 共犯者の自白

共犯者の供述（共犯者自身から見れば自白）に補強法則は必要かについても問題となる。例えば、強盗事件の共犯関係にあったXおよびYについて、Xが否認している中、Yは「以前からXとは強盗事件を計画しており、実行に移した」と供述（Yから見れば自白）したケースがあったとする。この場合、Yの供述のみで、Xを有罪認定してもよいだろうか。補強必要説は、①自白強要の危険および自白偏重による誤判の危険等については、本人の自白のみならず、共犯者の供述でも生じうること、②共犯者の供述は、自身の責任回避や他の共犯者への責任転嫁という点で、虚偽の危険等も高いこと、③証拠がYの供述しかない場合、自白したYが無罪、否認したXが有罪となるのは妥当ではないことを理由とする。一方、補強不要説は、①本人の自白より共犯者の供述の方が、裁判所は警戒の目を向けるから信用が得づらいため、被告人の自白と共犯者の供述とを同一視できないこと、②自白が反対尋問を経た供述より証明力が弱い以上、自白した者が無罪、否認した者が有罪となるのも不合理ではないことを理由とする。

Ⅶ　伝聞法則

(1) 総　　説

伝聞法則とは、**伝聞証拠**の証拠能力を原則として否定する法則である。刑訴法320条1項は、「公判期日における供述に代えて書面を証拠とし、又は公判期日外における他の者の供述を内容とする供述を証拠とすることはできない」と規定している。

「公判期日における供述に代えて書面を証拠」とするとは、原供述が書面の形で示される場合である。例えば、体験者が自ら作成した供述記載書面である供述書、供述者からの供述を第三者が録取した書面である供述録取書等を指す。そして、「公判期日外における他の者の供述を内容とする供述を証拠」とするとは、原供述が他人の供述により間接的に示される場合である。例えば、体験者以外の者が体験者から聞いた話の内容を公判廷で供述することを指す。

【事例】において伝聞証拠が問題となるのは、次の場面である。110番通報をした冨田が捜査段階では「おまえはホントにバカだな！　この年になっても生きてる価値のない奴だ！」と聞いたと供述し録取書が作成されていた。しかし、公判廷では「大声で言い争う声を聞いた」という証言しかしなかった。そこで、捜査段階での供述録取書を証拠として使用できるだろうか。

（2）伝聞法則の根拠

（i）供述証拠のプロセス

供述証拠は、通常、図表5－3のように、**知覚→記憶→表現・叙述**というプロセスを経る。その各段階では誤りが混入する危険があるため、この危険を取り除くために、供述者本人を公判廷に出廷させ、供述内容の正確性を吟味する必要がある。それにもかかわらず、伝聞証拠は**反対尋問**（および裁判官による

図表5－3　事件を目撃してから供述するまでのプロセス

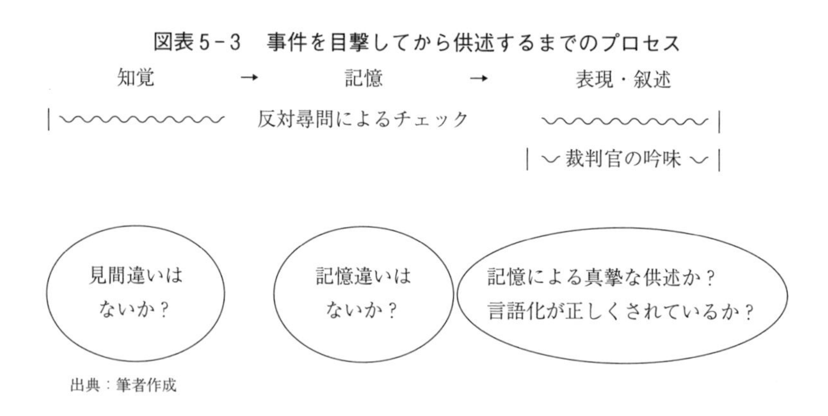

出典：筆者作成

チェック）をなし得ないから、原則として証拠能力を認めない。これが伝聞法則の趣旨である。

供述証拠のプロセスを確認すると、知覚とは、ある出来事を体験することであり、目撃者であれば、事件現場で見たり聞いたりすることである。記憶とは、過去の経験内容を保持しているということである。表現とは公判廷で記憶に従って真摯にありのままを語るということ、叙述とは表現の際に正しく言語化するということである。

そこで誤りが含まれていないかの吟味方法としては、知覚→記憶→表現・叙述の各段階について反対尋問によるチェックをすることが可能である。すなわち、反対当事者が供述者に対して、様々な尋問をすることにより、誤りが混じっていないかを確かめるのである。それに加えて、表現・叙述の段階では、裁判官が供述者の態度を注視することで吟味をすることも可能である。

例：交通事故現場
甲（自動車）が乙（自転車）を撥ね飛ばし逃走するのをAが目撃した。

それでは、上記のケースについて、知覚→記憶→表現・叙述の段階でどのような誤りが入る可能性があるだろうか。

知覚の段階では、例えば、Aは「赤い車だった」と供述したとしよう。Aの視力が悪く見間違える可能性や夕刻だったため白い車を他の色の車と見間違える可能性が考えられる。これについては、反対尋問において、Aの視力を質問したり、どのように見えたかを事細かに質問したりすることで誤りが入っていないか確認できる。

記憶の段階では、例えば、Aは「逃げた車のナンバーは8-20だった」と供述したとしよう。体験の時点では「8-02」と知覚し記憶していたのに、時間の経過により「8-20」と記憶が変遷した可能性が考えられる。これについては、反対尋問において、記憶の正確性に関して質問することで、誤りが混入していないか確認することができる。もし、供述者が「スマホのメモ機能にすぐにナンバーを入力していた」とか「8-20を見て、埴輪（ハニワ）と語呂合わせで覚えたから、間違えるはずがない」等と答えた場合は、誤りが入っていないか確認できるだろう。

表現の段階では、例えば、Aは車を運転していたのは友人のC男であると知覚し記憶していたが、友人をかばうために記憶とは異なり「髪の長い女性であった」と供述をしていたとしよう。この場合、供述者の態度を注視すること等で、表現が記憶のとおりにきちんと再現されているかを確認することができる。

叙述の段階では、例えば、Aは「運転者は青色の服を着ていた」と述べたとしよう。Aは車を運転している甲の服装を「緑色の服」であると知覚し記憶し、真摯に表現しようとしているが、「青色の服」と叙述してしまった（信号機の青信号は本来「緑色」であるが、「青色」と表現されることが多いように）。青色とは、どのような意味で使用しているかを質問したり、色見本を提示することで誤りが混じっていないか確認することができる。

（ⅱ）発言内容の点検

図表5－4　供述者に対する吟味

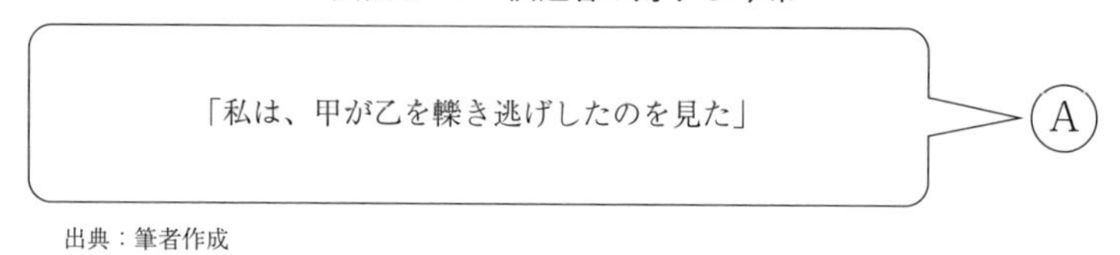

出典：筆者作成

図表5－5　伝聞供述に対する吟味

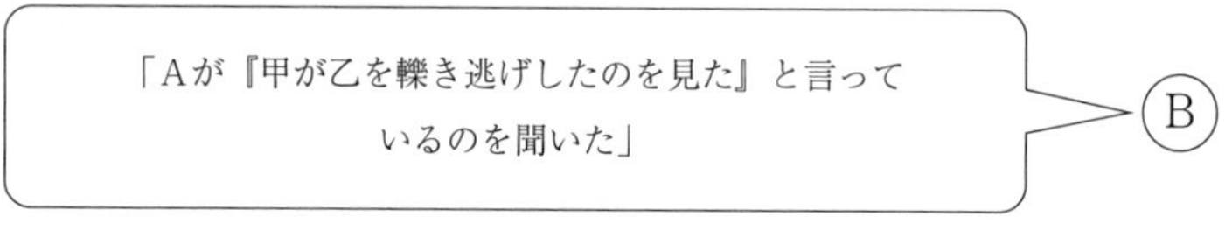

出典：筆者作成

供述証拠のプロセスで示したとおり、知覚→記憶→表現・叙述の段階には誤りが入る可能性がある。そのため、体験者に公判で供述をさせることで吟味を行うのである。その方法としては、①**反対当事者による反対尋問**と②**裁判官による供述者の態度の注視**である。図表5－4の場合は、目撃者Aに対して、「甲が乙を轢き逃げしたのを見た」という供述内容について、きちんと見ていたのか、記憶は確かなのか、真摯に供述しているのか等、目撃者Aに公判廷で供述させることで正確性のチェックが可能となっている。

では、図表5－5のときは、体験者の供述について、吟味できるであろうか。ここで、『甲が乙を轢き逃げしたのを見た』という内容について、目撃者ではないBにいくら丁寧に尋問したところで、目撃者Aがきちんと見ていたのか、記憶は確かなのか等を確かめることはできないのである。Bに確認できることと言えば、「Aから話を聞いた」という部分のみである。Aの発言を正確に聞き取ったのか、きちんとAの発言を記憶しているかという確認は可能であるが、やはり、Aの発言内容（轢き逃げの事実）について正確性のチェックはできないのである。ここに伝聞供述の問題性が表れている。

（3）伝聞法則の不適用

伝聞法則が適用されるのは、伝聞証拠であるが、伝聞証拠か否かはどのように判断すれば良いだろうか。まず、**伝聞証拠**とは、①公判外供述を内容とする証拠で、②その供述内容の真実性（供述内容たる事実の存在）の立証に用いられるものと定義することができる。というのも、図表5-5のような公判廷外で行われた供述を内容とする供述等（公判廷外で行われたAの供述を内容とするBの供述）を事実認定の基礎から原則として外すのが伝聞法則である。このとき、事実認定の基礎からB供述が排除されるのは、それを「甲が轢き逃げをした」という推認のために使用しようとするときである。それはA供述のプロセスに誤りが入っていないか吟味する必要があるにもかかわらず、Aは公判廷で正確性のチェックを受けていないからである。他方、Aがそのような発言自体をしたという事実の推認をするときには、B供述は伝聞法則の対象とはならない。この意味で、**公判廷外供述の内容の真実性**という定義が導かれる。

つまり、伝聞法則が適用されるか否かは、①**要証事実**が何かを特定し、②要証事実との関係で、公判廷外供述等の内容の真実性の立証に用いられるかで決まる。当該証拠により証明しようとする事実との関係が重要である。

一見すると伝聞証拠のように見えるが、伝聞法則が不適用（**非伝聞**）の場合がある。これは、後述する伝聞例外（伝聞法則であるが例外的に証拠としての使用を認める場合）ではなく、そもそも伝聞法則が適用されない証拠である。伝聞法則が不適用となる（非伝聞）の代表例である①言葉の存在自体が要証事実の場合、②言葉の存在自体を情況証拠とする場合について、なぜ非伝聞となるか考えてみたい。

（ｉ）言葉の存在自体が要証事実の場合

言葉の存在自体が要証事実の場合とは、言葉の中身の真偽が問題となるのではなく、言葉を発したことそのものを証明しようとするときである。具体的には、名誉毀損事件の名誉毀損に当たる言葉等である。

例１／Aが「甲はゼミの友人達の前で『乙はひったくりの犯人だ』と言っていた」と証言した。

上記のＡ供述が公判廷でなされたとき、「乙がひったくりの犯人である」ということを証明するために使用することはできるだろうか。この場合は、原供述「乙はひったくりの犯人だ」の真偽が問題となるため、伝聞証拠となる。そのため、Ａではなく、公判廷で甲自身に証言をさせる必要がある。そして、甲の証言について、反対尋問および裁判官による吟味を受けさせ、供述内容の真偽を確かめる必要がある。すなわち、Ａの供述は「乙がひったくりの犯人である」ことを証明するためには、使用することができない。

では、「甲が乙に対して名誉毀損を行ったこと」を証明するために使用することはできるだろうか。この場合は、乙が実際にひったくりの犯人であるかは無関係である（供述内容の真偽とは無関係）。原供述「乙はひったくりの犯人だ」という発言そのもの（発言を行ったこと）が証明の対象となっているため、非伝聞証拠である。なぜなら、「乙はひったくりの犯人だ」という名誉毀損に当たる発言があったことは、その言葉を聞いていたＡに反対尋問をすれば確認可能だからである（甲の供述プロセスについて正確性のチェックをする必要はない）。すなわち、Ａの供述は、「甲が乙に対して名誉毀損を行ったこと」を証明するために使用することは可能である。

このように原供述の内容の真実性を証明するためではなく、原供述者による発言があったことが要証事実の場合は、伝聞証拠とはならない。

（ⅱ）言葉の存在自体を情況証拠とする場合

言葉の存在自体を情況証拠とする場合とは、供述内容の真偽ではなく、供述の存在自体から他の事実を推認する証拠（間接証拠）として用いる場合である。

例２／Ａが「甲は『私の体にキツネの霊がとりついている』と話していた」と証言した。

上記のＡ供述が公判廷でなされたとき、甲の異常な精神状態を証明するために使用することはできるだろうか。これについて、甲による「私の体にキツネの霊がとりついている」という妄想に基づいた発言が存在することを情況証拠として、甲の異常な精神状態を推認することができる。この場合は、甲の体にキツネの霊がとりついているかどうか、すなわち、甲の供述内容の真実性は問題とならない。ここで証明の対象となっているのは、甲が「私の体にキツネの霊がとりついている」という発言をしたこと自体であるため、非伝聞証拠である。つまり、上記Ａ供述を甲の異常な精神状態を証明するために用いることができる。なぜなら、甲の供述プロセスを問題にする必要はなく、発言自体の存在については、Ａに対して反対尋問を行い確認することが可能だからである。

ただし、甲の異常な精神状態を証明するには、その発言の存在自体ではなく、甲が自分自身にキツネの霊がとりついていると認識していたという点を明らかにする必要があるとの考え方もある。この考え方からも、甲の供述は、自己の内面について述べる供述であり、知覚・記憶というプロセスを介さない（表現・叙述のプロセスのみが問題となる）ことから、非伝聞証拠となる。つまり、上記Ａ供述を甲の異常な精神状態を証明するために用いることができる。なぜなら、甲がある事件の目撃証言をする場合とは異なり、自己の内面に関する供述には、見間違いや記憶違いが含まれることは考えにくく、伝聞していることから生じる危険性が小さいからである。また、甲の供述の真摯性は、甲本人に確認しなくても、それを聞いていたＡに対する反対尋問において確認することでも足りうるからである。

（４）伝聞法則の例外

伝聞法則によれば、伝聞証拠は証拠として使用することができない。図表５－５のケースでは、Ｂの供述では轢き逃げを立証するための証拠として使用はできない。この場合には、Ａを公判廷に呼んできて、直接語ってもらう必要があるのである。しかし、例えば、Aが事件発生後に死亡した場合など、法廷で供述ができない場合も考えられる。そうしたときに、**伝聞例外**をもうけて、伝聞証拠であっても証拠として使用できる場合がある。刑訴法320条1項は、「第321条ないし第328条に規定する場合を除いては」伝聞証拠は証拠能力を有しないとし、伝聞法則にも「例外」を認めている。このような伝聞例外を認めている場合として、主に以下の2つが挙げられる。

(i)証拠とすることに同意した場合

伝聞例外となる場合として、証拠とすることに同意および合意した場合が挙げられる(326-327条)。これは、伝聞証拠を原則として証拠とすることができないのは、**反対尋問権を保障**する必要があることから、反対当事者がその尋問権を放棄しているのであれば、例外的に伝聞証拠の証拠能力を認めても差し支えないとの考え方である。

具体的には、検察官および被告人が証拠とすることに同意した書面(326条)、検察官と被告人・弁護人とが合意の上で、公判廷で予想される証言内容を相互にすりあわせた書面(327条)が該当する。

(ii)証拠とすることに同意が得られなかった場合

では、証拠とすることに同意が得られなかった場合はどうであろうか。この場合、刑訴法の定める一定の要件を充足すれば、例外的に証拠能力を認めることができる。そこで、伝聞例外の典型例である警察官面前調書と検察官面前調書について、どのような要件を満たす必要があるか見てみたい。

(a)警察官面前調書(321条1項3号)

321条1項3号は「前二号に掲げる書面以外の書面について」定めており、被告人以外の者が作成した供述書、被告人以外の者の供述録取書すべてに適用される一般規定である。同項3号の対象となるのは、参考人が捜査段階において警察の取調べを受け作成された供述録取書等である。

警察官面前調書が例外的に証拠として認められるには、以下の3要件をすべて満たす必要がある。まず、①死亡、精神・身体の故障、所在不明、国外所在の事情があるため、公判期日において供述ができないことである(供述不能)。次に、②調書に記載された供述が犯罪事実の存否の証明に欠くことができないと認められることである(不可欠性)。最後に、③その供述が特に信用すべき情況の下でなされたことである(特信性)。

①および②が書面を証拠とする必要性に関する事項であり、③が反対尋問に代わりうるほどの信用性の情況的保障に関する事項である。

(b) 検察官面前調書(321条1項2号)

321条1項2号は「検察官の面前における供述を録取した書面」について規定している。同項2号の対象となるのは、参考人が検察官の取調べを受け作成された供述録取書等である。

検察官面前調書が例外的に証拠として認められるのは、以下の2つの場合である。第1は、死亡、精神・身体の故障、所在不明、国外所在の事情があるため、公判期日において供述ができないときである(供述不能)。これは書面を証拠とする必要の高い場合を意味する。

第2は、①公判期日における供述内容が「前の供述」(調書に記載された供述)と相反するか実質的に異なっていること(相反供述・不一致供述)、加えて、②「前の供述」の方により信用すべき情況的保障が認められること(特信性)という両要件を満たしたときである。

第6章　裁　　判

I　裁判の意義

「**裁判**」という用語は、裁判所で行われる訴訟手続全体を指す場合もあるが（広義）、刑訴法上は、裁判所または裁判所の意思表示を内容とする訴訟行為を意味する（狭義）。典型的あるいは一般的には、裁判所が下す有罪判決および無罪判決を想定すると思われるが、狭義の裁判が意味するのはこれらだけではないことに注意が必要である。以下では、いくつかの分類方法に従って、裁判の種類を概観する。

（1）終局裁判と非終局裁判

第1に、裁判が持つ効果・機能に基づいて、終局裁判と非終局裁判とに分類することができる。

終局裁判とは、当該審級で係属中の訴訟手続を終結させる裁判をいう。訴訟の目的は、被告事件における実体的な刑罰権の存否および内容（被告事件の実体）を確定するところにあるから、その目的のために実体裁判をすることがまず想定される。しかし、実体裁判をする上で何らかの手続的な障害が存在する場合には、形式裁判で訴訟を打ち切ることになる（実体裁判と形式裁判については後述）。

非終局裁判とは、そのような効果を持たない裁判を言い、終局前に行われるものと終局後に行われるものとがある。**終局前の裁判**（**中間裁判**とも言う）は、終局裁判に至るまでの審理過程において、その都度判断することを要する手続的事項について行われる。証拠決定（規190条）や訴因変更請求に対する許可決定（312条1項）などが、これに当たる。**終局後の裁判**は、例えば、訴訟費用執行免除の決定（500条、規295条の2）など、終局裁判後に生じた問題について行われる。また、受訴裁判所に当たらない裁判所または裁判官が行う非終局裁判もある（勾留請求に対する決定、準抗告に対する決定など）。

（2）実体裁判と形式裁判

第2に、裁判の内容に基づく分類として、実体裁判と形式裁判がある。いずれも終局裁判である。**実体裁判**とは、被告事件の実体を判断する裁判であり、有罪判決および無罪判決がこれに当たる。**形式裁判**とは、そのような実体判断を伴わずに訴訟手続を打ち切る裁判である。管轄違い判決（329条）、免訴判決（337条）、公訴棄却判決（338条）、公訴棄却決定（339条）がある。

実体裁判と形式裁判のいずれに該当するかが条文上明確ではないものに、**免訴**（337条）がある。当初は**実体裁判説**も存在したが、現在の判例・通説は、**形式裁判説**をとっている。そのため、免訴事由が存在する場合には、裁判所は、単に免訴の判決をすべく、公訴事実の存否またはその犯罪の成否などについて実体上の審判を行うことはできない（最大判昭23・5・26刑集2巻6号529頁）。ただし、一事不再理効は肯定される（→本章Ⅳ節）。

（3）判決・決定・命令

第3の分類は、裁判の形式に関するものである。

判決は、裁判所が口頭弁論に基づいてする裁判である（43条1項）。ここでいう**口頭弁論**とは、裁判所の面前で当事者が口頭で行う弁論とこれに関連する手続全体を意味し、公判期日に公判廷で行われなければならない。口頭弁論に基づかずに判決をすることが例外的に許されるのは、上告の申立ての理由がないことが明らかであるときの上告棄却の判決をする場合（408条1項）、上告裁判所が訂正の判決をする場合（416条）、被告人が公判期日に出頭することを要しないまたは不出頭を許可できる場合（284条・285条1項）などである。

判決は、公判廷で宣告により告知しなければならない（342条）。判決には法的安定性が要請されるため、判決をした裁判所自身がこれを取り消したり変更したりすることはできない。当事者に不服がある場合には、控訴・上告の方法による不服申立てがなされる（→第7章Ⅰ節）。

決定は、裁判所が行う裁判のうち、判決以外の裁判形式によるものである。

決定による裁判の内容は多岐にわたる。管轄に関するもの（4条以下）のほか、訴訟手続に関するものとして、弁論の分離・併合（313条）、訴因変更の許否（312条1項）、証拠調べ請求に対する採否（規190条1項）、異議申立てに対する採否（309条3項）などがある。

決定が判決と異なるのは、口頭弁論に基づいてすることを要しない点である（43条2項）。そのため、訴訟関係人の陳述や当事者の意見を聴くことは、原則として必要とされない。ただし、申立てにより公判廷でするとき、または公判廷における申立てによりするときは、訴訟関係人の陳述を聴かなければならない（規33条1項）。また、特別の定めのある場合にも、同様である（規33条1項但書）。これに該当するのは、例えば、保釈または勾留取消しの決定をするにあたって検察官の意見を聴取する場合（92条）などである。

命令は、裁判所以外の主体が行う裁判である。裁判長がする命令として、被告人の在廷または法廷の秩序を維持するための命令（288条2項）や、訴訟指揮権に基づく命令（294-295条）がある。また、裁判官がする命令として、被疑者に関して発せられる勾留状（207条1項参照）がある。命令は、口頭弁論に基づくことを要しない（43条2項）だけでなく、訴訟関係人の陳述を聴く必要もない（規33条2項）。

Ⅱ　裁判の成立

裁判が成立するためには、第1に、裁判の内容が裁判所内部の意思形成過程を経て決定されていなければならない。これを**裁判の内部的成立**と言う。第2に、内部的に成立した裁判の内容が外部に表示され、裁判を受ける者がこれを認識できなければならない。これを**裁判の外部的成立**と言う。以下では、裁判の内容が決定されるまでのプロセスを確認するとともに、裁判を外部に向けて告知するための手続を見ていく。

（1）裁判所の構成と意思決定

裁判を行う主体としての裁判所には、原則として、1人の裁判官で構成される**単独体**である場合と、3人の裁判官で構成される**合議体**である場合とがある。単独体の裁判所における意思決定は、担当する裁判官１人が形成した心証に基づいてなされ、原則として裁判書を作成した時点で、内部的成立があったものとされる。これに対して、合議体においては、これを構成する裁判官の評議に基づきその意思が形成・決定されることにより、内部的に成立する。

評議では、結論（主文）だけでなくその理由について、各裁判官等が意見を交換し、裁判長がこれを整理する（裁75条２項参照）。各裁判官が自由に意見を述べられる状況を担保するため、評議は非公開で行われ（裁75条１項）、評議の経過並びに各裁判官の意見およびその多少の数については、秘密を守らなければならない（裁75条２項）。合議体としての意見を決定することを**評決**と言うが、各裁判官の間で意見の相違が生じた場合には、過半数の意見によることとされる（裁77条１項）。

なお、裁判員裁判における合議体は、３人の裁判官と６人の裁判員で構成され、その評議・評決の方法については特則が設けられている（→第４章Ⅴ節）。

（２）裁判書の作成

裁判をするときは、裁判書を作らなければならない（規53条本文）。**裁判書**とは、裁判の内容を記載した文書を言い（なお、「裁判所」との混同を避けるために、「さいばんがき」と読むのが一般的である）、判決書、決定書、命令書に分類される。

刑訴規則53条但書が、「決定又は命令を宣告する場合には、裁判書を作らないで、これを調書に記載させることができる。」と規定しているとおり、決定書と命令書の作成は必要的でない。判決書は同条本文の原則に従い作成すべきことになるが、例外もある。すなわち、上訴の申立てがなく判決が確定した場合において、判決書の謄本の請求もなかったときは、裁判所書記官に判決主文・罪となるべき事実の要旨・適用した罰条を判決の宣告をした公判期日の調書の末尾に記載させ、これをもって判決書に代えることができる（規219条：**調書判決**）。

（３）裁判の告知

裁判は、**告知**によって、外部的に成立する。公判廷における裁判の告知は、裁判長が**宣告**することにより行われる（規34条・35条１項）。公判廷における宣告により裁判の告知をしない場合は、裁判書の謄本を送達する（規34条）。公判廷で告知される裁判の典型は判決であり（342条も参照）、主文および理由を朗読し、または主文の朗読と同時に理由の要旨を告げなければならない（規35条2項）。なお、判決の宣告の時点で判決書が必ず作成されていなければならないわけではなく、宣告後に作成することもできる。ただし、この場合も、主文については、宣告前に書面で作成した上でこれを朗読しなければならない、と解されている。

外部的に成立した裁判は、これをした裁判所自身であっても、撤回したり変更したりすることができなくなる。これを裁判の**羈束力**（きそくりょく）と言う（**不可変更性**とも言う）。これ自体は裁判が確定することに伴う効力ではないが、法的安定性の見地から、裁判所は、宣告された判決を撤回・変更できないだけでなく、当事者も、宣告された判決の取消し・変更を求めるためには、原則として上訴によらなければならなくなる。例外として、上告裁判所は、当事者の申立てにより、判決の内容の誤りを訂正することができる（415条1項）。また、決定については、抗告の申立てを受けた原裁判所が原裁判の当否を自ら調査した上で（再度の考案）、これを更正することができる（423条2項）。

Ⅲ　裁判の内容

裁判は、主文と理由で構成される。**主文**とは、裁判の対象となっている事項に関して裁判所が到達した最終的な結論であり、**理由**とは、主文として示した結論の具体的根拠である。裁判には理由を付さなければならない（44条1項）とされているのは、裁判所による合理的・客観的な判断を担保し、当事者等の訴訟関係人および国民一般に対して裁判の内容を正しく伝達するとともに、これに納得しない当事者が不服申立てをした場合には上訴審に対して原判断を明確に認識するための資料を提供する必要があるためである。そのような趣旨は、有罪判決に特に当てはまるため、有罪判決に付すべき理由についてはより具体的な規定が置かれている（335条。略式命令については、464条を参照）。これに対して、上訴を許さない決定・命令には、原則として理由を付すことを要しない（44条2項）。これらの特別の定めがある場合を除けば、裁判の理由として、いかなる内容をどの程度明示するか等の細部については、各裁判所の裁量に委ねられる。

以下では、裁判のうち、有罪判決と無罪判決の内容を見ていく。

(1) 有罪判決

(i) 主文と理由

被告事件について犯罪の証明があったときは、有罪の判決をする。その主文では、刑の言渡し（333条1項）または刑の免除の言渡し（334条）がなされる。刑を言い渡す場合には、具体的な宣告刑がまず**主刑**として示される。【事例】の場合、「被告人を懲役5年に処する。」というのが主刑の宣告である。

刑の執行猶予・保護観察（刑25条以下）を付す場合も、主文で言い渡す（333条2項）。このほかに、未決勾留日数の算入（刑21条）、労役場留置（刑18条）、没収・追徴（刑19条ほか）、被害者還付（347条）、仮納付（348条）、訴訟費用の負担（181条以下）、補導処分（売春17条1項）、公民権の不停止または停止期間の短縮（公選252条4項）などの事項も、該当する場合には主文で言い渡される。

有罪判決を言い渡す際には、その理由として示すべき事項を刑訴法335条が具体的に定めている。すなわち、①罪となるべき事実、②証拠の標目、③法令の適用（以上につき、335条1項）、④法律上犯罪の成立を妨げる理由または刑の加重減免の理由となる事実の主張に対する判断（335条2項）、である。さらに、法律上必要とされているわけではないが、⑤量刑理由が示される場合もある。

以下では、各事項について、関連する問題も含め、詳しく見ていく。

(ii) 罪となるべき事実

罪となるべき事実とは、証拠に基づき認定された、特定の犯罪構成要件に該当する具体的事実である。これが刑罰法規を適用して被告人に対して刑罰を科す根拠となるのであるから、犯罪の主体と客体、犯罪行為、犯罪の結果、故意・過失等の事実が摘示されなければならない。このとき、検察官が、訴因を明示した公訴事実を起訴状に記載するにあたり、できる限り日時、場所および方法をもって、罪となるべき事実を特定しなければならない（256条3項）、とされていることと同様に、有罪判決において摘示する罪となるべき事実も、日時・場所・方法等の具体的事実をもってこれを特定する必要がある。

罪となるべき事実を**特定**する趣旨は、他の事件との混同や処罰の重複を避けるためであるから、いずれの構成要件に該当するかを判定することができ、かつ、当該罰条を適用する事実上の根拠を確認することができる程度に特定されなければならない（最判昭24・2・10刑集3巻2号155頁）。この観点からは、例えば、共謀共同正犯の成立を認めるためには、謀議の存在は罪となるべき事実の一部として証拠をもって摘示されなければならないが、謀議が行われた日時、場所またはその内容の詳細（実行の方法、各人の行為の役割分担等）について具体的に示す必要はないとされる（最大判昭33・5・28刑集12巻8号1718頁）。

（a）概括的認定

公判審理を経ても、犯行の日時・場所・方法等についてなお未解明の部分が残ることがあるが、その場合には、一定程度の幅のある認定（**概括的認定**）をすることが考えられる。例えば、被告人が、被害者の身体を屋上から道路に落下させたという殺人未遂の事案で、被告人が終始否認しており、被害者も記憶を喪失しているため、被告人がどのような手段・方法で被害者の身体を落下させたのかが不明であるとしよう。このとき、被告人が被害者の身体を落下させた事実の存在自体が証明されているのであれば、犯行の具体的な態様が明らかにされなくとも、罪となるべき事実の特定に関する上記の趣旨に反することはない。そのため、「有形力を行使して」という幅のある認定をすることも許されるのである（最決昭58・5・6刑集37巻4号375頁）。

（b）択一的認定

罪となるべき事実が、複数の事実のうちのいずれかであることまでは特定できているが、それ以上の特定が困難である場合もある。すなわち、AまたはBのいずれかの事実が存在することに疑いはないものの、いずれであるかが不明であるという場合である。このときに、「AまたはB」という**択一的認定**をすることが考えられる。しかし、数個の訴因および罰条を予備的または択一的に起訴状に記載することは明文規定で許されている（256条5項）のに対して、有罪判決における罪となるべき事実の摘示についてはそのような規定がない。

さらに、次のような問題も生じうる。まず、「A事実」よりも軽い「B事実」である可能性が残されているにもかかわらず、「AまたはB」という事実認定をもって「犯罪の証明があつた」（333条1項）と認めることは、「疑わしきは被告人の利益に」という利益原則に反するおそれがある。また、「ＡまたはＢ」という新たな構成要件を作り出しているかのような事実認定の方法は、罪刑法定主義に抵触しかねないのである。以上を念頭に置きつつ、択一的認定をする場面を類型ごとに検討する。

第１に、**同一構成要件の範囲内**での択一的認定の可否が問題になるが、同一構成要件内で罪となるべき事実を特定せずに幅のある認定をすることが許されるか否かは、上記の概括的認定の問題状況と重複する。例えば、殺人の共謀共同正犯の事案で、実行行為者について、「共犯者たるＸまたは被告人あるいはその両名において、扼殺、絞殺またはこれに類する方法で被害者を殺害した」旨の認定をすることの可否は、共謀共同正犯を認定するにあたっては実行担当者を特定することは不要であるとの立場による限り、「この程度の判示であっても、殺人罪の構成要件に該当すべき具体的事実を、それが構成要件に該当するかどうかを判定するに足りる程度に具体的に明らかにしているものというべきであって、罪となるべき事実の判示として不十分とはいえない」ことになる（最決平13・４・11刑集55巻３号127頁）。

第２に、**一方が他方を包摂する関係にある２つの構成要件**にまたがる択一的認定の可否が問題になる。例えば、【事例】において、検察官が、殺人の訴因を撤回しなかった場合に、裁判所が、被告人の行為を「殺人または傷害致死」と認定することが許されるか否か。この場合、殺意の有無が争点となっている以上、被告人に殺意があったことの証明がない限り、より重い罪である殺人罪を認定することは、利益原則に反し許されない。他方、被告人に殺意がなく傷害の故意にとどまることが明らかでないにもかかわらず、より軽い罪である傷害致死罪を認定しても、利益原則には反しない（なお、縮小認定をする場合には、訴因変更は不要である。→第３章Ⅲ節）。

第３に、**包摂関係にない２つの異なる構成要件**にまたがる択一的認定として、例えば、生死不明の被害者を遺棄した被告人に対して、「保護責任者遺棄または死体遺棄」という認定をすることが許されるかが問題となる。このような事案に対して、「刑事裁判における事実認定としては、［法医学的］判断に加えて、行為時における具体的諸状況を総合し、社会通念と、被告人に対し死体遺棄罪という刑事責任を問い得るかどうかという法的観点をふまえて、［被害者］が死亡したと認定できるか否かを考察すべきである。」とした上で、「［被害者］は生きていたか死んでいたかのいずれか以外にはないところ、重い罪に当たる生存事実が確定できないのであるから、軽い罪である死体遺棄罪の成否を判断するに際し死亡事実が存在するものとみることも合理的な事実認定として許されてよい」と判示した裁判例がある（札幌高判昭61・3・24高刑集39巻1号8頁）。このように、被害者は生きているか死亡しているかのいずれかしかない、という「論理的択一関係」が認められる場合であれば、より軽い罪を認定する限り、利益原則に反しないのである。

（iii）証拠の標目

証拠の標目とは、罪となるべき事実を認定するために用いられた証拠の標題と種目の表示である。判決理由中に証拠の標目を示すことが必要とされるのは、裁判所による事実認定が、取り調べられた証拠を基礎とするものであることを担保するという意味で、証拠裁判主義（317条）の趣旨を反映したものである。他方、旧刑訴法のように、証拠の採否と取捨選択の理由や事実認定に至るまでの心証形成の過程等を明示すること（**証拠説明**）まで求められていないのは、自由心証主義（318条）の合理性に配慮したものと言える。

もっとも、判決に対する当事者の納得を得るため、あるいは、不服申立ての手掛かりを当事者に与えるためには、証拠の標目を示す以上の詳細な説明を裁判所がすることが望ましいときもある。実務上は、例えば、当事者間に争いのある事実の存否を判断した場合や、直接証拠がなく間接証拠や経験則に基づいて一定の事実を認定した場合などに、証拠説明が行われることがある。

（iv）法令の適用

罪となるべき事実として認定された被告人の犯罪行為に対していかなる刑罰法令が適用されるのかを罰条とともに示さなければならない。主刑の法令上の根拠を明示することで、罪刑法定主義が遵守されていることを担保する意味がある。

（v）当事者の主張に対する判断

当事者によって、法律上犯罪の成立を妨げる理由または刑の加重減免の理由となる事実が主張されていたときは、裁判所は、判決でこれに対する判断を示さなければならない（335条2項）。罪となるべき事実・証拠の標目・法令の適用が示される中に、犯罪成立阻却事由（違法性阻却事由、責任阻却事由、処罰阻却事由等）または加重減免事由（累犯、心神耗弱、中止未遂、親族相盗等）の存否に関わる判断も、当然に織り込まれている。しかし、裁判における事実の主張と立証に係る主導権を当事者に委ねるという当事者主義（当事者追行主義）への配慮として、これらの事由の存在を当事者が主張したことに対して裁判所の判断を明確にすることが、ここでは求められているのである。

（vi）量刑理由

有罪判決において刑を言い渡すにあたっては、罪となるべき事実の認定とともに、刑の量定（**量刑**）が行われる。わが国の刑罰法規は法定刑に相当の幅を設けている場合が多く、当該事件の被告人に法定刑および処断刑の範囲内でいかなる刑を科すかをめぐって、裁判所には広い裁量が委ねられている。法律上の要請ではないものの、実務では、量刑理由を判決で示すことが多い。広範な裁量を与えられた裁判所の判断の合理性を担保するためには、そうすることが望ましいし、また、自白事件においては、量刑こそが被告人にとっての関心事である以上、判決の中でこれに一定の説明を付すべきであるとも言える。

量刑をするにあたって、裁判所は、犯罪事実に属する情状（**犯情**）として、犯罪の動機、手段・方法、被害内容などに基づき、被告人が惹き起こした法益侵害（またはその危険）の大小および主観的非難の程度を考慮した上で、被告人の性格、年齢、境遇、犯行後の状況や被害者の処罰感情、事件の社会的影響といった犯罪事実以外の**一般情状**も踏まえて、被告人に対して適切と思われる刑を選択するとともにその重さを決定する。その際には、同種事犯の量刑傾向（量刑相場）にも配慮することが求められる（最判平26・7・24刑集68巻6号925頁を参照）。

被告人の性格や更生可能性などの一般情状を推知するための手掛かりとして、被告人の前科・前歴だけでなく、起訴されていない被告人の**余罪**を考慮することが考えられる（**情状推知型の考慮**）。しかし、訴因外の犯罪事実を考慮して被告人に不利な量刑をするのであるから、検察官の公訴提起と証拠に基づく事実認定およびこれに対する被告人の防禦の機会を保障することなしに、その余罪を直接の根拠にして被告人を処罰するような性格を帯びる（実質処罰型の考慮）ことになってしまっては問題である。

最大判昭41・7・13刑集20巻6号609頁は、「刑事裁判において、起訴された犯罪事実のほかに、起訴されていない犯罪事実をいわゆる余罪として認定し、実質上これを処罰する趣旨で量刑の資料に考慮し、これがため被告人を重く処罰することは許されない」が、「刑事裁判における量刑は、被告人の性格、経歴および犯罪の動機、目的、方法等すべての事情を考慮して、裁判所が法定刑の範囲内において、適当に決定すべきものであるから、その量刑のための一情状として、いわゆる余罪をも考慮することは、必ずしも禁ぜられるところではない」と判示した（近時の裁判例として、東京高判平27・2・6高検速報（平27）66頁）。本判決は、情状推知型の考慮を認めつつ、実質処罰型の考慮を許されないものとしている。もっとも、両者の厳密な区別は困難であるから、余罪を量刑考慮上の「決め手」とはせずに、あくまで一情状にとどめることが重要である。また、被告人が当該余罪への関与を否認している場合には、たとえ情状推知型の考慮であっても許されないと言うべきであろう。

（2）無罪判決

無罪判決の言渡し（336条）がなされるのは、裁判所が、犯罪の成立が否定されると判断した場合（「被告事件が罪とならないとき」）と、被告人の犯罪事実について合理的疑いを超える確信を持つに至らなかった場合（「被告事件について犯罪の証明がないとき」）である。主文では、「被告人は無罪。」と言い渡す。判決である以上、理由を示す必要はあるが（44条）、有罪判決とは異なり、示すべき具体的事項についての定めは置かれていない。一般に、主文に至るまでの判断過程が明らかにされなければならないが、検察官による不服申立て（上訴）の手掛かりとするためにも、また、控訴審において論理則・経験則違反の審査をする際の資料とするためにも、詳細な理由を示すことが求められる。

勾留中の被告人に対して無罪判決が宣告されたときは、勾留状はその効力を失い（345条）、被告人は釈放される。しかし、検察官がその後控訴を申し立てた場合には、控訴裁判所があらためて、被告人の勾留の可否を判断する（**無罪判決後の勾留**）。控訴審の審理をするために被告人の出頭を確保する必要性を否定することはできないため、「罪を犯したことを疑うに足りる相当な理由」その他の要件（60条1項参照）を満たす限り、勾留は可能である（最決平12・6・

27刑集54巻５号461頁）。

ただし、最決平19・12・13刑集61巻９号843頁は、次のように判示して、勾留の要件の判断を厳格にする姿勢を示している。「刑訴法345条は、無罪等の一定の裁判の告知があったときには勾留状が失効する旨規定しており、特に、無罪判決があったときには、本来、無罪推定を受けるべき被告人に対し、未確定とはいえ、無罪の判断が示されたという事実を尊重し、それ以上の被告人の拘束を許さないこととしたものと解されるから、被告人が無罪判決を受けた場合においては、同法60条１項にいう『被告人が罪を犯したことを疑うに足りる相当な理由』の有無の判断は、無罪判決の存在を十分に踏まえて慎重になされなければならず、嫌疑の程度としては、第１審段階におけるものよりも強いものが要求されると解するのが相当である。」

無罪判決が確定すると、その裁判に要した費用が、国から被告人に対して補償される（**費用補償**）。また、逮捕・勾留などの未決の抑留・拘禁を受けていた場合には、被告人は国にその補償を求めることができる（憲40条：**刑事補償**）。

Ⅳ　裁判の効力

裁判が外部的に成立した場合に、裁判をした裁判所自身も撤回または変更できなくなることは、既に述べた（羈束力）。このほかにも、禁錮以上の刑に処する有罪判決が宣告されたときは、保釈または勾留の執行停止が効力を失い（343条）、無罪判決が宣告された場合には、勾留状が効力を失う（345条）。これらの効果は裁判の確定を待たずに生じるが、以下では、裁判が確定したことによって生じる効力を見ていく。

（1）形式的確定力

裁判が、通常の不服申立てをすることができなくなった状態を裁判の**形式的確定**と言い、その効力を**形式的確定力**と言う。ここでいう通常の不服申立てとは、上訴・抗告等を意味するものであり、その後に再審等の非常救済手続をとることは妨げられない。不服申立期間の経過、当事者による申立ての放棄・取下げ、申立てを棄却する裁判の確定により、それ以降の不服申立ての途が閉ざされたことをもって、裁判は形式的に確定する。【事例】においては、最高裁が上告を棄却したことをもって、被告人の有罪判決が確定している。

（2）内容的確定力

裁判が形式的に確定した場合には、裁判をした裁判所自身だけでなく、上級審もその内容を変更することができなくなる。これを裁判の**内容的確定**と言い、その効力を**内容的確定力**と言う。形式的にも内容的にも確定した裁判は、当該裁判が執行可能な状態となるとともに（執行力）、その判断内容が後訴を拘束する（拘束力）。さらに、実体裁判が確定したときは、同一事件について再訴が禁じられる（一事不再理効。後述）。従来、これらの効力はいずれも内容的確定力の一部であると考えられてきたが、それとは異なる理解も現れている。以下では、そのような見解の相違も踏まえながら、それぞれの概念の意義を整理する。

（i）拘束力の意義と根拠

拘束力は、確定した終局裁判と異なる判断を後訴でしてはならないという効力である。このような効力がなぜ生じるのかという根拠をめぐって、異なる見解が存在する。

かつての通説であった**具体的規範説**は、裁判が確定したことで、当該事件で適用されるべき法規範が具体化されて後訴を拘束する、とする。この見解は、実体裁判の内容的確定力を特に「実体的確定力」と呼び、裁判所の事実認定を経て確定された実体関係をある種の法規範とみなすものである。しかし、裁判の効力をこのように解するためには、審判の対象を当事者が設定した訴因の背後にある公訴事実とし、裁判で確定した公訴事実にわたる広範な拘束力を持たせる必要があるが、それは現行法の規定下で訴因対象説が通説であることと合致しない。また、当事者間にしか効力が及ばないものを「規範」と呼ぶことの根拠が薄弱であるとの批判もある。

これに対して、**訴訟法説**は、確定裁判の効力はあくまで訴訟法上の効果として生じるものと捉える。訴訟法的観点に基づき確定裁判の効力を整理する結果、執行力は、訴訟制度が成り立つためには、確定した裁判を内容どおりに実現しなければならない、という点にその根拠が求められる。また、拘束力は、一回的な紛争解決や法的安定性への要請に応えなければならないという政策的な考慮の下、後訴において前訴と矛盾した判断をすることが禁止されるために、生じることになる。そして、このような意義のものとして説明される拘束力と、二重の危険に根拠が求められる一事不再理効とは、異なるものとして整理される。

（ii）実体裁判の拘束力

実体裁判には一事不再理効が生じて後訴が遮断されるため、前訴と後訴の関係にかかる拘束力が問題になる場面はほとんどない。【事例】で、被告人に傷害致死罪の成立を認めた有罪判決が確定したことで、「被告人は、被害者坂井征夫を強く突き飛ばし、崖から落下させて、同人を死亡させた」という傷害致死の事実と矛盾する、「被告人は、殺意をもって、被害者坂井征夫の腹部をナイフで刺突して、同人を死亡させた」という殺人の事実を別の裁判で認定することは許されない（拘束力）。しかし、その問題以前に、被告人の傷害致死事件と同一の事件について、後訴を提起すること自体が禁止されるのである（一事不再理効）。

これに対して、一事不再理効が及ばない領域にも拘束力を認めるべき場合があると指摘する学説もある。例えば、放火罪で無罪判決が確定した被告人に対して（前訴）、放火を手段とする保険金の不正請求の事実につき詐欺未遂で起訴すること（後訴）自体は一事不再理に反しないが、検察官が詐欺の手段として放火の事実を主張することは許されない、とするのである。しかし、当事者の立証活動が制限され、裁判所が前訴の事実認定に拘束されるとなると、後訴において実体的真実から乖離した不自然な認定を強いられることになりかねないだけでなく、自由心証主義との関係でも問題がある。裁判例には、交通事故の身代わり犯人として業務上過失致死傷罪で有罪判決を受けた者が、犯人隠避罪でさらに訴追された事例がある。**拘束力の客観的範囲**を拡張する見解によれば、まずは業務上過失致死傷罪について再審で無罪判決を得た上でなければ、犯人隠避罪での訴追は許されないことになるが、裁判所は、犯人隠避罪での有罪を認定した（東京高判昭40・7・8高刑集18巻5号491頁）。

（iii）形式裁判の拘束力

実体裁判とは異なり、形式裁判には一事不再理効が及ばないため、その後に提起される公訴との関係で、前訴の拘束力の有無が具体的な意味を持つことになる。

形式裁判においても主文と理由を示さければならないが（44条1項参照）、拘束力が生じるのは、主文と直接関係する理由部分または主文に必要な理由部分に限定される。例えば、併合罪の関係にある2個の事実のいずれに対する起訴であるかが一見不明であるため訴因が不特定であることを理由とする公訴棄却判決（338条4号）の拘束力は、「本件公訴を棄却する。」という主文と、これを導くための直接的な理由である、「訴因が不特定である」という部分に生じる（最決昭56・7・14刑集35巻5号497頁）。

形式裁判をする過程で、実体的判断が行われる場合があるが、その部分には拘束力は生じないと考えられている。例えば、非親告罪である強姦致傷罪（刑旧181条）で起訴されたが、致傷結果についての証明がなく、また、親告罪である単純強姦罪（刑旧177条）の訴因が追加されたが告訴がないとして、公訴棄却がなされた事案を想定しよう。この場合に、「致傷結果が認められない」という実体的事実は形式裁判によって確定されないため、検察官は、強姦致傷罪の訴因であらためて公訴を提起できる。もっとも、たとえ前訴に拘束されないとしても、前訴の争点を再び蒸し返そうとするものであるため、公訴権の濫用に当たるとして、公訴棄却（338条4号）するべきであるとの指摘もある。

訴訟条件を欠くため形式裁判で訴訟が打ち切られた場合において、訴訟条件の欠缺が当事者による偽装に基づくものであったことが後に明らかになったとき、瑕疵のある前訴に拘束力が認められるかが問題となる。原則に従うならば、この場合にも再訴が遮断されることになるが、例えば、死亡診断書を偽造して公訴棄却決定（339条1項4号参照）を得た被告人が、同一事件での再訴の提起を将来にわたり免れるという結論は不合理である。同様の事案で、大阪地判昭49・5・2刑月6巻5号583頁は、「被告人死亡の事実認定が内容虚偽の証拠に基づくものであったことが、新たに発見された証拠によって明白になったような場合にまで、なおも、[前訴] の公訴棄却決定の示した判断が拘束性を保有して、後の再起訴を妨げるものとは、とうてい解することはできない。」とした。この結論を説明する上で、学説においては、「死亡の根拠が崩された」という意味での事情変更を理由に拘束力を否定する見解や、被告人が拘束力の要求資格を失うとする見解などが、主張されている。

（3）一事不再理効

（ⅰ）意義と根拠

実体裁判が確定した事件については、**一事不再理効**が生じ、再度の訴追と審判を禁止される。憲法39条は、「何人も、…既に無罪とされた行為については、刑事上の責任を問はれない。又、同一の犯罪について、重ねて刑事上の責任を問はれない。」と定めており、「刑事上の責任を問はれない」とは、二重の処罰はもとより、**二重の起訴**を禁止する趣旨であると解される。この憲法の規定を受けて、刑訴法337条は、「判決で免訴の言渡をしなければならない。」（337条柱書）場合として、「確定判決を経たとき」（337条1号）を挙げている。

一事不再理効が発生する根拠として、前記の具体的規範説からは、裁判の内容的確定力から当然に発生するものとして説明される。すなわち、実体裁判によって確定された実体関係は、内部的にも外部的にも規範としての拘束性を有することになるので、拘束力と一事不再理効はともに「既判力」として特に区別されないのである。

訴訟法説は、拘束力を一回的な紛争解決や法的安定性への要請との関係で理解する一方で、一事不再理効を**二重の危険の禁止**という文脈で捉えようとする（**二重の危険説**）。すなわち、有罪判決を受ける危険と刑事訴追の負担に一度さらされた被告人は、再びその危険と負担を強いられてはならない、という理由から、再訴を遮断するのである。最大判昭25・9・27刑集4巻9号1805頁も、「元来一事不再理の原則は、何人も同じ犯行について、二度以上罪の有無に関する裁判を受ける危険に曝さるべきものではないという、根本思想に基くことは言うをまたぬ。」と述べている。

実体判決が確定したときに一事不再理効が発生することは疑いない。また、略式命令（→第4章Ⅵ節）も「確定判決と同一の効力を生ずる。」（470条）とされているため、同様である。一方、形式裁判には一事不再理効が生じない、とするのが、二重の危険説に立った場合の基本的な考え方である。実体判決をするための前提である訴訟条件が欠けることを理由に訴訟が打ち切られている以上、被告人は「危険」にさらされていない、と言えるからである。ただし、これへの例外として、免訴判決には一事不再理効が認められる。形式裁判の中でも、公訴棄却や管轄違いとは異なり、刑罰権の存否を判断する過程で「危険」にさらされている、と考えられるからである。

(ⅱ)一事不再理効の範囲

二重の危険説によれば、一事不再理効は、同一の事件に関して有罪判決を受ける危険または刑事訴追の負担が生じることを禁止するものである。ここでいう「同一の事件」の意味、つまり一事不再理効の**客観的範囲**については、一回の訴訟で上記のような「危険」が及ぶ範囲であると考えることができる。【事例】を例にとると、殺人の訴因で起訴された被告人には、殺人罪で有罪判決を受ける「危険」が生じているが、その後、傷害致死への訴因変更がなされ、傷害致死罪で有罪とされている。このように、一回の訴訟においては、訴因変更が可能な範囲、すなわち、**公訴事実の同一性が認められる限度**(312条1項参照)で、有罪判決を受ける危険が生じているため、この範囲で一事不再理効が生じるのである。傷害致死罪の有罪判決が確定した被告人に対しては、殺人罪、傷害罪、過失致死罪といった訴因で再訴を提起することは許されない。なお、最判平15・10・7刑集57巻9号1002頁は、前訴と後訴の各訴因が共に単純窃盗罪である場合には、両者が実体的には1つの常習特殊窃盗罪を構成するとしても、前訴の確定判決による一事不再理効は、後訴に及ばないとした。

一事不再理効が誰に対して及ぶのかという**主観的範囲**については、確定判決を受けた被告人に限定される。刑訴法249条が、「公訴は、検察官の指定した被告人以外の者にその効力を及ぼさない。」と定めていることからも、有罪判決を受ける危険が被告人にのみ生じるのは明らかである。したがって、同一の犯罪の共犯者であっても、一事不再理効は及ばない。

V　裁判の執行

裁判の意思表示内容を国家の権限で強制的に実現することで、**裁判の執行**(→第8章)がなされる。具体的には、①有罪判決により科される主刑および付加刑の執行、②追徴・訴訟費用等の刑の付随処分の執行、③過料・没取・費用賠償等の刑以外の制裁処分の執行、④勾引・勾留・差押え、捜索・鑑定留置等の訴訟手続上の強制処分またはその令状の執行がある。強制力を伴うものでなければならないため、証拠調べ決定、無罪判決、免訴判決、公訴棄却判決などは執行の対象とならない。

裁判の執行は、裁判が確定した後に行われる（471条）。これの例外として、決定・命令は、即時抗告またはこれに準ずる異議申立てが許される場合を除いて、告知後直ちに執行することができる（424条1項ほか参照）。また、罰金等の仮納付の裁判も、同様である（348条3項）。一方で、確定後直ちに執行することができないものもある。例えば、死刑の執行は、判決確定の日から6カ月以内にこれをしなければならない（475条本文）としつつ、上訴権回復・再審の請求・非常上告・恩赦の出願もしくは申出がされその手続が終了するまでの期間、および、共同被告人であった者に対する判決が確定するまでの期間は、その期間に算入しないことが定められている（475条但書）。

裁判の執行を指揮するのは、原則として、その裁判をした裁判所に対応する検察庁の検察官である（472条1項本文）。執行の指揮は、執行指揮書と題する書面をもって行われ、裁判書等の謄本・抄本を添付しなければならない（473条）。このような書面主義をとるのは、執行の内容に誤りが生じないようにするためである。

第7章　救済手続

Ⅰ　上　　訴

（1）上訴制度

未確定の裁判に対して上級裁判所に不服を申し立て、原判決の取消しまたは変更を求める制度を**上訴**と言う。

（i）上訴の種類

上訴には、①判決に対する**控訴・上告**と、②判決以外の裁判に対する**抗告**がある。

（ii）上訴権者

上訴権者は、裁判の当事者である被告人と検察官である（351条1項）。この他、被告人の法定代理人・保佐人や、原審における代理人・弁護人は、被告人の明示の意思に反しない限り、被告人のために上訴ができる（353-356条）。

不利益な原裁判の是正による利益（**上訴の利益**）がない申立ては認められないから、被告人は、原判決よりも不利益な裁判を求めて上訴をすることはできない。例えば、原裁判における無罪判決に対して有罪を主張して上訴をすることはできない。また、判例は、原審における免訴の判決に対して、無罪を主張して上訴することは許されないとする（プラカード事件：最大判昭23・5・26刑集2巻6号529頁）。公訴棄却決定に対しても、上訴できないとする（最決昭53・10・31刑集32巻7号1793頁、横浜事件：最判平20・3・14刑集62巻3号185頁）。

他方、公益の代表者である検察官（検4条）は、是正すべき裁判の誤りに対して広く上訴をすることができる。ただし、実務上は、被告人に不利益な上訴を申し立てることが大半であり、このような上訴が憲法39条の定める一事不再理の原則（→第6章Ⅳ節）に反するのではないかとの議論がある。これに対して、判例は、「一審の手続も控訴審の手続もまた、上告審のそれも同じ事件においては、継続せる一つの危険の各部分たるにすぎない」として、検察官が上訴により有罪またはより重い刑の判決を求めることは、憲法39条に違反しないとする（最大判昭25・9・27刑集4巻9号1805頁）。

上訴権者は、上訴の放棄または取下げをすることができる（359条）。上訴放棄の申立は、書面によらねばならない（360条の3）。ただし、死刑または無期刑を言い渡した判決に対しては、上訴の放棄は認められない（360条の2）。

（2）控　　訴

地方裁判所または簡易裁判所による第1審判決に対して、高等裁判所へ控訴を申し立てることができる（372条）。

（i）控訴審の構造

第1審判決とは別に、控訴審が事件の審理を全面的にやり直す方式を**覆審**という。これに対して、原判決の当否を審査する方式を**事後審**という。旧刑訴法下では、控訴審は覆審とされていた。しかし現行法下では、直接主義・口頭主義により第1審が充実されたことに伴い、控訴審の構造は事後審となったとされる。そのため、第1審で取り調べられなかった証拠の取調べは認められない。ただし、現行法は一定の範囲で例外を認めている。このことは、事実誤認と量刑不当が控訴理由として認められており、控訴審が法律審ではなく事実審としての性質も有することと関係する（→後述（iv））。

（ii）控訴申立手続

控訴をする者は、原判決が宣告された日から14日以内に、申立書を第1審裁判所に差し出さねばならない（373-374条）。拘置所などの刑事施設に収容されている被告人が、提起期間内に申立書を当該施設に差し出したときは、控訴をしたものとみなされる（366条1項）。また、控訴権者が自己の責に帰することができない事由により、提起期間内に控訴をすることができなかったときは、原裁判所に上訴権回復の請求をすることができる（362条）。

第1審判決が、例えば併合罪の一部ごとに有罪と無罪を言い渡した場合のように、可分な裁判であるときは、その一部について控訴することもできる。一部控訴が可能である場合に、部分を限らないで控訴をしたときは、裁判の全部について控訴をしたものとみなされる（357条）。

控訴を申し立てた者は、控訴の理由を示した控訴趣意書を、定められた期間内に控訴裁判所に提出しなければならない（376条）。この期間内に控訴趣意書を提出しない場合には、控訴裁判所は決定により控訴を棄却する（386条1項）。控訴の相手方は、控訴趣意書に対して答弁書を提出することができるが、被告人が控訴した場合は、検察官は、重要と認める控訴の理由について、答弁書を提出する義務がある（規237条・243条）。

控訴裁判所は、第1審で無罪判決を言い渡された被告人を職権により勾留することができるが、勾留の要件（→第2章Ⅲ節）を判断するにあたっては、無罪判決の存在を十分に踏まえ、嫌疑の程度としては、第一審段階におけるものよりも強いものが要求される（最決平19・12・13刑集61巻9号843頁）。

適法な控訴申立てが期間内になされた場合、**停止の効力**（**移審の効力**）が生じる。その結果、原判決の確定が阻止され、執行は停止される。

（ⅲ）控訴理由

控訴は、377条以下に定められた控訴理由に基づかなければ、適法とは認められない（384条）。控訴理由には、それが存在することのみをもって控訴理由として主張できる**絶対的控訴理由**と、その誤りが判決に影響を及ぼすことが明らかな場合に限って控訴理由として主張できる**相対的控訴理由**がある。

（a）絶対的控訴理由

訴訟手続の法令違反のうち、特に重大な違反が、絶対的控訴理由として定められている。具体的には、①法律に従って判決裁判所を構成しなかったこと（377条1号）、②法令により判決に関与することができない裁判官が判決に関与したこと（377条2号）、③審判の公開に関する規定に違反したこと（377条3号）、④不法に管轄または管轄違いを認めたこと（378条1号）、⑤不法に公訴を受理・棄却したこと（378条2号）、⑥審判の請求を受けた事件について判決をせず、または審判の請求を受けない事件について判決をしたこと（378条3号）、⑦判決に理由を附せず、または理由に食い違いがあること（378条4号）である。

（b）相対的控訴理由

上記以外の訴訟手続の法令違反は、その違反が判決に影響を及ぼすことが明らかな場合に限って、控訴理由となる（379条）。相対的控訴理由としては他に、法令適用の誤り（380条）、量刑不当（381条）、事実誤認（382条）がある。

事実誤認は、第1審判決の事実認定が論理則、経験則等に照らして不合理な場合を言う（最判平24・2・13刑集66巻4号482頁）。事実誤認を主張する場合には、訴訟記録および原裁判所において取り調べた証拠に現れている事実であって、明らかに判決に影響を及ぼすべき誤認があることを信ずるに足りるものを、控訴趣意書にて援用しなければならない。その際に、やむを得ない事由によって第1審の弁論終結前に取調べを請求することができなかった証拠によって証明することのできる事実、または第1審の弁論終結後判決前に生じた事実を援用することが許されている（382条の2）。

（ⅳ）控訴審の審理

控訴審の公判手続には、第1審公判手続に関する規定が準用されるが（404条）、例外もある。まず、控訴審では、弁護士以外の者を弁護人に選任することはできない（387条）。また、検察官および弁護人は、控訴趣意書に基づいて弁論をしなければならない（389条）。他方、被告人が自ら弁論をすることは認められず（388条）、公判期日に出頭する義務もない（390条）。次に、控訴審では、起訴状一本主義（→第3章Ⅱ節）は適用されない。控訴裁判所は、控訴審の第1回公判期日前に、控訴趣意書、原判決、原審の訴訟記録、および証拠の全てをもとに、控訴理由の有無などの検討を行う。

控訴審における訴因変更の可否については議論があるが、判例は、第1審を破棄自判するに際し、被告人の実質的利益を害しないと認められる場合には、訴因の変更が許されるとする（最判昭30・12・26刑集9巻14号3011頁）。

控訴裁判所は、控訴趣意書に記載された事項について調査する義務を負う（392条1項：**義務的調査**）。さらに、それ以外の控訴理由に該当しうる事項について、職権で調査をすることができる（392条2項：**職権調査**）。

控訴裁判所は、調査において必要があれば、事実の取調べをすることができる（393条1項本文）。また、382条の2の疎明があったものについては、刑の量定の不当または判決に影響を及ぼすべき事実の誤認を証明するために欠くことのできない場合に限り、これを取り調べなければならない（393条1項但書）。ここで、取り調べることのできる証拠の範囲が問題となる。控訴審が事後審であることを理由に、第1審で取り調べられた証拠（取調べの請求があった証拠も含む）に限った上で、そこに例外として393条1項但書の証拠を含むとする見解がある（なお、情状については393条２項がある）。他方、これより広い取調べを認める見解もあるところ、判例は、第１審で取調べないし取調請求されなかったことにやむを得ない事情があったことの疎明がないなど393条１項但書の要件を欠く新証拠でも、控訴裁判所は同項本文に基づいて職権で取り調べることができるとする（最決昭59・９・20刑集38巻９号2810頁）。

（ⅴ）控訴審の裁判

控訴裁判所は、控訴申立が法令上の方式に違反し、または控訴権の消滅後にされたものであることが明らかなとき、または控訴趣意書が要件を満たしていないときは、決定で控訴を棄却する（385-386条）。他方、公判審理により控訴の不適法が明らかになった場合、または控訴理由に該当する事由がない場合は、判決により控訴を棄却する（395-396条）。

これに対して、適法な控訴申立があり、かつ控訴理由に当たる事由があるときは、判決により原判決を破棄しなければならない（397条１項）。他方、職権調査の結果、原判決を破棄しなければ明らかに正義に反すると認めるときは、判決で原判決を破棄することができる（397条２項）。

控訴裁判所が原判決を破棄した場合、事後審という構造からは、原判決に是正すべき誤りがあったならば、原裁判所に事件を差し戻して（または適切な第１審に事件を移送して）、審理のやり直しをさせるべきであろう。法は、管轄の誤りや、不法に公訴棄却をしたことを理由として原判決を破棄した場合は、判決で事件を原裁判所に差し戻さなければならないとする（398-399条）。ただし、訴訟記録並びに原裁判所および控訴裁判所において取り調べた証拠により、控訴裁判所が直ちに判決できるような場合にまで差戻しや移送をさせることは、訴訟経済の観点からも合理的ではない。そこで、自判が適当と認められる場合は、控訴裁判所が判決することが認められている（400条但書）。

上級審の裁判所の裁判における判断は、その事件について下級審の裁判所を拘束する（裁４条）。したがって、控訴裁判所の判断は、第１審裁判所を拘束する（**破棄判決の拘束力**）。

被告人が上訴の結果、不利な結果をこうむることがあっては、被告人は上訴権の行使を躊躇しかねない（最大判昭27・12・24刑集６巻11号1363頁）。そこで、被告人のみが控訴したときは、原判決の刑よりも重い刑を言い渡すことはできない（402条：**不利益変更の禁止**）。より重い刑の判断は、実質上被告人に不利益であるか否かによる（最決昭39・5・7刑集18巻4号136頁）。

（3）上　告

高等裁判所がした判決に対しては、最高裁判所に上告の申立てができる。上告審は、控訴審と同様に事後審であり、その具体的機能としては**違憲審査機能**が特に重要である。

（i）上告申立手続

申立権者、提起期間、放棄・取下げ、効果などについては、控訴の場合と同様である（351-367条）。また、特別な定めのない限り、控訴審についての規定が準用される（414条）。

（ii）上告理由

上告が認められるのは、原判決において、①憲法の違反があったまたは憲法の解釈を誤った、②最高裁判所の判例と相反する判断をした、③最高裁判所の判例がない場合に、大審院または高等裁判所の判例等に相反する判断をした、場合に限られる（405条）。ただし、法令の解釈に関する重要な事項を含むものと認められる事件については、その判決確定前に限り、裁判所の規則の定めるところにより、最高裁判所は自ら上告審としてその事件を受理することができる（406条、規257条）。また、地方裁判所または簡易裁判所の判決における違憲判断が不当であること等を理由とした**跳躍上告**が認められている（規254条）。

上告趣意書には、上告理由を明示しなければならない（407条）。判例違反を理由とするときは、その判例を具体的に示すことが必要である（規253条）。

（iii）上告審の審理

上告裁判所は、上告趣意書に記載された事項について調査し、必要があれば事実の取調べを行う（414条・392-393条）。

（iv）上告審の裁判

（a）上告棄却

申立てが法令上の方式に違反しているとき、上告権の消滅後にされたものであることが明らかなとき、または上告趣意書が要件を満たしていないときは、決定により上告を棄却する（414条・385-386条）。他方、上告趣意書その他の書類によって、上告申立ての理由がないことが明らかであると認めるときは、弁論を経ないで、判決で上告を棄却することができる（408条）。また、上告理由に該当する事由が存在した場合であっても、当該事由が判決に影響を及ぼさないことが明らかなときは、上告を棄却できる（410条1項但書）。

（b）原判決破棄

上記の場合を除いて、上告理由に該当する事由があるときは、判決で原判決を破棄する（410条1項本文）。また、上告理由に該当する事由がない場合であっても、①判決に影響を及ぼすべき法令の違反がある（411条1号）、②刑の量定が著しく不当である（411条2号）、③判決に影響を及ぼすべき重大な事実の誤認がある（411条3号）、④再審の請求をすることができる場合に当たる事由がある（411条4号）、⑤判決があった後に刑の廃止もしくは変更または大赦があった（411条5号）ことにより、原判決を破棄しなければ著しく正義に反すると認められる場合には、判決で原判決を破棄することが認められている。

原判決を破棄するときは、判決で、事件を原裁判所もしくは第1審裁判所に差し戻し、またはこれらと同等の他の裁判所に移送しなければならない。ただし、訴訟記録並びに原裁判所および第1審裁判所において取り調べた証拠によって、直ちに判決をすることができる場合には、自判できる（413条）。

（v）訂正の判決

判決の内容に誤りがあることを発見したときには、検察官、被告人または弁護人は判決の宣告があった日から10日以内に、訂正を申し立てることができる（415条）。上告裁判所の判決は、宣告があった日から訂正の申立期間を経過したとき、または訂正の判決もしくは申立てを棄却する決定があったときに、確定する（418条）。

（4）抗　告

抗告とは、決定・命令に対する上訴であり、一般抗告と特別抗告に分類される。準抗告は一部を除いて上訴に当たらないが、抗告に準ずるものとして、抗告に関する諸規定が準用される。

（i）一般抗告

一般抗告は高等裁判所に対してする抗告であり、通常抗告と即時抗告がある。

（a）通常抗告

通常抗告は、即時抗告の対象となる決定を除いた決定を対象とする（419条）。

抗告の申立権者は、検察官、被告人、弁護人ら、決定を受けた者（352条）、および勾留理由開示の請求をした者（354条）である。申立期間の制限はない（421条）。抗告をする者は、申立書を原裁判所に差し出さねばならない（423条1項）。

原裁判所は、抗告を理由があるものと認めるときは、決定を更正しなければならない。他方、抗告に理由がないと認めるときは、申立書を受け取った日から3日以内に意見書を添えて、これを抗告裁判所に送付する（423条）。

通常抗告には、裁判の効果を停止する効力が認められない。ただし、原裁判所は、決定で、抗告の裁判があるまで裁判の執行を停止することができる。また、抗告裁判所も、決定で裁判の執行を停止することができる（424条）。

抗告裁判所は、申立書や記録の調査、または事実の取調べの結果、①抗告が不適法であると認めるとき、②抗告が適法であっても、抗告理由が認められないときは、決定で抗告を棄却する。これに対して、抗告に理由があるときは、決定で原決定を取り消し、必要があればさらに裁判をする（426条）。

（b）即時抗告

即時抗告の対象となる決定は、個別の明文規定により定められている。例えば、証拠開示に関する決定がある（316条の25第3項・316条の26第3項）。

即時抗告は、通常抗告と異なり、申立期間に3日という定めがあり（422条）、期間内に申立てがあったときは、裁判の執行は停止される（425条）。

（ii）特別抗告

不服申立てができない決定または命令に対しては、憲法違反または判例違反を理由に、最高裁判所に抗告を申し立てることができる（433条1項）。例えば、抗告裁判所の決定は、特別抗告の対象となる（427条）。

特別抗告の提起期間は5日である（433条2項）。手続や効力などには、通常抗告の規定が準用される（434条）。

（iii）準抗告

裁判官がした裁判のうち一定のものに対しては、その裁判官所属の裁判所にその裁判の取消しまたは変更を請求することができる（429条）。例として、勾留や保釈に関する裁判がある（429条1項2号）。

また、捜査機関による処分に不服がある者は、管轄裁判所にその処分の取消しまたは変更を請求することができる（430条）。

準抗告の請求をするには、請求書を管轄裁判所に差し出さねばならない（431条）。実益がある限り、提起期間に定めはない（例外として、429条1項4号・5号）。効力や裁判などには、通常抗告の規定が準用される（432条）。

Ⅱ　非常救済制度

（1）再審、非常上告の意義

確定した裁判に対して、上訴による不服申立ては認められていない。しかし、裁判に重大な誤りがある場合にまで、その是正を否定することは不当である。そこで、**再審**と**非常上告**という制度が設けられている。

（2）再　　審

誤って有罪の確定判決を受けた者の救済のために、一定の要件の下で**再審**の請求が認められている（435条）。

旧刑訴法は、無罪の確定判決に対する不利益再審を認めていた（旧刑訴486条・493条）。これに対して現行法は、一事不再理の原則（憲39条）に反するとして**不利益再審を否定**し、有罪の確定判決を受けた者の利益のための再審のみを認めている。言い換えれば、現行法における再審制度は、実体的真実の発見よりも、無辜の救済という人権保障を目的とした制度である。

（i）再審理由

有罪の言渡しをした確定判決について、その判決の証拠が偽造もしくは変造、または虚偽のものであったこと等が、別の確定判決によって証明されたとき（435条1－5号・7号）、あるいは有罪の言渡しを受けた者に対して無罪もしくは免訴を言い渡し、または原判決において認めた罪より軽い罪を認めるべき明らかな証拠を新たに発見したとき（435条6号）に、再審の請求をすることができる。再審請求の多くは6号を根拠とするものであるが、ここで「明らかな証拠をあらたに発見したとき」の解釈が、証拠の明白性と新規性の要件として議論されてきた。

（a）証拠の明白性

証拠の明白性の程度と、その判断方法について議論がある。

かつては、旧刑訴法下と同様に、判決の確定力が重視されていたため、明白性の程度は厳格に解されており、新証拠には、それのみで無罪を導きうるような高度の証明力が求められていた。また、明白性の判断方法においては、当該新証拠のみで明白性を評価する、いわゆる**単独評価説**がとられていた。そのため、真犯人が見つかった場合などを除けば、明白性は否定されることとなり、再審開始が認められることは極めて稀であった。

しかし、1970年代後半になって、このような裁判所の姿勢は変化した。最高裁判所は白鳥事件において、「疑わしいときは被告人の利益に」という刑事裁判の鉄則の下、「無罪を言い渡すべき明らかな証拠」とは「確定判決における事実認定につき合理的疑いをいだかせ、その認定を覆すに足りる蓋然性のある証拠」でよいとして、明白性の程度を緩やかに解した。さらに、明白性の判断方法についても、「もし当の証拠が確定判決を下した裁判所の審理中に提出されていたとするならば、はたしてその確定判決においてなされたような事実認定に到達したであろうかどうかという観点から、当の証拠と他の全証拠と総合的に評価」するという、いわゆる**総合評価説**をとるべきことを明らかにした（最決昭50・5・20刑集29巻5号177頁）。翌年の財田川事件は、「疑わしいときは被告人の利益に」の原則を適用するにあたっては、「確定判決が認定した犯罪事実の不存在が確実であるとの心証を得ることを必要とするものではなく、確定判決における事実認定の正当性についての疑いが合理的な理由に基づくもの」であれば足りるとした（最決昭51・10・12刑集30巻9号1673頁）。

（b）証拠の新規性

誰にとって「あらた」でなければならないのかについて、議論がある。裁判所だけでなく、再審請求者にとっても新証拠であることを必要とするならば、身代わり犯人の場合には、有罪判決を言い渡された者にとっては真犯人が別に存在することは既知の事実であり、**証拠の新規性**は認められない。

なお、ここでいう証拠には、証拠方法だけでなく証拠資料も含まれる。近年、新証拠として重要性を増しているのが、DNA型鑑定（→第5章Ⅲ節（2））

である。鑑定技術の精度向上により、既に存在していた証拠を別の鑑定人が新たに鑑定することによって、証拠資料の意義内容が異なる場合が生じたためである。

（ii）再審手続

再審の手続は、再審請求審と再審公判の二段階に分かれる。まず、再審請求を受けて再審理由の存否が判断される。請求に理由があるときに再審開始が決定され、これが確定すると、再審公判が開始される。

（a）再審請求審

再審の請求ができるのは、検察官、有罪の言渡しを受けた者とその法定代理人および保佐人である。また、有罪の言渡しを受けた者が死亡したり心神喪失となったりした場合には、その者の配偶者、直系親族および兄弟姉妹も請求をすることができる（439条1項）。このうち、検察官以外の者は、請求の際に弁護人を選任することができる（440条1項）。請求できる期間に定めはない（441条）。ただし、請求を取り下げた者は、同一の理由によってさらに再審の請求をすることはできない（443条）。

再審の請求は、原判決をなした裁判所が管轄する（438条）。請求は刑の執行を停止する効力を有しないが、検察官は再審請求審の裁判まで刑の執行を停止することができる（442条）。

再審請求を受けた裁判所は、必要があるときは、事実の取調べをすることができる（445条）。

再審請求に理由がないときは、決定によりこれを棄却する（447条）。他方、再審請求に理由があるときは、再審開始の決定をしなければならず、その際には決定で刑の執行を停止することができる（448条）。これらの決定に対しては、即時抗告をすることができる（450条）。

（b）再審公判

再審開始の決定が確定した場合は、再審公判が開かれる（451条）。

再審においては、原判決の刑よりも重い刑を言い渡すことはできない（452条）。再審において無罪判決が確定したときは、その判決を公示しなければならない（453条）。

（3）非常上告

非常上告は、判決確定後に、法令違反を理由として認められる非常救済手続である。この法令違反には、実体法の違反と、手続法の違反がある。非常上告の目的は法令の解釈・適用の統一を図ることであり、個別具体的な事件の救済を図ることではない。対象となる確定判決は、有罪、無罪の実体判決に限られず、免訴、公訴棄却、管轄違いなどの形式裁判も含む。略式命令、即決裁判も対象となる。

非常上告を申し立てることができるのは、検事総長のみであり、最高裁判所にその理由を記載した申立書を差し出さねばならない（454-455条）。公判期日に、検察官は、申立書に基づいて陳述をする（456条）。

非常上告が理由のないときは、裁判所は判決でこれを棄却する（457条）。他方、非常上告が理由のあるときの判決においては、①原判決が法令に違反したときは、その違反した部分を破棄し、②訴訟手続が法令に違反したときは、その違反した手続を破棄する（458条）。判決は、原則としてその効力を被告人に及ぼさないが（459条）、原判決が被告人のために不利益であるときは、破棄自判する（458条1号但書）。

第8章　裁判の執行

I　裁判の執行の意義

裁判の執行とは、裁判の意思表示内容を国家権力によって、強制的に実現することをいう。その中心は、終局裁判における刑の執行であるが、裁判の意思表示内容を強制的に実現する必要があれば、追徴、訴訟費用、仮納付等の刑の付随処分の執行や過料、没取、費用賠償等の刑以外の制裁処分の執行、さらには勾引、勾留、捜索、押収、鑑定留置等の強制処分ないし令状の執行等も含まれる。これに対し、形式裁判や無罪判決等のように、意思表示内容の強制的な実現を要しない裁判については、執行の対象にはならない。なお、証拠決定の裁判等の内容の実現については、施行ないし実施と呼ばれ、これら執行とは区別される。

裁判は、原則として確定した後に執行されるが（471条）、罰金・科料・追徴の仮納付の判決は、直ちに執行することが可能であり（348条）、また、決定・命令については、即時抗告等が許容される場合を除き、執行の停止がなされない限り、告知と同時に執行が可能である。逆に訴訟費用の裁判（483条・500条）、保釈許可決定（94条1項）、労役場留置（刑18条5項）、死刑の執行（475条）等は、執行をするために一定の条件ないし期間の定めがあり、確定後であっても、直ちに執行はできない。

裁判の執行は、原則として、当該裁判をなした裁判所に対応する検察庁の検察官がこれを指揮するが（472条1項本文）、例外的に裁判所または裁判官（472条1項但書）、あるいは上訴裁判所に対応する検察庁の検察官（472条2項）が執行の指揮をすべき場合もある（70条・108条1項等）。裁判の執行指揮は書面で行い、これに裁判書または裁判を記載した調書の謄本または抄本を添えなければならない（473条本文）。ただし、刑の執行を指揮する場合を除いては、裁判書の原本、謄本もしくは抄本または裁判を記録した調書の謄本もしくは抄本に認印して、執行することができる（473条但書）。

裁判の執行において、最も重要なものが刑の執行である。以下では、死刑、自由刑、財産刑に分けて、概観していく。

Ⅱ　刑の執行

（1）刑の執行の順序

２つ以上の主刑を執行するときは、罰金および科料を除いては、重い刑を先に執行する。ただし、検察官は、重い刑の執行を停止して、他の刑を執行させることができる（474条）。

（2）死刑の執行

死刑の執行は、法務大臣の命令による（475条１項）。当該命令は、判決確定の日から６カ月以内にしなければならないが、上訴権回復もしくは再審の請求、非常上告または恩赦の出願もしくは申出がなされ、その手続が終了するまでの期間および共同被告人であった者に対する判決が確定するまでの期間は、これをその期間に参入しない（475条２項）。死刑の執行は、命令後５日以内に行われなければならない（476条）。死刑は、検察官、検察事務官および刑事施設の長またはその代理者の立会いの上（477条１項）、刑事施設内において絞首して執行する（刑11条１項）。死刑の執行に立ち会った検察事務官は、執行始末書を作り、検察官および刑事施設の長またはその代理者とともに、これに署名押印しなければならない（478条）。なお、死刑の言渡しを受けた者が心神喪失の状態にあるときや死刑の言渡しを受けた女子が懐胎しているときは、法務大臣の命令によって死刑執行を停止し、心神喪失の状態が回復した後または出産の後に法務大臣の命令がなければ、死刑を執行することはできない（479条）。

（3）自由刑の執行

自由刑（懲役、禁錮、拘留）の執行は、検察官が指揮し、刑事施設でこれを行う（被収３条１項）。拘禁中の被告人に対し、自由刑の判決が確定した場合には、検察官は刑事施設の長に対して、刑の執行を指揮することになるが、被告人が拘禁されていない場合には、検察官は執行のために呼出を行わなければならず、これに応じない場合には収容状を発して、身柄を拘束しなければならない（484条）。自由刑の言渡しを受けた者が逃走したとき、または逃走するおそれがあるときは、検察官は、直ちに収容状を発し、または司法警察員にこれを発せしめることが可能である（485条）。なお、自由刑の言渡しを受けた者が心神喪失の状態にあるときは、検察官の指揮によって必要的に執行を停止する（480条）。この場合、検察官は、刑の言渡しを受けた者を監護義務者、または地方公共団体の長に引き渡し、病院その他の適当な場所に入れさせなければならない（481条）。また、自由刑の言渡しを受けた者が、①刑の執行によって、著しく健康を害するとき、または生命を保つことのできないおそれがあるとき、②70歳以上であるとき、③受胎後150日以上であるとき、④出産後60日を経過しないとき、⑤刑の執行によって回復することができない不利益を生ずるおそれがあるとき、⑥祖父母または父母が70歳以上または重病もしくは不具で、他にこれを保護する親族がないとき、⑦子または孫が幼年で、他にこれを保護する親族がないとき、⑧その他重大な事由があるときは、検察官の指揮によって裁量的に刑の執行を停止することができる（482条）。

その他、未決勾留は、刑罰そのものではないが、人の自由を剥奪する点で自由刑の執行と共通するため、刑法は衡平の観点から、未決勾留の全部または一部を本刑に参入することができるとしている（刑21条：**裁定通算**）。さらに上訴の提起期間中の未決勾留の日数は、上訴申立後の未決勾留の日数を除いて、全部これを本刑に通算し（495条1項）、上訴申立後の未決勾留の日数は、①検察官が上訴を申し立てたとき、②検察官以外の者が上訴を申し立てた場合において、その上訴審において原判決が破棄されたときは、全部これを本刑に参入するとしている（495条2項：**法定通算**）。

（4）財産刑の執行

罰金、科料、没収のほか、追徴、過料、没取、訴訟費用、費用賠償、仮納付の裁判（なお、実務においては、これらのうち、没収以外のものと被保11条1項における費用および民訴303条1項の納付金をあわせて**徴収金**と総称する）は、検察官の命令によって執行する。当該命令は、執行力のある債務名義と同一の効力を有する（490条1項）。裁判の執行は、民事執行法、その他強制執行の手続に関する法令の規定を準用するが、執行前に裁判の送達をすることを要しない（490条2項）。財産刑は、その言渡しを受けた者の財産に対し、執行されるのが原則であるが、特定の財産刑については、その者が判決確定後に死亡した場合には相続財産に対し、またその者が法人であって、確定判決後合併により消滅した場合には合併後の法人に対して、それぞれ執行が可能である（491-492条）。

なお、罰金または科料を完納することができない場合における**労役場留置**（刑18条）の執行については、刑の執行に関する規定が準用される（505条）。つまり、形式的には自由刑でないものの、実質的には刑事施設に附置された労役場（被収287条1項）に留置され、労役に服し、懲役刑受刑者に適用する規定が準用されることから（被収288条、被収規96条、執行事務規定32条・37条）、自由刑の執行に極めて近い取扱いがなされるため、刑の執行に関する規定が準用されるのである。

没収の裁判が確定すると、没収物の所有権は国庫に帰属する。当該没収物が裁判確定時に押収されていれば執行は不要であるが、押収されていない場合には、占有を取得するため、罰金等と同様の手続によって、これが帰属される。国庫に帰属された没収物は、検察官により、その物の性質・形状等に従い、適切に処分される（496条）。これが無価物であれば、破壊または破棄され、有価物であれば、売却または所定官公署への引継ぎが行われる。ただし、有価物であっても、危険物や偽ブランド品のような場合には、破壊または破棄される。

（5）その他

訴訟費用の負担を命ぜられた者が、貧困のためこれを完納することができない場合には、裁判所の規則の定めるところにより、訴訟費用の全部または一部について、その裁判の執行の免除の申立てをすることが可能であり（500条：**訴訟費用執行免除の申立て**）、申立ての期間内およびその申立てがあったときは、訴訟費用の負担を命ずる裁判の執行は、その申立てについての裁判が確定するまで停止される（483条）。また、刑の言渡しを受けた者は、裁判の解釈について疑いがある場合には、言渡しをした裁判所に対し、裁判の解釈を求める申立てをすることができ（501条）、また裁判の執行を受ける者またはその法定代理人、もしくは保佐人は、執行に関し、検察官のなした処分を不当とする場合は、言渡しをした裁判所に異議の申立てをすることもできる（502条）。

なお、裁判を的確に執行するため、検察官または裁判所、もしくは裁判官は、裁判の執行に関して必要があると認めるときは、公務所または公私の団体に照会して必要な事項の報告を求めることが可能である（507条）。対象となる裁判は、死刑、懲役、禁錮、罰金、拘留、科料、没収のほか、追徴、訴訟費用、過料、没取、費用賠償等であり、その他、勾引、勾留、捜索・差押え等の令状の執行も含まれると解される。照会を受けた者は、刑訴法197条２項と同様に、法的に報告が義務付けられる。

文献案内

〔第１章〕

＊市川正人＝酒巻匡＝山本和彦『現代の裁判〔第７版〕』（有斐閣、2017年）

裁判の全体像をコンパクトに示したテキスト。

＊川崎英明『現代検察官論』（日本評論社、1997年）

「検察の民主化」を基軸とし、刑事手続における検察および検察権の抑制のあり方を体系的に示した論文集。

＊川島四郎＝松宮孝明編『レクチャー日本の司法』（法律文化社、2014年）

わが国の司法の仕組みにつき、市民目線で考察した入門書。

＊木佐茂男他『テキストブック現代司法〔第６版〕』（日本評論社、2015年）

司法の本質と機能、法律家の役割、司法の歴史と現状等、現代司法を学ぶためのテキスト。

＊酒巻匡「刑事手続の目的と基本設計図」月刊法学教室355号（2010年）

刑事手続の目的や基本理念とそれが手続の基本枠組みに関わる様子を解説。

＊田宮裕『日本の裁判〔第２版〕』（弘文堂、1995年）

放送大学における講義「現代の裁判」を基礎とし、市民に対する教養書として、裁判に親しみながら理解できるように問題を15話に分けて、解説。

＊田宮裕『日本の刑事訴追』（有斐閣、1998年）

「訴追こそ日本の刑事訴訟の特色を演出」するものであるとの視点から、原理的基礎のみならず、各種問題を検討した論文集。

＊宮木康博「刑事手続の目的と忘れられた存在」法学セミナー711号（2014年）

刑事手続の目的にも触れつつ、犯罪被害者の立場の変遷について扱う。

〔第２章〕

＊井上正仁『強制捜査と任意捜査』（有斐閣、2006年）

外国法制の比較研究を通して、個別問題に触れながら捜査法の理論体系を構築した研究である。とりわけ本書（テキスト）第２章との関係では、同研究書は第１章において令状主義の源流を辿る形でイギリスとアメリカにおける史的研究を踏まえながら、日本国憲法の令状主義につながる意義を解明するものであり、注目すべき内容と言える。同研究書を読むことで、令状主義の本質的意義を深く学ぶことができる。

＊大野正博『現代型捜査とその規制』（成文堂、2001年）

日本の捜査について歴史的経過を整理しながら理論的分析を加えた上で、同研究書の執筆当時に議論されていた様々な現代型捜査について個別検討している。そして、科学的捜査の必要性と人権保障のバランスを探っている。その分析の視点は、令和の時代にも参考になる。

*椎橋隆幸＝安村勉＝洲見光男＝加藤克佳『ポイントレクチャー刑事訴訟法』（有斐閣、2018年）
法学部生が、法科大学院・予備試験・司法試験を目指すための書。判例・通説のみならず、その一歩先の問題点についてもわかりやすく解説。
*髙野隆『人質司法』（角川新書、2021年）
カルロス・ゴーンの事件を端緒として身体拘束や取調べのあり方を検討する。
*辻本典央『刑事訴訟法』（成文堂、2021年）
ドイツ刑事訴訟法に詳しい筆者が、学部講義から司法試験受験用にまで幅広く活用できるように厳選した内容になっている。理論的説明はもとより、具体的な事例も適宜挙げられており、学部生にもわかりやすい。
*中川孝博『刑事訴訟法の基本』（法律文化社、2018年）
Web上の講義動画併用など反転授業対応も想定し、随所に先進的な工夫が見られる。本文も適宜歴史を踏まえた丁寧な説明が論理的に示されている。
*廣瀬健二『コンパクト刑事訴訟法〔第2版〕』（新世社、2017年）
書名のとおり、判例・通説をコンパクトにまとめた書。無駄のない記述は知識を確認する上で使いやすい。
*福島至『刑事訴訟法』（新世社、2020年）
第2章との関係では『法医鑑定と検死制度』（日本評論社、2007年）の編著者でもあり、弁護士経験も有する筆者が、無辜の不処罰を最優先する姿勢から各論点について論理的な説明を記述している。
*安冨潔『刑事訴訟法講義〔第5版〕』（慶應義塾大学出版会、2021年）
平成28年改正刑事訴訟法・最新判例に対応した教科書。色分けされ、図表もあり、手続のイメージをつかみやすい。

〔第3章〕
*川出敏裕『判例講座　刑事訴訟法〔公訴提起・公判・裁判篇〕』（立花書房、2018年）
第1講公訴権の運用と規制　第2講公訴提起の要件と手続。刑事訴訟法の重要判例について、基本的な条文や制度を説明しながら判例の内容を解説したもの。
*寺崎嘉博『刑事訴訟法〔第3版〕』（成文堂、2013年）
第4編第1章審理と判決の対象。審判対象論、とりわけ、難解な訴因変更制度について、アンパンマンの絵を素材に解説。
*松尾浩也「公訴の時効」日本刑法学会編『刑事訴訟法講座第一巻』（有斐閣、1963年）
公訴時効の本質、解釈論上の問題をコンパクトにまとめた古典的な名著。

〔第4章〕
*岩下雅充他『刑事訴訟法教室』（法律文化社、2013年）

事例を通して刑事手続の全体図を理解することができる１冊。刑事手続について基本的な考え方をわかりやすく説明している。

＊最高裁判所事務総局『裁判員制度10年の総括報告書』(2019年)

裁判員制度施行後10年を詳細なデータで分析し、裁判員制度導入によって、刑事手続全体がどのように変わったかを明らかにする。特に、この市民参加制度によって公判中心主義が達成できたのかを考える上で重要な報告書。

＊犯罪被害者支援弁護士フォーラム『２訂版　ケーススタディ 被害者参加制度 損害賠償命令制度』(東京法令出版、2017年)

被害者参加制度と損害賠償命令制度について、実例と設問を用いてわかりやすく解説している。被害者のニーズに対して法律専門家がどのように支援できるかを考える上で重要な１冊。

＊平野龍一「現行刑事訴訟の診断」平場安治他編『団藤重光博士古稀祝賀論文集　第４巻』(有斐閣、1985年)

平野博士によるあまりにも有名な「わが国の刑事裁判はかなり絶望的である」という指摘。そのような状況を脱する方法は「おそらく参審か陪審でも採用しない限り、ないかもしれない」とも書かれている。わが国でも裁判員制度は始まった。刑事裁判には希望の兆しを見いだすことができるか。ぜひ学生にも考えてほしい。

＊三井誠＝酒巻匡『入門刑事手続法〔第８版〕』(有斐閣、2020年)

刑事手続全体の流れを意識しながら、その中での「公判」の位置付けを考える上でも最適の１冊。データや書式も示しながらわかりやすく書かれている。囲み記事に記載されている内容を読むと、刑事手続法への関心が強くなること間違いなし。

＊吉開多一他『基本刑事訴訟法Ⅰ――手続理解編』(日本評論社、2020年)

＊吉開多一他『基本刑事訴訟法Ⅱ――論点理解編』(日本評論社、2021年)

Ⅰで刑事手続の趣旨や目的の理解を進めることができ、Ⅱで各々の論点について考察を深めることができる。図や設問も多く配置されており、刑事手続を学ぶ上で心強い味方となる２冊である。

＊吉村真性『刑事手続における被害者参加論』(日本評論社、2020年)

当事者主義構造をとるわが国の刑事訴訟において導入された被害者参加制度はどのように位置付けられ、刑事手続全体にいかなる影響を与えうるかを論じた１冊。被害者参加制度について詳しく学びたい人にはぜひ読んでほしい。

〔第５章〕

＊大澤裕・朝山芳史「約束による自白の証拠能力」法学教室340号 (2009年)

約束による自白の証拠能力が争われた裁判例を素材として、自白法則の解釈・運用を対話形式で解説するもの。

* 押田茂實他編著『Q&A 見てわかる　DNA 型鑑定〔第2版〕』(現代人文社、2019年)
DNA 型鑑定について、Q&A でわかりやすく解説したもの。
* 小島淳「伝聞法則の趣旨と伝聞証拠の意義」法学教室364号（2011年）
伝聞法則の基礎知識を整理した上で、現在の精神状態の供述および犯行計画メモの証拠能力を解説するもの。
* 臭気選別事件弁護団編『臭気選別と刑事裁判　イヌ神話の崩壊』(現代人文社、2002年)
警察犬の臭気選別結果の証拠能力が問題になった事案について、臭気選別の問題点などについてもわかりやすく紹介したもの。
* 松田岳士「違法収集証拠の証拠能力」法学教室389号（2013年）
違法収集証拠排除に関する重要判例（昭和53年判決および平成15年判決）の展開を解説するもの。
* 三井誠『刑事手続法Ⅲ』(有斐閣、2004年)
証拠法全般について Q&A で詳細に解説。多くの判例や学説の解説もあり、初学者から次の一歩に進む学習者も対応できる内容。

〔第6章〕
* 加藤克佳「裁判の効力」川崎英明＝葛野尋之編『リーディングス刑事訴訟法』(法律文化社、2016年)
田宮裕『一事不再理の原則』(有斐閣、1978年）の学説史的意義と到達点を分析している。
* 中里智美「裁判員裁判における判決書の在り方」安廣文夫編『裁判員裁判時代の刑事裁判』(成文堂、2015年)
裁判官と裁判員の協働の成果を判決書にいかに反映させるべきであるかを論じる。

〔第7章〕
* 石井一正『刑事控訴審の理論と実務』(判例タイムズ社、2010年)
刑事控訴審の論点を網羅した概説書。
* 鴨志田祐美『大崎事件と私〜アヤ子と祐美の40年』(LABO、2021年)
再審開始決定をめぐる2人の女性の半生。刑事弁護人の意義についても考えさせる。
* 日本弁護士連合会人権擁護委員会再審部会編『21世紀の再審　えん罪被害者の速やかな救済のために』(日本評論社、2021年)
海外の再審制度との比較も踏まえて、日本の再審制度の抱える課題を明らかにする。

〔第8章〕
* 永田憲史『わかりやすい刑罰のはなし—死刑・懲役・罰金』(関西大学出版部、2012年)
罰を言い渡す際の手続、刑罰の仕組み等を60テーマに分け、わかりやすく解説。

事項索引

あ　行

か　行

さ　行

た　行

な　行

は　行

ま　行

や　行

ら　行

判例索引

最高裁判所

高等裁判所

地方裁判所

【執筆者紹介】

①現職②担当箇所③読者へのメッセージ

愛知　正博（あいち　まさひろ）〈**編者**〉

①元中京大学法学部教授

②第１章Ⅰ節

③刑事手続というのは、捜査や裁判を扱う専門家（警察官、検察官、弁護士、裁判官など）だけでなく、一般市民にとっても、人権保護に密接に関わる重要な分野です。裁判員や検察審査員などに就く話はさておいても、みんなで関心を持って学びたいですね。

大野　正博（おおの　まさひろ）

①朝日大学法学部教授

②第１章Ⅱ節・第８章

③手続法を学ぶことは、実体法を学ぶことより難しいと感じるかもしれません。しかし、頑張って学び続ければ、刑事訴訟法の奥深さが感じられるだけでなく、刑事法の全体像が見えてきます。本書が、そのきっかけになってくれることを願っています。

吉村　真性（よしむら　しんしょう）

①九州国際大学法学部教授

②第２章Ⅰ・Ⅱ節

③刑事手続の実態は、その国の本質的姿でもあります。時代と共に刑事手続をめぐる情勢も変化し続けます。この変化の激しい時代、改めて人権の重要性を認識し、公正な手続のあり方を一緒に問い続けていきましょう。

白井　諭（しらい　さとし）

①岡山商科大学法学部教授

②第２章Ⅲ・Ⅳ節

③刑事手続が健全なものになるかどうかはみなさんの司法制度に対する関心や問題意識にかかっています。司法に対して無関心でいると不正がまかりとおることになります。本書をきっかけとして、よりよい制度となるよう一緒に見つめていきましょう。

檀上　弘文（だんじょう　ひろふみ）

①亜細亜大学法学部教授

②第２章Ⅴ～Ⅶ節

③刑事訴訟法は、捜査、公判手続、弁護活動など、現実の手続を規律する法律ですから、その「実務」即ち運用の実態を正しく理解することが必要であり、そのためには、判例法理・学説をきちんと把握することが肝要です。

道谷　卓（みちたに　たかし）

①姫路獨協大学人間社会学群現代法律学類教授

②第３章

③刑事訴訟法は、検察官と被疑者・被告人（とその弁護人）の両当事者のどちら側に立つかによってそのとらえ方が全く異なってきます。刑事訴訟法を学ぶ際は、このことを常に意識して学習するようにして下さい。

平山　真理（ひらやま　まり）

①白鷗大学法学部教授

②第４章

③裁判員制度や被害者参加制度の導入により、刑事裁判のあり方も大きく変わりました。刑事裁判において発見しようとする「真実」とは何かについて考えながら学習して下さい。また、ぜひ刑事裁判の傍聴に行ってほしいと思います。

松本　英俊（まつもと　ひでとし）

①駒澤大学大学院法曹養成研究科教授

②第５章Ⅰ～Ⅲ節

③刑事訴訟法の学習では、まずは被疑者・被告人の立場に沿った基本原則を身につけると、的確な問題の発見につながります。そこから、さまざまな見解に接し、理論的に学ぶことで、刑事手続法の広がりと深みを知ることができるでしょう。

笹山　文徳（ささやま　ふみのり）

①名古屋学院大学法学部准教授

②第５章Ⅳ～Ⅶ節

③単なる知識の習得・暗記ではなく、どこに法的な問題があるのか？そのような結論が導かれるのはなぜか？という視点を身につけましょう。刑事訴訴法の規定を読み解いて、どこまでの活動

を行うことができるか、どこからの活動はできないかを考えることが醍醐味です。

堀田　周吾（ほった　しゅうご）

①東京都立大学法学部教授

②第６章

③初学者は、法解釈上の論点にばかり目を向けがちになってしまいます。でも、まずは地道に条文を参照しながら、一般的な手続の流れや要点を把握することを心がけましょう。

古川原　明子（こがわら　あきこ）

①龍谷大学法学部教授

②第７章

③無辜の不処罰・誤判救済のために刑事訴訟法がどのような制度を設けているのかを学び、その上で何がさらに求められるのかを考えて欲しいと思います。

アクティブ刑事訴訟法

2022年5月15日　初版第1刷発行

編　者　愛知正博（あいち まさひろ）

発行者　畑　　光

発行所　株式会社　法律文化社

〒603-8053
京都市北区上賀茂岩ヶ垣内町71
電話075(791)7131　FAX 075(721)8400
https://www.hou-bun.com/

印刷：西濃印刷㈱／製本：㈱藤沢製本
装幀：谷本天志

ISBN978-4-589-04197-5